HEYNE ‹

Uta Eisenhardt, geboren 1968, studierte Soziologie und arbeitet als Gerichtsreporterin. 2011 erschien »Es juckt so fürchterlich, Herr Richter!«, ein Best-of ihrer stern.de-Gerichtskolumne. 2012 folgte »Am Dienstag habe ich meinen Vater zersägt«.

UTA EISENHARDT

JENSEITS VON BÖSE

Kranke Verbrechen –
die krassesten Fälle
einer Gerichtsreporterin

Mit fachlicher Beratung von
Dr. med. Konstantin Karyofilis

WILHELM HEYNE VERLAG
MÜNCHEN

MIX
Papier aus verantwor-
tungsvollen Quellen
FSC® C014496

Verlagsgruppe Random House FSC® N001967
Das für dieses Buch verwendete
FSC®-zertifizierte Papier *Holmen Book Cream*
liefert Holmen Paper, Hallstavik, Schweden.

Originalausgabe 03/2014
Copyright © 2014 by Wilhelm Heyne Verlag, München,
in der Verlagsgruppe Random House GmbH
Printed in Germany 2014
Redaktion: Heiko Arntz
Umschlaggestaltung: Hauptmann & Kompanie, Zürich
Satz: Buch-Werkstatt GmbH, Bad Aibling
Druck und Bindung: GGP Media GmbH, Pößneck
ISBN: 978-3-453-60283-0

www.heyne.de

Inhalt

Vorwort

Christian hegte große Hoffnungen, sich wieder einmal verlieben zu können. In die junge, hübsche Franziska aus dem Internetforum, die davon träumte, entführt, gewürgt und vergewaltigt zu werden. Er war fast doppelt so alt wie sie, ein promovierter Wissenschaftler. Franziska genoss seine Aufmerksamkeit. Sie lenkte sie ab von ihren Problemen am Arbeitsplatz, einer kürzlich beendeten Beziehung und von den Eltern, die sie nicht zu verstehen schienen. Vier Monate lang chatteten die beiden intensiv, dann verabredeten sie sich. Sie wollten gemeinsam ihre Fantasien ausleben. Franziska ahnte nicht, dass Christian nicht nur ein Anhänger von mehr oder weniger gewöhnlichen Sadomaso-Spielen war. Seit Jahren erwarb er regelmäßig nekrophile Pornos, die zeigten, wie Männer ihre Sexualpartnerinnen auf grausame Art töteten und sich an ihren Leichen vergingen.

Als das Paar sich schließlich traf, bat Franziska ihn, sie zu »überfallen«, Christian sollte sie etwa dreißig Sekunden lang würgen und anschließend »vergewaltigen«. Aus dem inszenierten Spiel wurde tödlicher Ernst. Christian verlor jede Kontrolle über sein Handeln. Das, was er seit Jahren fantasiert hatte, wurde Wirklichkeit. Als er wieder klar denken konnte, war es zu spät. Er konnte nicht begreifen, was er getan hatte. Am liebsten wollte er sterben. Sein Leben erschien ihm sinnlos.

Der psychiatrische Gutachter sagte, der hochintelligente Wissenschaftler sei ein Sadist, und zwar ein krankhafter, weil er nicht in der Lage war, im Einvernehmen mit seiner Sexualpartnerin zu handeln. Er empfahl dem Gericht, den Täter nicht ins Gefängnis, sondern in den »Maßregelvollzug« zu schicken.

So werden die forensisch-psychiatrischen Krankenhäuser bezeichnet, für die ich mich in diesem Zusammenhang zum ersten Mal näher interessiert habe. Maßregelpatienten sind vermindert schuldfähige oder gar schuldunfähige Straftäter: Sie konnten nicht erkennen, dass sie etwas Unrechtes tun. Falls doch, konnten sie sich nicht entsprechend verhalten – weil sie zur Tatzeit entweder schwachsinnig oder psychisch krank waren, an einer schweren Persönlichkeitsstörung litten beziehungsweise unter einer sexuellen Abweichung. Wenn solche Menschen dauerhaft krank sind und weiterhin eine Gefährdung von ihnen zu befürchten ist, werden sie im Maßregelvollzug untergebracht. Der Begriff für dieses Spezialgefängnis im Gewand einer Klinik existiert seit 1933, als in Deutschland die bereits seit der Jahrhundertwende diskutierte sogenannte »Zweispurigkeit des Strafrechts« installiert wurde. Seither wird unterschieden zwischen »Strafen« und »Maßregeln«.

Etwa achttausend Patienten – ungefähr zehn Prozent von ihnen sind Frauen – leben deutschlandweit in rund siebzig solchen Einrichtungen. Sie müssen dort so lange bleiben, bis sie entweder nicht mehr krank oder nicht mehr gefährlich sind. Im Durchschnitt vergehen bis zur Entlassung auf Bewährung sechs bis acht Jahre, bei einem Viertel der Betroffenen sind es mehr als zehn Jahre. Von diesen verlassen etliche die Anstalt nur in Richtung Pflegeheim oder im Sarg.

Die Geschichte von Christian und Franziska habe ich ausführlich in meinem letzten Buch *Am Dienstag habe ich meinen Vater zersägt – Die härtesten Fälle einer Gerichtsreporterin* geschildert. Auch darüber hinaus beschäftigte mich das Schicksal dieses vielseitig interessierten Mannes, der sein halbes Leben noch vor sich hatte. Wie mochte er seine Zeit hinter den

Mauern einer forensischen Klinik verbringen? Wie leben die Insassen dort miteinander, die übrigens nicht immer nach Geschlechtern getrennt sind? Mit welchen psychischen Krankheiten haben es die Ärzte im Maßregelvollzug zu tun? Welche sind heilbar, welche nicht? Wie kommt es zu Irrtümern bei psychiatrischen Gutachten? Wie manipulierbar sind die Ärzte und Therapeuten bei ihrer Entscheidung, wenn es um Vollzugslockerungen geht? Wie leben Richter und forensisch-psychiatrische Gutachter mit der Verantwortung, einen einst gefährlichen Täter in die Freiheit zu entlassen? Oder andersherum, wie mit der Schuld, einen womöglich harmlosen Bürger lebenslang der Freiheit beraubt zu haben?

Auf der Suche nach Antworten trug ich nicht nur die hier vorliegenden bizarren Kriminalfälle zusammen, die sich mit psychisch kranken Tätern beschäftigen. Ich besuchte auch einige Kliniken und sprach mit Menschen, die den Maßregelvollzug kennen, mit Ärzten, Pflegern, Therapeuten, mit Richtern und Rechtsanwälten und natürlich mit Patienten.

Bei meiner Recherche erfuhr ich, dass sich der Maßregelvollzug seit Anfang der Neunzigerjahre stark verändert hat. Die Zahl der Patienten stieg auf das Dreifache. Das hat mehrere Gründe. Zum einen werden immer mehr Straftäter psychiatrisch begutachtet. Heute beginnt kaum ein Schwurgerichtsprozess, ohne dass der Angeklagte vorher von einem auf Forensik spezialisierten Psychiater untersucht wurde. Auf diese Weise kann bei mehr Menschen eine Erkrankung festgestellt werden, die eine Einweisung in die Anstalt rechtfertigt. Zum andern leidet die »zivile« Psychiatrie unter den Sparmaßnahmen im Gesundheitswesen. Menschen mit chronischen Psychosen werden nicht mehr so lange behandelt, wie es nötig wäre. Dadurch verschlechtert sich ihre Krankheit, es steigt die Chance, dass sie straffällig werden und in den Maßregelvollzug müssen.

Außerdem folgte die Politik dem öffentlichen Druck und erhöhte die Hürden für eine Entlassung. Heute reicht es nicht mehr, dass Richter und Psychiater eine solche erproben wollen. Nein, sie dürfen keinen Zweifel mehr daran hegen, dass der Untergebrachte sein Leben künftig straffrei meistern wird. Man ist vorsichtiger geworden. So vergeht inzwischen vom Unterbringungsbeschluss bis zur Entlassung auf Bewährung doppelt so viel Zeit wie vor dieser Entwicklung. Zaghaft und bedingt durch Justizirrtümer zeichnet sich gegenwärtig ein gegenläufiger Trend zur Liberalisierung ab.

Der Maßregelvollzug ist kostspielig, aber erfolgreich. Im Vergleich zu Gefängnisinsassen werden Insassen von forensischen Kliniken nur halb so oft rückfällig, obwohl sie meist mit einer deutlich schlechteren Prognose dorthin gekommen waren.

Selbstverständlich haben nicht alle Maßregelpatienten so ungeheuerliche Taten begangen wie die für dieses Buch ausgewählten. Etliche von ihnen legten Brände, andere begingen Diebstähle oder schlugen scheinbar grundlos ihre Mitmenschen, manche Taten blieben im Versuchsstadium stecken. Da man aber davon ausgehen muss, dass diese Menschen untherapiert mit großer Wahrscheinlichkeit wieder straffällig werden, kann man sie nur über Jahre wegschließen und behandeln, in der Hoffnung, dass sie eines Tages für ihre Mitmenschen nicht mehr gefährlich sind.

Ich wünsche Ihnen, dass Sie beim Lesen ebenso gut unterhalten wie informiert werden – über eine Welt, die der Öffentlichkeit sonst verborgen bleibt.

Uta Eisenhardt

Auf Erkundungstour
im Maßregelvollzug

Eine Journalistin, die hinter die Kulissen forensischer Kliniken schauen will, rennt nicht gerade offene Türen ein. Versperrt werden sie von Sicherheitsbedenken und ärztlicher Schweigepflicht, ein wenig aufgezogen werden sie von der Erkenntnis, dass Transparenz hilft, Ängste, Bedenken und Vorurteile abzubauen. Der Erste, der mir erlaubt, seine Einrichtung von innen anzuschauen, ist der Chef der Klinik für Forensische Psychiatrie am Bezirksklinikum Ansbach. Er gilt als ein rastloser Forscher, der neueste methodische Ansätze verfolgt und wissenschaftliche Projekte an seine kleine Klinik holt. Zudem legt er Wert darauf, dass seine Mitarbeiter sich regelmäßig bei Koryphäen der Kriminologie und Forensik fortbilden.

Ich verabrede mich mit seiner Mitarbeiterin, Oberärztin Dr. Gabriele Grupp.* Sie bietet mir an, mich einen Tag lang herumzuführen, und will versuchen, ob sie mich in eine »Lockerungskonferenz« mitnehmen kann. Ich freue mich, könnte ich doch in solch einer Konferenz hautnah miterleben, wie ein multiprofessionelles Team aus Psychiatern, Psychologen, Ergotherapeuten, Sozialarbeitern und Pflegern über mögliche Lockerungen der therapeutischen Maßnahmen für eine Handvoll Patienten diskutiert, vielleicht sogar über den ersten Alleinausgang für einen Sexualmörder? Doch ich habe

---

* Die mit einem Sternchen versehenen Namen wurden auf Wunsch der Personen geändert.

mich zu früh gefreut. Eine Lockerungskonferenz sei nicht öffentlich, befindet der Chefarzt. Dann vielleicht eine Fallkonferenz? Zweimal im Jahr wird eine solche für jeden Patienten anberaumt. Das Ergebnis fließt in die Stellungnahme ein, die die Klinik vor der jährlichen gerichtlichen Anhörung an die Strafvollstreckungskammer schickt. Außerdem basieren darauf die Lockerungsentscheidungen, jedenfalls bei härteren Fällen. Eine Fallkonferenz ist also ziemlich wichtig. Sie wird von dem Therapeuten vorbereitet, der mit dem betreffenden Patienten arbeitet. Er muss im Vorfeld die kriminelle Vergangenheit des Patienten sowie dessen Verhalten in der Klinik beurteilen und eine Prognose abgeben über dessen Zukunftsperspektiven. Dies geschieht in Form eines standardisierten Bewertungsbogens mit dem Namen »Historical, Clinical, Risk«, auch bekannt als HCR-20. »Forensische Psychiatrie ist sehr genau«, erklärt Gabriele Grupp. »Da hat sich in den letzten fünfundzwanzig Jahren viel getan. Früher waren die Bewertungen klinisch-intuitiv, heute gibt es Prognose-Instrumentarien wie eben den HCR-20.« Mit diesem betrachtet man das Rückfallrisiko unter den drei genannten Aspekten: Es gibt zehn »historische« Variablen, darunter »geringes Alter bei der ersten Gewalttat« sowie »instabile Beziehungen und Sexualität«, außerdem fünf »klinische«, wie »fehlender Behandlungserfolg« und »Mangel an Einsicht«, und schließlich noch fünf »Risikomanagement«-Variablen, etwa das »Fehlen realisierbarer Pläne« und »mangelnde Unterstützung«. Jeder der insgesamt zwanzig Variablen wird nach einem Drei-Punkte-System bewertet (0 = nein, 1 = möglich, 2 = ja) – je geringer die Gesamtpunktzahl, desto geringer das Risiko. Natürlich gibt es noch andere Prognose-Instrumente, sie tragen Namen wie VRAG (Leitfaden zur Abschätzung des Gewaltrisikos), ILRV (Integrierte Liste mit Risiko-Variablen), PCL (Psychopathie-

Checkliste), SVR (Risikoschema für sexuelle Gewalt) oder SO-RAG (Risikobeurteilungsleitfaden für Sexualstraftäter). Je gefährlicher ein Patient ist, umso mehr Methoden wendet der Therapeut für die Risikoabschätzung an. Anhand dieser diskutieren die Teilnehmer der Fallkonferenz miteinander. Bei einem komplizierten Fall kann das bis zu drei Stunden dauern, erzählt mir Gabriele Grupp.

Doch auch die Fallkonferenz bleibt bloße Theorie für mich. Die beiden Patienten, über die demnächst gesprochen werden soll, sind mit meiner Anwesenheit nicht einverstanden. Der Chefarzt bietet mir stattdessen die Hospitanz bei einer Visite an, außerdem eine Hausführung sowie Gespräche mit Patienten. Gespannt begebe ich mich auf den Weg nach Mittelfranken.

Es ist kurz vor neun Uhr morgens, und vor dem Bezirksklinikum Ansbach gibt es bereits keinen freien Parkplatz mehr. Kurz entschlossen stellt Gabriele Grupp ihren Wagen, mit dem sich mich vom Bahnhof abgeholt hat, in eine Halteverbotszone. Wenn der Sicherheitsdienst sie erwischt, darf sie einen Monat lang nicht mehr mit dem Auto auf das Gelände fahren, auf dem sich die Klinik für Forensische Psychiatrie befindet. Hier, wo etwa 180 psychisch kranke Straftäter jahrelang therapiert werden, müssen auch die 223 Angestellten mit Sanktionen rechnen, falls sie gegen die Hausordnung verstoßen. Die Oberärztin weiß um dieses Risiko, das sie nicht betrifft, denn gewöhnlich fährt sie mit dem Fahrrad zu ihrem Arbeitsplatz. Jahrelang war sie in der Psychiatrischen Institutsambulanz des Bezirksklinikums angestellt gewesen, vor zwei Jahren wechselte die damals Achtundvierzigjährige von der Allgemeinen zur Forensischen Psychiatrie. Sie hatte Lust auf etwas Neues und Interesse an der Arbeit mit schwerstkranken Patienten.

Die Klinik für Forensische Psychiatrie befindet sich in einer Parkanlage, die locker mit zwei- und dreistöckigen Gebäuden bebaut ist, der größte Teil davon ist über hundert Jahre alt. Inmitten dieser hübschen, pastellfarbenen Pavillons steht ein etwa sechs Meter hoher Stahlzaun mit Stacheldrahtkrone und Videokameras. Er umschließt einen hell getünchten Neubau mit linearen Konturen und großen Glasflächen. Von dem Zaun abgesehen, könnte es sich um eine moderne Ferienanlage handeln. Hier sind die gefährlichsten Patienten des Maßregelvollzuges untergebracht, die Neuankömmlinge und die Sexualstraftäter.

Die benachbarten Altbauten kommen mit elektronisch versperrten Türen und Fenstergittern aus. Hier leben diejenigen, die sich im Laufe der Jahre so weit gebessert haben, dass man ihnen Lockerungen zugestehen konnte, diejenigen, die vor allem mit Suchtproblemen kämpfen, und die überwiegend psychotischen Patienten, deren Krankheit so unbefriedigend verläuft, dass man sie wohl in Heimen unterbringen muss, in denen sie dann bis an ihr Lebensende bleiben.

Das neueste Projekt der forensischen Klinik ist eine Präventionsambulanz: Psychisch Kranke, die noch nicht straffällig geworden sind, aber ein entsprechendes »Risikoprofil« aufweisen, sollen die Therapie erhalten, die bislang nur für Straftäter vorgesehen war. Von behandelnden Psychiatern oder Bewährungshelfern werden sie hierhergeschickt, wo sie freiwillig trainieren können, wie sie mit ihrem Leben, ihrer Krankheit, mit ihren Gefühlen und den Gefühlen anderer besser klarkommen. »Compliance fördern« ist ein Schlagwort, das ich an diesem Tag mehrfach höre. Es steht für den Wunsch der Forensiker nach Ausbildung von kooperativen Patienten, die ihre Krankheit verstehen, ihre Medikamente nehmen und sich auch sonst an die Ratschläge der Mediziner und Psychologen halten – eine Ausbildung, die in der Allgemeinen Psychiatrie nicht möglich, aber langfristig sinnvoll ist, auch um potenzielle Opfer zu schützen und um den Bedarf an personalintensiven forensischen Kliniken zu senken.

Dies erfahre ich von der Oberärztin auf unserem Gang über das weitläufige Klinikgelände, das sie mit wehender Daunenjacke durchschreitet. An ihrer rechten Jackentasche hat sie eine Art Walkie-Talkie befestigt. Damit kann man telefonieren, und wenn man zweimal auf einen Knopf drückt oder das Gerät für wenige Sekunden auf dem Rücken liegen lässt, auch Alarm auslösen. Zur Arbeitsausrüstung gehört noch ein Chip, ein universeller Türöffner für die gesicherten Gebäude. Wir befinden uns auf dem Weg zum umzäunten Neubau. In der Aufnahmestation wird Gabriele Grupp den im Urlaub befindlichen Stationsarzt bei der Patientenvisite vertreten.

Im Eingangsbereich hängt das Leitbild der Klinik. Es umfasst acht Kernsätze, in denen der Wunsch nach »qualitativ hochwertigen Leistungen unter Berücksichtigung wirtschaftlicher Gesichtspunkte« und nach einem »offenen, respektvollen und unterstützenden Umgang der Mitarbeiter, die sich als Teil eines gemeinsamen Unternehmens sehen« formuliert wird. Auf den Fluren könnte man Fußball spielen, an den Wänden sorgen Miró-Grafiken für kräftige Farbtupfer und beschwingte Linien. Der Chefarzt, höre ich, ist ein großer Miró-Bewunderer. Er will später noch zur Visite kommen, um sich dort einen Patienten anzuschauen, der jahrelang in einer benachbarten forensischen Klinik untergebracht war und dann zur Bewährung in eine Einrichtung entlassen wurde, in der es Schwierigkeiten gab. Nun ist er hierhergekommen, zur »Krisenintervention« – so bezeichnet man die auf maximal drei Monate befristete Aufnahme von bereits entlassenen Patienten, deren Zustand sich akut verschlechtert hat. Allerdings glauben die

Ansbacher Psychiater nicht daran, dass es lediglich einer Kriseninterventionen bedarf, um diesen Patienten erneut entlassen zu können. Wohl eher werden die Richter dessen Bewährung widerrufen müssen.

In dem Raum, in dem die Visite stattfindet, kämpft die Oberärztin zunächst damit, den Computer zu starten, um die elektronischen Patientenakten einsehen zu können. Mutig klickt sie auf »Kennwort zurücksetzen« und erschreckt damit die Stationspsychologin. Mit einem beherzten Neustart siegt schließlich die Sozialarbeiterin gegen die Technik. Heute haben sich sieben Patienten angemeldet, die hier in Gegenwart von einem halben Dutzend Leuten ihre Probleme ausbreiten müssen, einem Tribunal aus Pflegern, Therapeuten, Ärzten und Praktikanten. Bevor ein Patient eintritt, wird er der Oberärztin stichpunktartig vorgestellt. Sie erfährt das Delikt und besondere Vorkommnisse, auch Diagnosen werden ihr genannt. Selten sind es sortenreine Psychosen oder Persönlichkeitsstörungen, oft ist es ein Gemisch aus beidem mit einem Schuss ADHS oder gestörter Impulskontrolle.

Die Anliegen der Patienten sind unterschiedlich. Oft wünschen sie eine Änderung der Medikation, die sich bei den meisten noch im Probierstadium befindet. Es scheint nicht leicht zu sein, die richtigen Präparate zu finden beziehungsweise die ideale Kombinationen und Dosierungen, die Ärzte und Patienten gleichermaßen glücklich machen. Die Ärzte stehen in der Fürsorgepflicht, die Patienten scheuen die Nebenwirkungen oder bestreiten gar, an einer bestimmten Krankheit zu leiden. Beständig argumentiert und verhandelt Gabriele Grupp über Blutentnahmen, über einen Besuch beim Gynäkologen, ja sogar über eine dauerhafte Fixierung, also die Fesselung ans Bett, die sich einer ihrer Patienten anstelle von Medikamenten wünscht.

16

»Das gibt mir Halt und das Gefühl, dass ich zur Ruhe kommen kann«, sagt der Mann. In diversen Pflegefachbüchern hat er Argumente für sein Anliegen gesammelt. So dürfe ein Patient mit seinem Einverständnis durchaus fixiert werden, außerdem würde ein Gurt mit Klettverschluss nicht als Fixierung gelten. So harmlos sein Wunsch klingt: Die Ärztin darf ihn nicht unbeobachtet in einer Lage belassen, aus der er sich im Notfall nicht selbst befreien kann. Er müsste dauerhaft im monitorüberwachten »Kriseninterventionszimmer« – früher »Gummizelle« genannt – untergebracht werden. Im Hinblick auf seine Entlassung stellt dies eine Sackgasse dar. Aber die Therapeuten können gelassen bleiben. Die größte Ressource des Maßregelvollzuges besteht aus der Zeit, in der man auf die Einsicht der Patienten warten kann. Zeit, in der sie vieles ausprobieren können, um zu lernen, wie man »ins Leben zurückschwimmt«, wie es Gabriele Grupp formuliert.

Jedem hilft etwas anderes, darum ist die Palette der Therapieansätze breit gefächert. Neben der klassischen Psychotherapie können die Patienten Sport treiben oder Musik machen, sich künstlerisch oder handwerklich ausprobieren.

Nach der Visite zeigt mir die Oberärztin die Werkstätten, in denen professionell gearbeitet oder einfach nur gebastelt wird, denn auch im Umgang mit Laubsäge und Klebstoff können die Patienten erfahren, wie viel sie erreichen, wenn sie geduldig ein Projekt vorantreiben, es am besten mit einem Plan beginnen. Auf einen solchen würden seine Schützlinge gern verzichten, berichtet ein Ergotherapeut. »Manchmal lasse ich sie ins offene Messer laufen. Sie merken dann schon, warum es besser ist, zuerst eine Zeichnung anzufertigen.« Spätestens im zweiten Anlauf gelängen dann solche Projekte wie der Bau eines Vogelhäuschens oder einer kleinen Truhe. »Notfall« ist liebevoll auf einer Seite eingebrannt. Wenn sie fertig ist, soll sich darin alles versammeln, was ihren Besitzer in Stresssituationen beruhigt.

In der Beschäftigungstherapie werden auch sogenannte »Token-Pläne« – Bretter mit Stiftreihen – verziert. Wenn diese in den karg möblierten Zimmern aufgehängt worden sind, bekommen die Patienten jeden Tag eine bunte Scheibe, eine Farbe für die Tage, an denen sich der Patient gut geführt hat, eine andere für die, die weniger optimal verliefen. So kann man Verhalten visualisieren und den Patienten motivieren. Wie auch immer die Klinikmitarbeiter es schaffen: Ihre Schützlinge müssen mitarbeiten, müssen sich ändern, nur so können sie es schaffen, irgendwann für ihre Mitmenschen nicht mehr gefährlich zu sein.

Der größte Anreiz sind die bereits erwähnten »Lockerungen«, als da wären: Ausgang mit Bediensteten – unbegleiteter Ausgang – Urlaub tagsüber – Urlaub mit Übernachtung. Es gibt noch weitere Abstufungen, sodass man am Ende auf zwölf Möglichkeiten der Lockerung kommt. Die größte Diskussion verursacht der Übergang vom begleiteten zum unbegleiteten Ausgang – vor allem bei Gewalt- und Sexualstraftätern, erzählt mir Gabriele Grupp. Da kann es schon mal eine Dreiviertelstunde dauern, bis etwa dreißig, vierzig Ärzte, Therapeuten, Sozialarbeiter und leitende Mitarbeiter der Pflege sich einigen, ob man einen Patienten bei der Staatsanwaltschaft für eine Lockerung vorschlägt. Andernfalls lautet die Empfehlung, der Patient müsse noch die Suchtgruppe oder die Gruppe für Sexualstraftäter besuchen oder sein Delikt gemeinsam mit seinem Psychotherapeuten noch gründlicher ins Verhältnis zu seiner Biografie setzen. Umgekehrt geht es schneller: Genehmigte Lockerungen können jederzeit gesperrt oder ganz zurückgenommen werden, je nachdem, wie gravierend der Patient gegen seine Auflagen verstoßen hat. Bei den meisten Rückfällen handelt es sich in den Augen von Außenstehenden um Lappalien nach dem Motto: »Hat er halt ein Bier getrunken!« Oder: »War doch nur eine kleine Verspätung!« Fachleute bewerten das strenger. Für sie gilt ein solches Verhalten als Mangel an Zuverlässigkeit, Kooperation und Einsicht in die Notwendigkeit. Mindestens ein halbes Jahr tadelloser Führung muss vergehen, ehe so ein Fehltritt verziehen ist. Dann erhält der Patient eine neue Chance. Er darf wieder eine Sprosse auf der Lockerungsleiter emporsteigen, die ihn irgendwann einmal – vielleicht – in die Freiheit führt.

Das Geburtstagsgeschenk

Dreiundzwanzig wird er in wenigen Wochen. Dreiundzwanzig. Was für eine Zahl! So mystisch, so unheimlich, so verheißungsvoll! Doch was würde schon auf ihn warten? Auf ihn, Niklas N., den Loser der Nation, schmächtig, schüchtern, stotternd? Nichts hatte er bislang hinbekommen, rein gar nichts. Damals in der Schule, als seine Großmutter ihm Briefe schickte, die »An den Gymnasiasten Niklas N.« adressiert waren, da galt er in der Familie noch als die große Hoffnung, der Erste in der Schar seiner Cousins und Cousinen, der das Abitur schaffen, der Erste, der aufsteigen würde. So ein Erwartungsdruck! Natürlich hatte er wieder einmal versagt, er hatte zu wenig gelernt. In der zwölften Klasse brach er die Schule ab. Seine Eltern waren tief enttäuscht. Bei seiner Mutter war ihm das egal, bei seinem Vater weniger. Der wollte nun, dass er Bäcker wurde, und organisierte ihm einen Ausbildungsplatz. Nach anderthalb Jahren warf er auch dort das Handtuch. Seine Eltern schmissen ihn zu Hause raus, er flüchtete zu einem Bekannten. Ein paar Monate später bewarb sich Niklas N. dann um die nächste Ausbildung, in einer Stadt, hundertdreißig Kilometer von seinem Geburtsort entfernt.

Seit zwei Jahren besucht er dort nun eine Schule für Physiotherapie. Ansonsten ist alles beim Alten geblieben: Er stottert noch immer, ist noch immer der Außenseiter, hat noch immer keine Freundin und in seinem Leben nichts Vorzeigbares zustande gebracht. Nicht nur er sieht das so. Erst neulich, bei einem Besuch zu Hause, hat ihm sein Vater eine Liste überreicht, auf der alle Kosten aufgeführt waren, die er, das einzige Kind, seit seiner Geburt verursacht hat. Wo die Gegenleistung bliebe, erkundigte sich der Vater. Was soll man dazu sagen? Niklas N. war wütend abgereist. Er weiß nur eins: Er muss an seinem Plan festhalten. Ja, er wird ihn umsetzen müssen. Er würde einen Menschen töten, am besten einen Schwulen. Er wird ihn in seine Wohnung locken und dort erstechen. Es muss jemand sterben – um seinetwillen. Nur so kann er aus seinem traurigen Dasein herausfinden. Er wird sich beweisen, dass er ein Verbrechen begehen kann, das sich kaum einer traut. Keine Scheußlichkeit wird er dabei auslassen. Niemand wird davon erfahren, nur er allein wird das Versteck der Leiche kennen. Er wird sich in Acht nehmen, er hat genügend Bücher und Filme gesehen, um zu wissen, wie man es richtig anstellt. Wenn ihm dann noch einmal jemand dumm kommt, wird er an sein finsteres Geheimnis denken und daran, dass sein Gegner nicht weiß, wie gefährlich er ist. Er würde sich mächtig vorkommen, männlich und charismatisch. Ein großartiges Gefühl! So würde er sich in einen neuen Niklas N. verwandeln. Dann hätte sein Leben einen Sinn, es könnte endlich beginnen.

Monate später entdeckt ein Mann, der mit Frau und Kindern Schwäne füttert, einen sonderbaren Gegenstand im Wasser. Vielleicht ein toter Fisch? Als er mit einem Ast danach stochert, erkennt er einen menschlichen Arm. In den nächsten Tagen tauchen weitere Körperteile einer männlichen Leiche auf: der andere Arm, eine obere und eine untere Torsohälfte, die Oberschenkel. Wer ist dieser unbekannte Tote, dessen Kopf und Finger verschwunden sind und an dessen Körper einige seiner abgeschnittenen Haare kleben? Die Kriminalpolizei überprüft sämtliche Vermisstenfälle, auch den Hinweis einer jungen Frau, die einen guten Bekannten vermisst, Florian F., einen Dreiundzwanzigjährigen mit halblangen schwarzen

Haaren. Sie wollten zusammen zu einem Treffen der Manga-Szene fahren. »Flo« war dieses Treffen wichtig gewesen, und seine Bekannte wunderte sich, dass er nicht gekommen war, er hatte schon die Teilnahmegebühr bezahlt, obwohl er wenig Geld hatte. Eine Zahnbürste, ein T-Shirt und asiatische Essstäbchen, die die Beamten aus der Wohnung des Vermissten besorgen, bringen Gewissheit: Der zerstückelte Tote ist Florian F.

Die Polizisten durchsuchen die verwahrloste Wohnung. Sie finden einen am Computer geschriebenen, ausgedruckten Brief:

»Ich wollte eigentlich eine Rundmail an alle schicken, aber so habt ihr was in der Hand, und es kriegen nur die mit, die es was angeht. Als ich mich auf den Weg machen wollte, um gemeinsam mit Freunden meine Bewerbungen zu schreiben, kam mir schlagartig etwas in den Sinn. Worum will ich mich da eigentlich bewerben? Um eine zukünftige geregelte Arbeit, mit Steuern und anderen Abzügen? Um einen Acht-Stunden-Tag und wenig Freizeit? Und dafür soll ich eine dreijährige Ausbildung machen? Wozu? Ich kann, was ich kann und fertig. Ich will keine Zeit mit einer Ausbildung verschwenden. Das gefällt mir nicht. Bevor ich so weit bin, stehen mir jede Menge Probleme bevor. Schulden bei der Bank und ein Schufa-Eintrag sind das Letzte, was ein junger Mensch heutzutage braucht. Ich werde nicht daran vorbeikommen, beides zu haben. Dazu kommt noch das Jobcenter, das mir im Nacken sitzt, was mir ein bisschen Angst macht. Man könnte echt depressiv werden. Ich habe keine Lust, Teil dieses Systems zu werden. Deshalb habe ich mich mit einem Freund von außerhalb getroffen, bei dem ich vorläufig unterkomme. Er ist Mitglied in einer Gruppe mit sympathischen Ansichten und hat mit mir ein paar Ideen besprochen. Er kann mir da raushelfen. Seine Freunde können meine Fähigkeiten gebrauchen, anders als die Arbeitgeber, die ich so kennengelernt habe. Dort kann ich jede Menge lernen und mir sogar aussuchen was. Dafür muss ich allerdings sofort mit ihm los. Ich habe ein paar Klamotten mitgenommen, etwas zu essen und alles, was man so braucht. Ich komme wieder, sobald es geht, und hole den Rest ab. Dabei könnte ich wohl eure Hilfe gebrauchen. Aber das klären wir, wenn ich wieder da bin. Bis später.«

Die Beamten überprüfen den Freundeskreis des Opfers. »Ein Riesenumfeld«, wie die Ermittlungsführerin vor Gericht sagt. Auch der Name »Niklas N.« taucht auf. Der junge Mann wird zur Zeugenvernehmung geladen, erscheint aber nicht. Per E-Mail entschuldigt er sich für sein Fernbleiben, er habe einen engen Freund verloren und darum die Stadt verlassen. Er schildert seine Beziehung zu Florian F., der mehrmals in der Woche zu ihm gekommen sei, zum Videospielen, Reden und Kochen. Florian habe keine Feinde gehabt, lediglich Selbstfindungs- und Finanzprobleme. Er wisse nicht, was der Freund getan habe, um an Geld heranzukommen. Vielleicht sei »da etwas schiefgelaufen«. Die Ermittler lassen nicht locker. Er müsse persönlich zur Vernehmung kommen, antworten sie. Niklas N. lässt auch den nächsten Termin verstreichen.

Bis zur Identifizierung seines Opfers hat er noch die Berufsschule besucht, damit ist jetzt Schluss. Nach und nach bricht er alle Kontakte ab, auch zu den Eltern. Er verkriecht sich bei einem Bekannten, den er in einem Chat-Forum kennengelernt und mit dem er von seinem Festnetzanschluss telefoniert hat.

Die Kriminalisten entdecken die Verbindung zwischen den beiden Männern. Während der Bekannte in seiner Vernehmung bestreitet, den Gesuchten zu beherbergen, versteckt sich Niklas N. in einem nahe gelegenen Wald. Es ist Winter, er hat einen Schlafsack, ein Buch und Weißbrot bei sich, er wartet und friert – und ist weit weg von Macht und Männlichkeit. Nach drei Wochen wagt er sich wieder in seine Zufluchtswohnung. Mittlerweile hat eine Sachverständige den angeblichen Abschiedsbrief von Florian F. untersucht und darauf eine DNA-Spur sowie »einen sehr schönen Daumenabdruck« von Niklas N. gefunden. Die Beamten begeben sich zur Wohnung, in der sie den Verdächtigen vermuten. Sie verpassen ihn. Sechs Wochen lang hören sie das Telefon des Bekannten ab, bis sie endlich die Stimme von Niklas N. vernehmen. Als sie den blassen, eingeschüchterten Mörder verhaften, sagt der: »Es tut mir unendlich leid. Sie wissen schon … was ich getan habe.«

Im Rucksack von Niklas N. finden die Beamten ein Diktiergerät, mit dem er aufgezeichnet hat, was ihn in den letzten Monaten bewegt hat. Es sind wirr anmutende Gedankensplitter. Es wirkt befremdlich, wenn jemand einen Mord plant wie andere ihre Hochzeitsfeier. »Ich werde ihn hier zu mir einladen, wir werden Sex haben. Ich gehe mit ihm ins Bad und werde ihn dort töten. Dann werde ich die Leiche zerteilen … Ich gehe nachts raus, um sie zu beseitigen, nehme aber noch ein bisschen von der Wade mit … ein bisschen Fleisch zum Braten. Ich sollte die Fingerspitzen und den Kopf irgendwie entsorgen … Ich muss ihn zertrümmern und im Wald vergraben …« Selbst eine Art Einkaufsliste stellte Niklas N. zusammen: Chlor, Handschuhe, Kondome, Folien, Müllbeutel wollte er nicht vergessen.

Die Anklage wegen Vergewaltigung, schwerer Körperverletzung, Mord und Störung der Totenruhe stützt sich auch auf diese Tonaufnahmen. Florian F. starb genau am dreiundzwanzigsten Geburtstag des Angeklagten. Die Staatsanwältin geht davon aus, dass er sich den Mord zum Geburtstag schenkte: »Es kam ihm darauf an, einen Menschen sterben zu sehen.« Er habe zunächst einen passiven Homosexuellen in seine Wohnung locken wollen. Da es dem kontaktscheuen Mann nicht gelang, einen Fremden für sich zu interessieren, musste ein Freund dran glauben. Er ließ Florian F. in seine Wohnung und schlug ihn dort nieder, so die Anklägerin. Florian F. lebte noch, als Niklas N. ihm die Geschlechtsteile abschnitt und ihn anschließend mit mindestens zweiundzwanzig Stichen in den Rücken tötete. In der Badewanne trennte er dem Toten mit einer Gartenschere die Fingerkuppen ab, öffnete den Leichnam und zerteilte ihn. Nachts steckte er Leichenteile in seinen Rucksack und lief mehrmals gut zwei Kilometer zu einem Fluss, wo er seine Fracht entsorgte.

Niklas N. sitzt mit hängendem Kopf und gequälter Miene zwischen seinen beiden Anwälten. Zuweilen überwältigt ihn seine Anspannung, dann wippt er unruhig auf seinem Stuhl oder reibt sich intensiv die Stirn. Zu den Vorwürfen äußert er sich per Video, das seine Anwälte in der Haftanstalt aufgenommen haben. Auf diese Weise wollen sie dem Gericht und vor allem dem psychiatrischen Gutachter zeigen, dass die Persönlichkeit ihres Mandanten hochgradig gestört ist. Die Vorführung des Videos findet unter Ausschluss der Öffentlichkeit statt, auch die Erstattung des psychiatrischen Gutachtens. Lange bleibt für Prozessbeobachter das Motiv des Angeklagten rätselhaft.

Erst als der Vorsitzende Richter in der Begründung seines Urteils den Inhalt der Beweisaufnahme zusammenfasst, lüftet sich das Geheimnis. Florian F. wurde das Opfer eines Menschen, der in scheinbar geordneten Verhältnissen aufwuchs, jedoch emotional so vernachlässigt wurde, dass er immer depressiver wurde und jegliches Selbstvertrauen verlor. Ein unbändiger Hass staute sich in ihm an, den er aber nie zu zeigen wagte. Niemand ahnte daher, wie es in Niklas N. brodelte.

Auf der Physiotherapieschule begegnete er Paul P. »Freundschaft« ist wahrscheinlich nicht das richtige Wort für das, was Niklas N. für ihn empfand. In der Videoaussage erklärte der Angeklagte, seine Mitmenschen seien in seinem Leben nur Touristen. Paul P. wohnte schräg gegenüber, so verbrachten die beiden viel Zeit miteinander. »Er hat nur wenig von seinen Gefühlen preisgegeben«, sagt der ehemalige Mitschüler, aber Niklas N. habe einiges von seinem Elternhaus erzählt, auch von den wenigen, eher frustrierenden sexuellen Erfahrungen, die er mit ein, zwei Frauen gemacht habe und von seinen Depressionen. »In der Schule wurde er oft gemobbt.« Die Mitschüler schubsten den schüchternen Stotterer herum und riefen: »Du stinkst« und »Du Nichtskönner!«. Ein älterer Mitschüler soll ihn sogar zum Oralverkehr gezwungen haben. Die Lehrer seien nicht eingeschritten, er selbst habe sich nicht gewehrt, sondern sich verängstigt zurückgezogen. Einem Mitschüler berichtete er von einem Tagebuch, in dem er sich ausmalte, wie er Rache an seinen Peinigern nimmt. In solchen Momenten wünschte er sich, wie sein Vater zu sein, ein Machertyp, intelligent und durchsetzungsfähig, das Gegenteil von seiner schwachen Ja-Sager-Mutter, einer einfachen Frau, die in seiner Kindheit so selten zu Hause war, dass er sie als »Tante« angesprochen hatte.

»Sein Vater war kaltherzig«, sagt Paul P. »Der hat ihn niemals in den Arm genommen. Wenn Niklas weinte, hat er ihn ignoriert. Niklas hat es als Erziehungsmethode akzeptiert. Sein Vater war ein Rechthaber, wusste immer alles besser, musste immer gewinnen. Das hat ihm Spaß gemacht. Niklas hielt seinen Vater für einen Psychopathen, für einen, der sein Ding macht, sich auf sich selbst konzentriert und frei von Gefühlen lebt. Das hat Niklas fasziniert. Seine eigenen Emotionen haben ihn belastet, seine Wut und sein Hass, weil sie ihm selbst galten. Sich von allen Gefühlen zu lösen, ein charismatischer, manipulativer Psychopath werden, das war sein Traum.«

Niklas N. habe sich für Gewaltfilme interessiert und für Serienkiller, die er ebenso bewunderte wie seinen Vater. Pauls Freundin gegenüber erzählte er, »dass er auf Ballerspiele stehe«.

»Schießt man da auf Kreise?«, erkundigt sich der Vorsitzende Richter.

»Nein, auf Menschen. Das machte ihm Spaß. Wir haben mal zusammmen einen Film über einen Amoklauf geguckt. Der war einfach krank, Niklas fand die Darstellung cool.«

Im Krankenhaus, in dem Niklas N. ein Praktikum absolvieren musste, entsetzte er eine Ausbilderin mit seiner Faszination für sterbende Menschen. Sehnlichst wünschte er sich, bei einer Herzoperation hospitieren zu dürfen, sie lehnte das wegen der zweifelhaften Motive ab. Auf seinem Zeugnis notierte sie »mangelnde Empathiefähigkeit«, das habe sie noch keinem Praktikanten bescheinigt.

»Niklas beschäftigte sich vor allem mit sich selbst, nicht mit der Gefühlswelt anderer«, bestätigt Paul P. Der Freund habe über die Veränderung seines Äußeren, über Krafttraining und Proteinshakes sinniert. »Er wollte so breite Schultern haben, dass er nicht mehr durch die Tür passt.« Dennoch hätten sie »sehr tiefgründige, intellektuelle Gespräche« geführt, auch zu dritt mit Florian F., einem Einzelgänger wie sie. »Niklas und Florian hatten die Angewohnheit, gerne zu reden und alles breitzutreten.« Dennoch seien beide völlig unterschiedlich gewesen: Florian F. war der stets grinsende, hilfsbereite, euphorische Optimist und Niklas N. der schüchterne, egozentrische Pessimist.

Auf der Suche nach dem Sinn in seinem Leben habe der Angeklagte von einer politischen Bewegung geträumt. Mit einem Bekannten wollte er eine geheime Bruderschaft gründen, sie wollten Wissen darüber sammeln, was in dieser Gesellschaft falsch laufe, und ihre Erkenntnis mit aufrüttelnden »Briefen ans Volk« propagieren. Sich und ihrer Organisation gaben sie lateinische Namen, das Erkennungszeichen sollte ein Pentagramm ein, das sich Niklas N. sogar mit einem Teppichmesser in den Unterarm ritzen ließ.

Paul P. lacht auf, als er zu diesen politischen Aktivitäten gefragt wird. »Man wollte halt *irgendwas* machen, irgendwann, irgendwie. Ich habe gesagt: Na, dann legt mal los!« Niklas N. habe auf die Zeit nach der Ausbildung verwiesen und von einem Fantasyroman erzählt, den er bis dahin schreiben wollte, um die »Bruderschaft« zu finanzieren. Überhaupt habe sich der Angeklagte gern in Parallelwelten geflüchtet, in die Weiten des Internets, in dem er *Final Fantasy* gespielt und gechattet habe – in der Rolle eines Menschen, den er für mutig, selbstbewusst und charismatisch hielt.

Florian F. habe ebenfalls viel vor dem Computer gehangen, den er virtuos beherrschte. Bereitwillig half er vielen Bekannten bei Computerproblemen, auch Paul P. Der beschreibt den Verstorbenen als »schusselige, freundliche Begeisterungsmaschine«, der aber »keine Ahnung vom Zwischenmenschlichen hatte«, der beispielsweise nicht wusste, dass man einen Arbeitgeber nur sehr vorsichtig kritisieren darf. Offen und naiv sei der Freund gewesen, auf jeden sei er gleich zugekommen, auch auf Pauls Freundin, die ihm in einer depressiven Phase von ihrer »schlechten Kindheit« erzählte. Er habe ihr geraten: »Schreib einfach ein Buch! Fang einfach an. Das hilft, und dir ist nie langweilig!«

Paul P. hielt den Verstorbenen für hochintelligent: »Er hat sich für alles interessiert und alles konsumiert, was er in sei-

28

nen Kopf stopfen konnte. Seine Welt war bestimmt doppelt so bunt wie unsere, er wirkte, als ob er auf Droge wäre.« Ordnung und Struktur seien weniger sein Ding gewesen. »Er hat gemacht, wozu er Lust hatte.« Seine alleinerziehende Mutter war mit dem hochbegabten Autisten nicht zurechtgekommen, seine Pflegemutter hatte ihn auf ein Internat geschickt, wo er das Abitur gemacht hatte. Danach kämpfte er mit den Anforderungen des täglichen Lebens. Wenn er einen Job hatte, schaffte er es nicht, die Arbeitszeiten einzuhalten. Er kam auch nicht den Auflagen des Jobcenters nach. Die Körperpflege überforderte ihn. Seine Wohnung glich einem Müllhaufen, Zeitschriften dienten ihm als Teppich, sein Bett bestand aus zwei Regalen, über die er eine Matratze gelegt hatte. Oft übernachtete er bei einem seiner vielen Bekannten, wo er duschte und seine Wäsche wusch. Die Wohngemeinschaft, in der Niklas N. gemeinsam mit einer Mitschülerin lebte, gehörte zu seinen Anlaufstellen. Auch an seinem Todestag begab er sich dorthin. Er wollte dem Geburtstagskind ein Essen kochen.

Es war ein Mittwoch. Bis Sonntag würde die Mitbewohnerin von Niklas N. noch bei ihren Eltern sein, diesen Umstand hatte der Mörder bereits bei der Entwicklung seines Plans bedacht. Nun war Florian F. bei ihm eingetroffen. Spätestens jetzt musste er beschlossen haben, seine monatelang gehegten Fantasien an diesem Opfer zu verwirklichen.

Mit einem Streitgespräch versetzte er sich nach eigenen Angaben in die nötige aggressive Stimmung, dann schlug er zu. Sein Opfer war noch nicht tot, als er es ins Bad schleppte. Mit einem Dolch versetzte er Florian F. dann die Stiche in den Hals und in den Rücken. Der Angeklagte habe seinen Plan ziemlich genau abgearbeitet, so der Richter, allerdings habe er den Sterbenden weder gefesselt noch vergewaltigt, wie es die Staatsanwältin aufgrund des diktierten Tatplans vermutet hatte. »Er war beim Anblick der leblosen Gestalt, die durch Blut und andere Flüssigkeiten alles andere als gut ausgesehen haben muss, nicht dazu in der Lage gewesen«, meint der Richter. Das Gegenteil lässt sich nicht beweisen, selbst wenn der Rechtsmediziner im After des Verstorbenen ein prostataspezifisches Antigen fand, also einen unspezifischen Beweis für Sperma. Dieses könne auch vom Opfer stammen. Der Rechtsmediziner bemerkte noch den auffallend sauberen Darm: »Doch man kann aus dem Fehlen von Kot kein Sexualdelikt ableiten.« Dies könne andere Ursachen haben, zumal sich der Torso des Toten mit dem zu beiden Seiten offenen Darm fast vier Wochen lang im Wasser befunden hatte.

Während Florian F. noch bewusstlos im Bad gelegen hatte, schnitt ihm sein Mörder Penis und Hodensack ab, dann die Finger. Danach zerlegte er den übrigen Körper. Dabei sei es ihm »nicht nur um die Erleichterung des Transports« gegangen, so der Richter, »sondern in erster Linie um den Bruch von Tabus«. Deshalb habe er dem Toten die Haare abgeschnitten, deshalb seinem noch warmen Körper die Organe entnommen.

Die Leichenteile verstaute er in Müllsäcken und legte sie in den Kühlschrank. Dort sammelte sich das Blut seines Opfers zunächst in einer Auffangschale, die dann überlief und ihren verräterischen Inhalt auf den Boden ergoss.

Am späten Nachmittag kam ein Bekannter, Richard R., zu Besuch, den hatte Niklas N. vor einigen Monaten beim Wave-Gothic-Treffen kennengelernt. Sie saßen in der Küche, spielten Computer und aßen Pizza. Der Hausherr sei ständig »rumgewuselt«, erinnert sich Richard R. Er habe »hastig« Tee gekocht, dann seien sie gemeinsam »schnell zu Paul rübergegangen«. In dessen geräumiger Wohnung wollte Niklas N. seinen Geburtstag feiern, wenn man das so bezeichnen möchte. Niklas N. war zu diesem Termin eigentlich nie nach Geselligkeit zumute gewesen. Aber er wollte bei Paul P. Blutspuren und Haare seines Opfers hinterlegen. Falls etwas schiefginge, könnte er ihm den Mord in die Schuhe schieben. Zu dritt spielten sie ein Videospiel und tranken den von Richard mitgebrachten Glühwein, Pauls Freundin saß gelangweilt daneben.

»Möglicherweise«, so der Vorsitzende Richter, »erschien der Angeklagte auch auf der Geburtstagsfeier, um sich zu beweisen, dass niemand merkt, was er gerade getan hat.« Mit Erfolg.

»Er sah aus wie immer, ein bisschen geistesabwesend wirkte er«, erinnert sich Richard R. »Aber er hatte immer diese neutrale Fassade, man konnte nie wissen, was er fühlt und denkt.«

Paul P. fand es merkwürdig, dass Florian F. nicht erschien: »Doch wir kannten das schon von ihm.« Der Gastgeber schrieb eine SMS, wie schön es wäre, wenn Florian noch kommen würde. Keiner sorgte sich ernsthaft.

Vier Stunden später kehrte Niklas N. dann in seine Wohnung zurück. Die Putzaktion, die er jetzt startete, hätte er sich sparen können. Zwar gelang es ihm mit Hilfe eines Chlorreinigers, die Blutspuren in seinem Zimmer und im Bad erstaunlich gründlich zu beseitigen, aber die Blutlache unter dem Kühlschrank bemerkte er nicht – im Gegensatz zu den Kriminalbeamten, für die nach einer Hausdurchsuchung kaum noch ein Zweifel daran bestand, wer der Mörder von Florian F. war.

Am Ende der Beweisaufnahme bestätigt der psychiatrische Sachverständige die Auffassung der Verteidiger, der Angeklagte sei psychisch krank. Der Gutachter spricht von einer Persönlichkeitsstörung, also von Persönlichkeitszügen, die sich in ihrem Ausprägungsgrad so weit von der Norm abheben, dass der Betreffende durch sie in vielen Bereichen seines Lebens fortwährend scheitert. Bei Niklas N. handelt es sich um die selten auftretende Form der schizoiden Persönlichkeitsstörung, die sich durch eine tiefgreifende Bindungsstörung sowie Schwierigkeiten mit dem Wahrnehmen und Ausdrücken von Gefühlen auszeichnet. Die Betroffenen sind introvertierte Einzelgänger, die nur an wenigen Tätigkeiten Freude empfinden und kein Interesse an zwischenmenschlichen Beziehungen haben. Sie wurden von klein auf emotional vernachlässigt und mussten lernen, auf Gefühle zu verzichten. Darum können sie solche bei anderen nur schwer wahrnehmen und selbst ausdrücken. Sie wirken kühl und distanziert. Gerne flüchten sie sich in Fantasiewelten. Beim Angeklagten sei die Persönlichkeitsstörung zudem von einem massiven neurotischen Vaterkonflikt überlagert worden.

Diese Einschätzung reicht für eine verminderte Schuldfähigkeit. Mindestens vierzehn Jahre soll dem Mörder von Florian F. die Freiheit entzogen werden, er wird in einer forensischen Klinik untergebracht. »Es wird sich zeigen, ob Sie mit dieser Persönlichkeitsstörung umzugehen lernen«, sagt der Vorsitzende Richter in Richtung des Angeklagten. »Das wird sicherlich ein langer Weg werden. Ob Sie ihn meistern, ist alles andere als sicher, angesichts der Abgründe, die Sie uns hier gezeigt haben.«

Die Verteidiger sind zufrieden, im Maßregelvollzug sei ihr Mandant besser aufgehoben als im Gefängnis, wo er erneut in die Opferrolle gleiten würde und ohne intensive Therapie wohl kaum von seinen Gewaltfantasien loskommen würde. Zudem sei es für Niklas N. von Vorteil, nicht in die Kategorie »Sexualmörder« zu fallen, so habe er eine größere Chance, irgendwann einmal wieder in die Freiheit entlassen zu werden.

Mit der Verurteilung des ehemaligen Freundes endet auch für Paul P. ein bewegendes Kapitel seines Lebens. Was hatte er für Ängste ausgestanden, als zunächst Florian nicht mehr aufgetaucht war und dann auch noch Niklas spurlos verschwand.

Ihm schwante, dass ihnen etwas zugestoßen sein musste. Er befürchtete schon, das nächste Opfer zu sein!

So falsch lag er mit dieser Vermutung nicht. »Der Angeklagte hat keineswegs Abstand von seinen Tötungsfantasien genommen«, erklärt der Richter in seiner Urteilsbegründung. »Auch nach der Tat beschäftigte er sich mit solchen Gedanken.«

Es gab sogar eine Todesliste mit weiteren möglichen Kandidaten. Paul P. stand ebenfalls darauf.

Fünf Herzen
minus vier Herzen

Das Unheil kündigte sich per SMS an: »2012 geht die Welt unter, zumindest für mich«, schrieb Matthias M. seiner Frau Maren. »Herzlichen Glückwunsch, jetzt bekommst du dein neues Leben und dein Geld! Das war dir doch immer wichtig. Du warst immer egoistisch, nicht stark. Du hättest deine Familie retten können, viel früher. Aber du hast nur an dich gedacht. Du hattest nie Interesse an den Kindern. Nur selten hast du was mit ihnen unternommen. Ich kann ohne meine Kinder nicht leben, das weißt du. Fünf Herzen haben aufgehört zu schlagen. Lebe wohl!«

Es war zwölf Sekunden nach 23 Uhr, als er diese Zeilen abschickte. Maren M. befand sich zu diesem Zeitpunkt in Dänemark, Hunderte Kilometer von ihrer Familie entfernt. Angst beschlich die fünfunddreißigjährige Mutter von vier Kindern. Sie rief ihren Mann an, er nahm nicht ab. Die zwölfjährige Moya ging ebenfalls nicht ans Telefon. Maren M. schickte die verstörenden Zeilen ihrer Schwägerin, die im selben Ort wohnte, mit der Bitte, bei ihnen zu Hause nachzusehen. Antje A. lag lesend im Bett, als ihr Handy piepte. Sie zog sich sofort an, obwohl ihr Mann das für unnötig hielt. »Ich hab die SMS nicht für voll genommen«, begründet er gegenüber dem Gericht seine Skepsis. So lief Antje A. damals allein zum Haus ihres Bruders, sie wollte sich melden, »wenn irgendetwas sein sollte«.

Nach zweihundert Metern hatte sie das Reihenhaus erreicht. Sie drückte auf die Klingel. Die blieb stumm. Mit ihrem Schlüssel, den sie für Notfälle besaß, schloss Antje A. die Haustür auf. Das Licht im Flur ließ sich nicht einschalten. Der Strom schien ausgefallen zu sein. »Matthias! Matthias!«, rief sie in die Dunkelheit. Niemand reagierte. Mit ihrem Handy leuchtete sie sich den Weg in Richtung Obergeschoss. Schon auf der Treppe sah sie das Blut. »Das hast du nicht getan«, schrie Antje A. und alarmierte den Rettungsdienst.

Minuten später trafen zwei erfahrene Sanitäter ein. Sie hatten zunächst nicht an einen schwerwiegenden Notfall geglaubt: »›Größere Blutmenge‹ – das schätzt der Laie oftmals falsch ein«, erklärt einer von ihnen dem Gericht. Doch so viel Blut wie in diesem Haus hatten sie noch nie auf einmal gesehen. Im Schein einer Taschenlampe stiegen sie ins Dachgeschoss. Dort saß Matthias M. auf der Kante seines Ehebettes. Neben ihm lagen aufgebahrt die Leichen seiner vier Kinder, die des fünfjährigen Mika, des siebenjährigen Merlin, des neunjährigen Max und die von Moya. Er selbst hatte sich den linken Unterarm bis auf den Knochen aufgeschnitten, auch aus seinem Hals rann Blut. »Er hatte die Halsschlagader aufzuschneiden versucht, hatte sie aber nicht erwischt«, erinnert sich ein Sanitäter. Er nahm dem Schwerverletzten das Messer weg und sah dann nach den Kindern. Diesen kurzen Moment nutzte der Lebensmüde, um sich erneut in den Besitz des Messers zu bringen. »Lasst mich sterben!«, rief er. »Ich will bei meinen Kindern sein!«

Die Sanitäter, die bei dem Mädchen und ihren Brüdern keinen Puls mehr fühlen konnten und auch sonst eine Reanimation für aussichtslos hielten, entwaffneten und fixierten den einzigen Überlebenden, spritzten ihm ein Beruhigungsmittel und trugen ihn zum Krankenwagen. Tagelang lag er im künstlichen Koma. Als er erwachte, glaubte er, all das könne nur ein entsetzlicher Traum gewesen sein.

Vier Monate später, zu Beginn seines Prozesses, äußert der Siebenunddreißigjährige sich zum Vorwurf des vierfachen Mordes: »Ich will nur sagen … ich war's … Es … tut mir leid, was ich meiner Frau … meinen Kindern … und vielen anderen Menschen angetan habe …« Es sind nur wenige Worte, holprig durch aufsteigende Tränen bugsiert. Sie kosten viel Kraft, zu viel, um ihnen weitere folgen zu lassen.

Auch auf die Mithilfe von Maren M. muss das Gericht verzichten. Ärzte hatten ihr von einer Teilnahme am Prozess abgeraten. Die Juristen sind daher ganz auf die Angaben angewiesen, die der Angeklagte kurz nach der Tat beim Haftrichter zu Protokoll gegeben hat, sowie auf die Aussagen der Nachbarn, Arbeitskollegen und Gutachter, um die Lebensgeschichte von Matthias M. zu rekonstruieren, den alle nur als »Vorzeige-Papa« und »beste Mutter im Dorf« kannten – einen blassen, schmächtigen und unscheinbaren Mann, dem einzig seine Designerbrille etwas Kontur verleiht.

Matthias M. war in dem kleinen 2700-Seelen-Dorf geboren worden und hatte noch nie woanders gelebt. Sein Vater hatte einen eigenen Handwerksbetrieb. In seiner Freizeit spielte er mit seinem Sohn Fußball, nahm ihn mit zum Angeln und zur freiwilligen Feuerwehr. Es war keine Frage, dass der Junior eines Tages den Betrieb übernehmen würde. Doch es kam anders: Als er vierzehn Jahre alt war, starb sein Vater an einem Herzinfarkt – in den Armen seines Sohnes. Niemand scheint ihm bei der Verarbeitung dieses Erlebnisses geholfen zu haben. Matthias M. war traumatisiert und entwickelte eine selbstunsicher-vermeidende Persönlichkeitsstörung – die Basis seiner späteren Depression. Der Jugendliche zog sich zurück, ihm fehlte jedes Selbstvertrauen. Er schmiss die Realschule und begann eine handwerkliche Ausbildung. Kontakt zu Mädchen fand er keinen, er schämte sich, »weil er nicht einmal einen

Brief schreiben kann« und »nicht gut aussieht«, wie er dem psychiatrischen Gutachter erzählte.

Mit einundzwanzig lernte er die zwei Jahre jüngere Maren kennen. Die entdeckte ihn an einem Pfingstmontag, als Matthias M. während einer Party allein in einem Zelt hockte. »Der ist süß, den will ich heiraten!«, verkündete sie in ihrem Freundeskreis. »Schon Tage später waren wir ein Paar«, erzählte Matthias M. dem Haftrichter. Es sei eine perfekte und harmonische Beziehung gewesen. Tagtäglich waren sie zusammen. Manchmal habe er, bereits Minuten bevor das Telefon klingelte, ihren Anruf erahnt. Zwei Jahre später heirateten sie. Moya wurde geboren und bekam in den folgenden sieben Jahren noch drei Brüder. Die jungen Eltern kauften ein kleines Reihenhaus mit einem Garten, in dem die Kinder spielen konnten. Vier Kinder und ein Haus schienen den alleinverdienenden Familienvater nicht zu überfordern. Scheinbar verlor er seine Hemmungen, seine Unsicherheit und seine Minderwertigkeitskomplexe. Er brach den Kontakt zu seinen Kumpels von der freiwilligen Feuerwehr ab und lebte nur noch für seine Frau und seine Kinder. Unisono berichten die Zeugen von einer schier grenzenlosen Liebe und Geduld im Umgang mit seinen Sprösslingen. Diese aufopferungsvolle Hingabe, so der psychiatrische Gutachter, habe die Störung seiner Persönlichkeit unter Verschluss gehalten. Vorerst. Sein Schwager attestiert ihm: »Er war ein Mensch, für den die Familie alles ist.« Sie war für ihn die Nabelschnur zur Welt. Die M.s wirkten nach außen wie eine Bilderbuchfamilie. Sie führten eine Beziehung, in der Küsse, Umarmungen und liebevolle Worte an der Tagesordnung waren. »Ich habe das bewundert«, meint eine Nachbarin im Zeugenstand. »Ich dachte, das ist ein tolles Paar, das sich seine Liebe bewahrt hat.«

Doch hinter den Kulissen sah es anders aus. Matthias M. schlug seine Frau. Etwa dann, wenn sie ihrem Mann Vorwürfe machte, er würde nicht genügend Geld verdienen oder Umbauten im Haus nicht zügig beenden. In den letzten drei bis vier Jahren sei es »ein- bis zweimal jährlich zu Gewalttätigkeiten gekommen«, gibt Matthias M. zu. Wenn er zu viel getrunken hatte, habe er seine Frau »leider mal geschubst und geschlagen, aber nicht ins Gesicht«. Zunächst hält die Ehe diesen »Ausrastern«, wie sie Matthias M. gegenüber dem psychiatrischen Gutachter bezeichnet, noch stand. Am nächsten Tag sei immer alles wieder gut gewesen. Über die Schläge habe man »nicht groß gesprochen«.

Acht Monate vor der Tat kam es wieder einmal zu einem »Ausraster«. »Es war der entscheidende Bruch«, glaubt der psychiatrische Gutachter. »Er stand zwar in einer Reihe mit früheren Tätlichkeiten, stellte aber eine neue Qualität dar.« An diesem Abend stritt sich Matthias M. mit seiner Frau, es ging um Banales. Anschließend trank er drei Flaschen Wein, zertrümmerte sein Handy und zertrat seine Brille. »Ich war mit den Nerven völlig fertig.« Maren habe ihn in den Arm genommen und zu beruhigen versucht. Am nächsten Morgen wollte er sich umbringen, er plante, mit dem Auto in den Gegenverkehr zu rasen. Seine Frau trug nur einen Bademantel, als er sie plötzlich packte, aufs Bett warf und zu vergewaltigen versuchte. Das habe sie ihm später berichtet. Er selbst erinnere sich nur, weinend auf dem Bett gesessen zu haben. Aber er glaube Maren: »Ich wollte wohl, dass sie nicht um mich trauert, wenn ich tot bin, sondern mich hasst.«

Das Paar fuhr zum Hausarzt, vor dem Matthias M. angab, in den letzten Monaten sehr viel gearbeitet zu haben. »Er war niedergeschlagen, erschöpft, aber gegenüber psychotherapeutischen Maßnahmen nicht aufgeschlossen«, berichtet der Mediziner dem Gericht. Im Blut konnte er keinen Hinweis auf einen chronischen Alkoholmissbrauch finden: »Alles normale,

mittlere Werte.« Er spritzte dem Patienten ein Beruhigungsmittel und überwies ihn an einen Neurologen. Der attestier-
te Matthias M. eine Depression und schickte ihn zur Kur. In
dieser Zeit habe er keinen Alkohol angerührt, erzählt Matthias M. dem Haftrichter. Er und Maren seien sich wieder nä-
hergekommen, wie »ein frischverliebtes Paar« hätten sie sich
gefühlt, seine Frau wollte gar das Eheversprechen noch einmal erneuern.

Ein halbes Jahr nach seinem letzten »Ausraster« grillten die
M.s gemeinsam mit ihren Nachbarn. Matthias M. griff zum
Bier – ein Anblick, der Maren M. in Panik versetzt haben muss.
Sie habe ihm ein Ultimatum gestellt, ihm gesagt: »Überleg es
dir, ob du mich noch haben willst!« Er will das erst mitbekommen haben, als es zu spät war. Seine Frau flüchtete zu einem
seiner Arbeitskollegen. »Er trinkt«, soll sie unter Tränen geäußert haben, mehr wollte sie nicht preisgeben. Als sie zurückkam, sprach er immer noch dem Alkohol zu, und Maren M.
zog es vor, in einem der Kinderzimmer zu übernachten. Am
nächsten Tag erklärte sie ihrem Mann, dass sie die Trennung
wolle. Für Matthias M. brach die Welt zusammen. Er verließ
das Haus und begab sich in einen nahe gelegenen Wald. Er
rauchte und weinte, als ihn seine Frau per SMS fragte: »Willst
du eine Entziehungskur machen?«, antwortete er: »Für meine
Familie würde ich alles tun!«

Zwei Wochen blieb er in einer Klinik zum Entgiften. Er glaubte an eine Trennung auf Zeit. Nach seiner Rückkehr erklärte ihm Maren, es sei endgültig aus. Matthias M. zog zu seiner
Schwester. Jeden Tag ging er nach der Arbeit zu seinen Kindern,
um mit ihnen zu spielen. Inzwischen hatten die Nachbarn und
Verwandten von dem Ende der Vorzeige-Ehe erfahren. Noch
Monate später konnten sie kaum glauben, was ihnen über Alkoholmissbrauch und Vergewaltigung zu Ohren kam. Als ein

Nachbar Maren M. nach dem Trennungsgrund fragte, habe sie geantwortet: »Ach, das willst du gar nicht wissen.« – »Schlimme Dinge« seien geschehen, aber nichts mit den Kindern. Gegenüber seinem Schwager sprach Matthias M. von »Dummheiten«, die er »unter Alkohol« begangen habe. Und Maren M. erzählte einer Nachbarin, dass ihr Mann »Mist gebaut« habe. »Sie hatte Angst vor ihm«, so die Nachbarin. »Sie fürchtete, eines Tages nicht mehr aufzuwachen. Am Wochenende konnte sie erst tagsüber einschlafen, wenn sich ihr Mann mit den Kindern beschäftigte. Sie sagte, wenn er sie nur geschlagen hätte, könnte sie ihn zurücknehmen. Ich habe sie gefragt: ›Hast du ins Kissen gebissen, oder warum haben wir nichts gehört?‹ Sie antwortete: ›Glaubst du, die Kinder sollten was merken?‹«

Immer noch hoffte Matthias M. auf eine Versöhnung. »Er wollte sein altes Leben wiederhaben«, sagt sein Schwager. Seine Hoffnung schien nicht ganz ungerechtfertigt zu sein, denn Maren M. muss sich in dieser Zeit ambivalent verhalten haben. Sie versuchte, die Trennung durchzuziehen und gleichzeitig ihren Mann zu trösten. Dabei kam es auch zu Intimitäten, die der Vorsitzende Richter später als »Abschiedsgeschlechtsverkehr« bezeichnet. Der Hinausgeworfene strudelte im Ungewissen: »Mal war sie sexy, mal sagte sie, sie hasst mich. Mal sagte sie, die Ehe kommt wieder in Ordnung, mal nicht.«

Als seine Frau ihn wieder einmal aller Hoffnungen beraubt hatte, drohte er am Telefon: »Wenn du mich nicht zurücknimmst, bringe ich mich um!« Daraufhin stieg er ins Auto, kurvte in der Gegend herum und versuchte, den Wagen gegen einen Laster zu lenken. Er schaffte es nicht. Moya, die zufällig das Telefonat belauscht hatte, simste ihm zu: »Tu's nicht!« Tage später brach das Mädchen weinend in der Schule zusammen und vertraute sich ihrer Lehrerin an. Im Gespräch mit dieser erklärte Maren M., ihr Mann wolle sie nur unter Druck setzen.

Zwei Tage später fuhr sie nach Dänemark, ohne Kinder, nur mit ihrem Hund. Sie suchte Ruhe im Trennungsstress. Matthias M. nahm sich frei, es war abgemacht, dass er sich um die Kinder kümmern würde. »Sie hatte nicht die geringsten Bedenken, ihn mit den vieren allein zu lassen. Er hatte ihnen nie etwas angetan«, sagt die Nachbarin. Und der Schwager erinnert sich: »Matthias hat sich gefreut, die Kinder eine Woche lang für sich zu haben. Er hatte gehofft, dass danach die Beziehung wieder beginnt.«

Das klang auch in seinen zahllosen Kurzmitteilungen durch, die er seiner Frau nach Dänemark schickte. »Ich mache dich darauf aufmerksam, dass mich jede ankommende SMS 39 Cent kostet«, schrieb Maren M. zurück und ergänzte, er werde durch sein ständiges Betteln für sie nicht attraktiver. Wieder drohte er, sich das Leben zu nehmen, woraufhin sie ihm schrieb: »Willst du dich wirklich umbringen oder nur meine Handyrechnung in die Höhe treiben?« Er versicherte: »Nein, den Quatsch mache ich nicht.«

Noch wenige Stunden vor seiner Tat, so erinnern sich die Nachbarn, wirkte Matthias M. fröhlich und guter Dinge. Mit Merlin und Mika schnitzte er Specksteine, er selbst gestaltete ein Herz – für seine Frau. Die befand sich gerade auf einem Ausflug und erkundigte sich nach Moyas Wünschen für ein Mitbringsel. An diesem Abend erklärte sie ihre Ehe für endgültig gescheitert. Sie wolle ihn am nächsten Tag nicht mehr sehen, teilte sie ihrem Mann am Telefon mit, er solle seine Sachen packen und das Haus vor ihrer Rückkehr verlassen. »Es war ein ruhiges und sachliches Gespräch«, erinnert sich Matthias M. Danach überreichte er Moya das Herz aus Speckstein: »Mama will das nicht. Ich möchte, dass du es nimmst, damit du immer an mich denkst.« – »Alles kaputt«, postete die verzweifelte Gymnasiastin in ihrem Schüler-Chat-Forum, während ihr Vater die jüngeren Geschwister zu Bett brachte und ihnen vorlas. Er unterhielt sich später noch mit Moya über seine Zukunft. Er wollte seine Arbeit hinschmeißen und in einen anderen Ort ziehen. Sie hätten zusammen geweint, er habe seiner völlig aufgelösten Tochter versprochen, am kommenden Samstag mit ihr etwas Schönes zu unternehmen, so Matthias M. Anschließend begab er sich in den Keller. Er wollte sich ein alkoholfreies Getränk holen, als sein Blick auf einen Kasten Bier gefallen sei: »Ich habe gedacht: ›Scheißegal. Was ändert es, wenn ich jetzt trinke?‹«

Er setzte sich an den Computer und betrachtete Bilder von seiner Familie, darunter solche, auf denen Maren verführerisch für ihn posierte. Dann schaute er im Internet nach Wohnungen, er gab den Suchbegriff »Hilfe zum Lebensunterhalt« ein, er änderte die Passwörter für seine Bank- und E-Mail-Konten, und er trank dabei eine Bierflasche nach der anderen. Zwei Stunden nach seiner Tat werden 0,7 Promille Alkohol in seinem Blut nachgewiesen. Doch der Alkohol hatte lediglich Katalysatorfunktion für den persönlichkeitsgestörten und deshalb hochdepressiven Mann, erklärt der psychiatrische Gutachter. Die Depression formte sich zu einem Suizidwunsch, der von einer Sekunde zur anderen sein Denken beherrschte: »Eben hatte er sich noch mit Zukunftsplänen beschäftigt, plötzlich schlug das um.« Es gab in seinem Bewusstsein keinen Raum mehr für andere Überlegungen, er hatte den Bezug zur Realität verloren. Seine Todessehnsucht ließ ihn konsequent und überlegt handeln.

Matthias M. griff zu einem Tapeziermesser, das vom Renovieren noch herumlag, und steckte eine Packung mit Ersatzklingen in die Hosentasche. Er trat an die Betten seiner schlafenden Söhne und tötete sie nacheinander mit je fünf tiefen Schnitten. »Er brach ihnen«, nach den Worten des Rechtsmediziners, »den Hals bis zur Wirbelsäule auf.« Er kämpfte mit seiner Ältesten, die er Minuten vorher noch beschenkt und getröstet hatte, verletzte sie an Armen und Händen, ehe er ihr mit insgesamt elf Schnitten die Kehle durchtrennte. Er bemerkte, dass der Strom im Haus ausgefallen war – Max' Blut war in eine Steckdose geflossen. Im Licht einer Taschenlampe schrieb er einen anklagenden Abschiedsbrief: »Maren überlasse ich die Kinder nicht. Sie will nur Geld. Das Einzige, was ihr wichtig ist und war. Nie die Familie. Nie. Ich hoffe, ich bin jetzt mit meinen Kindern auf ewig zusammen. Ich liebe sie so sehr. Ich möchte mit ihnen beerdigt werden.« Als er die Rufe seiner Schwester hörte, zerschnitt er sich den linken Unterarm und stach sich in den Hals.

Der Psychiater hält den Angeklagten für vermindert schuldfähig und spricht sich dafür aus, ihn in den Maßregelvollzug einzuweisen. Matthias M. sei extrem suizidgefährdet: »Ich persönlich habe nicht damit gerechnet, dass er seinen Prozess noch erlebt«, so der Gutachter. Das sei allein der permanenten Überwachung in der Klinik zu verdanken, im Gefängnis gäbe es die nicht.

Die Juristen haben Schwierigkeiten mit diesem Vorschlag. »Das reicht nicht für eine Unterbringung in der Psychiatrie«, sagt der Vorsitzende Richter. »Wir brauchen eine dauerhafte Störung.«

»Die depressive Störung ist der Auslöser für den Suizidwunsch und die hat über ein halbes Jahr vorher schon bestanden«, entgegnet der Psychiater.

»Ist die dauerhaft?«

»Die besteht auf Jahre weiter!«

»Wir brauchen eine Wahrscheinlichkeit höheren Grades, dass rechtswidrige Taten von ihm ausgehen.«

»Ich sehe eine hohe Suizidgefahr mit ungeplanten Opfern. Seine Persönlichkeitseigenschaften prädestinieren ihn zu dem Gedanken, den Suizid im Straßenverkehr umzusetzen.«

Ungerührt überlegt der Richter: »In der Psychiatrie und im Knast kann er das nicht umsetzen. Und sollte er die nächsten zehn Jahre überleben, muss er sich verändern.«

Was in zehn Jahren sein wird, vermag der Gutachter nicht zu sagen. Der Staatsanwalt wägt das Für und Wider ab. Menschlich gesehen sei der Angeklagte natürlich in der Psychiatrie besser aufgehoben: »Ich sehe allerdings die rechtlichen Voraussetzungen nicht erfüllt.« Weder Depression noch Suizidabsichten könne er als dauerhafte Störungen betrachten. Zudem fordere der Bundesgerichtshof, dass weiterhin eine konkrete Gefahr von dem Täter ausgehe. »Ähnliche Taten müssen nicht nur möglich, sondern wahrscheinlich sein.« Die Argumentation des Staatsanwalts: »Es gibt mannigfaltige Suizidformen. Warum sollte er unbedingt eine wählen, die andere gefährdet?«

Das Gefängnis wäre sein Todesurteil, davon sind sowohl der Verteidiger als auch der Anwalt von Maren M. überzeugt. Letzterer mahnt: »Die Gerichte sollten nicht immer nur nach dem Bundesgerichtshof gucken, was das Risiko einer Revision betrifft.« Auf dem Flur erklärt er mir, warum Richter es nicht gerne sehen, wenn ihre Urteile vom Bundesgerichtshof aufgehoben werden und eine andere Strafkammer den Prozess erneut durchführen muss. »Das spricht sich unter den Kollegen herum. Wer will schon derjenige sein, der den anderen Mehrarbeit beschert?« Er glaube nicht, dass der Vorsitzende Richter, der nach dem Prozess gegen Matthias M. in den Ruhestand gehen wird, sich so verabschieden möchte.

Er hat sich getäuscht. Der Richter spricht zwar von einem »eigensüchtigen« Motiv, das Matthias M. zu den vier Morden angetrieben habe, aber auch von der Nähe zu einer Psy-

chose, in der er sich zur Tatzeit befunden habe. »Im Normal-
zustand hätte er diese Taten nicht begangen, da sind wir uns
alle sicher.« Der Vorsitzende folgt sogar dem psychiatrischen
Gutachter und bejaht die »ganz konkrete Gefahr« eines weiteren Suizidversuchs, unter dem das Leben und die Gesundheit anderer Menschen leiden könnten. »Die Motivation, jetzt
zu sterben, ist durch die Tat nur gestiegen.« Das Urteil lautet
auf fünfzehn Jahre Haft, die Matthias M. im Maßregelvollzug
verbringen soll. Nach frühestens zehn Jahren kann er auf Bewährung entlassen werden – falls er dann nicht mehr als gefährlich gilt.

Es ist Matthias M. nicht anzusehen, was das Urteil in ihm
auslöst. »Ich weiß, dass ich es war, aber ich verstehe mich
nicht«, hatte er vor dem Prozess gegenüber seinem Verteidiger geäußert. Ob sich das inzwischen geändert hat? Fast den
ganzen Prozess über hat er traurig vor sich auf den Tisch ge-
starrt. Kann so ein Mensch jemals wieder einen Sinn in seinem
Leben sehen? Es wird sehr schwer werden, das weiß er selbst.
Vor der Urteilsverkündung sagt er: »Die größte Strafe ist für
mich, damit zu leben, dass ich meine Kinder getötet habe.«

Folie à deux –
verrückt zu zweit

Der König erscheint in Schwarz, das lange, dunkle Haar zum Zopf gebunden. Seine immer noch attraktive Mutter hat sich ein rotes Tuch um die Schultern gelegt, es kontrastiert gut mit ihrem braunen, welligen Haar. Die beiden nehmen in gegenüberliegenden Glaskästen Platz: König Kim I. und Königinmutter Karin, der Oberbefehlshaber und die Vizeoberbefehlshaberin des Königreichs vom Kirchberg. Es umfasst das gesamte Territorium der Bundesrepublik Deutschland. Natürlich glaubt ihnen das keiner. Genauso verhält es sich mit ihrer diplomatischen Immunität, eigentlich darf man sie vor kein Gericht stellen. Dort wirft man Karin K. versuchte schwere räuberische Erpressung und Kim K. versuchten Totschlag vor: Die Einundsechzigjährige hatte unter Einsatz eines Messers von den Mitarbeitern eines Sozialamts Geld verlangt, der Sechsunddreißigjährige hatte versucht, einen Psychiater zu erstechen. Beide sollen schuldunfähig sein. Für solche Täter schreibt die Staatsanwaltschaft keine Anklage-, sondern eine Antragsschrift und führt anstelle eines Strafverfahrens ein Sicherungsverfahren durch.

Im Fall des Königspaares gibt es *ein* Sicherungsverfahren für zwei Beschuldigte – eine absolute Seltenheit. Bei den K.s könnte einer den anderen mit seinem Wahn angesteckt haben. Psychiater sprechen dann von einer »induzierten wahnhaften Störung«, auch von einer »psychotischen Infektion«, einem »symbiotischen Wahn« oder einer »Folie à deux« – »Wahn-

46

sinn zu zweit«. Alternativ kommt ein »konformer Wahn« in Betracht. Mutter und Sohn könnten beide unabhängig voneinander psychisch erkrankt sein und ihr Wahnsystem gemeinsam weiterentwickelt haben. Ein spannender Fall, nicht nur für Fachleute.

Von dieser spezifischen Konstellation hatte Dr. Tom T. keine Ahnung, als er seine neue Patientin auf der psychiatrischen Station begrüßte. Dorthin war Karin K. in Handschellen gebracht worden, nachdem fünf Polizisten ausgerückt waren, um mit gezückter Dienstwaffe eine »Bedrohung mit einem Messer« im Sozialamt zu befrieden. Man hatte die »Königin vom Kirchberg« als psychisch auffällig angesehen. In solchen Fällen greift zunächst nicht das Strafrecht, sondern ein Gesetz für psychisch Kranke. Wenn diese ihr Leben, ihre Gesundheit oder »bedeutende Rechtsgüter« (also Leib, Leben, Eigentum) anderer Menschen erheblich gefährden, werden sie umgehend in einem normalen psychiatrischen Krankenhaus festgesetzt. Sie werden dort ärztlich untersucht, damit die Staatsanwaltschaft einschätzen kann, ob sie möglicherweise dauerhaft gefährlich sind und die Behörde ein Sicherungsverfahren betreiben muss. So sollte es auch bei Karin K. geschehen.

Der Oberarzt erklärte ihr, er werde sie eine Weile auf der Station behalten. Er wolle sie kennenlernen, dann werde man sehen. Als sie mit ihrem Sohn zu telefonieren wünschte, hatte er nichts dagegen. Vielleicht würde der seine Mutter beruhigen und von der Notwendigkeit des anstehenden Aufenthalts überzeugen?

»Kim, stell dir vor, die halten mich hier fest«, klagte die Mutter am Telefon. »Komm und hol mich hier heraus!«

Kurz darauf meldete der Pförtner die Ankunft des Sohnes – mit dem Hinweis, der Besucher wirke erregt. Da solche Gemütszustände nicht selten in einer psychiatrischen Klinik zu beobachten sind, machte man sich keine übermäßigen Sorgen. Kaum war Kim K. auf der Station angekommen, pfefferte er seine aus Plastiktüten und einem Rollkoffer bestehende Habe in die Ecke. Er eilte auf seine Mutter zu, die ihn schon von Weitem begrüßte: »Kim, Kim, da bist du ja endlich!«

Herrisch wandte sich der Besucher an den Oberarzt: »Wer ist hier verantwortlich?« Dr. Tom T. gab sich als Leiter der Station zu erkennen und versuchte, die Situation zu erklären. Seine Worte verstärkten nur die Anspannung seines Gegenübers, der den königlichen Befehl erteilte: »Lassen Sie meine Mutter frei! Sie wissen nicht, wen Sie hier vor sich haben. Wir sind Diplomaten, Sie halten sie unrechtmäßig fest. Ich bringe Sie hinter Gitter!« Immer fordernder gebärdete sich der Sohn, immer dichter trat er an den Oberarzt heran, bis dieser ihm seine Hand entgegenstreckte. »Bitte Abstand!«, sagte Dr. T. Er wiederholte seine Worte und wollte einen Schritt zurücktreten. Er drehte sich halb zur Seite, um dem schräg hinter ihm stehenden Pfleger, der ihn vorsichtshalber begleitet hatte, nicht auf die Füße zu treten. Diese Umsicht rettete ihm das Leben. So traf ihn das Messer, mit dem Kim K. ihn in den Hals stechen wollte, lediglich am linken Schlüsselbein, ohne lebenswichtige Gefäße zu verletzen. Im nächsten Moment reagierte der Pfleger: Er hatte das Messer nicht gesehen, nur »dieses schnelle Handzucken« alarmierte ihn. Er packte den Angreifer und riss ihn zu Boden. In dieser Situation hörte der Pfleger, wie Kim K. lachend äußerte: »Ich hoffe, ich habe ihn erwischt!« Jetzt mischte sich Karin K. ein. Sie versuchte, den Pfleger am Hemdkragen wegzuzerren und trat nach ihm, bis ein weiterer Pfleger sie fortzog.

Nun ist das Maß voll. Diesmal wird das Ermittlungsverfahren nicht wegen Schuldunfähigkeit eingestellt, wie es zuvor bei diversen Straftaten geschehen war, die man vor allem Karin K. zur Last gelegt hatte – Urkundenfälschung, Sachbeschädigung, Fahren ohne Führerschein, Widerstand gegen Polizeibeamte. Sogar einen Angriff, den die K.s drei Jahre zuvor gegen Mitarbeiter eines Übergangswohnheims führten, hatte eine Staatsanwaltschaft nicht für verfolgungswürdig gehalten und die drei Geschädigten auf den Privatklageweg verwiesen – »mangels öffentlichen Interesses«, weil der »Rechtsfrieden nicht über den Lebenskreis der Verletzten hinaus gestört und die Strafverfolgung kein gegenwärtiges Anliegen der Allgemeinheit« sei.

»Darüber kann man streiten«, meint der Vorsitzende Richter, der jetzt das Sicherungsverfahren gegen Mutter und Sohn leitet. Obwohl der Angriff im Übergangswohnheim nicht in die Antragsschrift der Staatsanwaltschaft aufgenommen wurde, will das Gericht diesen aufklären, um besser einschätzen zu können, ob Karin K. nicht nur krank, sondern dauerhaft gefährlich sei. Zunächst möchte der Richter von den Beschuldigten selbst etwas erfahren. »Erzählen Sie mal ein bisschen über Ihr Königreich«, fordert er Kim K. auf.

Der aufgebrachte Mann im Glaskasten lässt sich nicht lange bitten: Vor vierzehn Jahren sei ihm von der NATO das Gebiet der Bundesrepublik Deutschland mit allen Rechten und Pflichten übertragen worden. Er habe es »Königreich vom Kirchberg« getauft. »Ich habe dem Kind einen Namen gegeben.«

»Was haben Sie dafür bezahlt?«, will der Richter wissen.

»Nichts.«

»Ah, ein Schnäppchen!«

»Es war eine Falle«, erklärt der gelernte Immobilienmakler, er sei ausgetrickst worden, man habe ihn verklagt und »propagandistische Presseartikel« über ihn geschrieben, die Polizei habe ihn verprügelt, er sei in eine Leichenkammer gesperrt worden – »alles, was man der Stasi zurechnen würde«.

49

Den gebietslosen Bundesbürgern habe er damals eine zehn-
jährige Frist eingeräumt, in der sie entweder die Staatsbür-
gerschaft des »Königreichs vom Kirchberg« beantragen sollten oder das Gebiet zu räumen hätten. Mittlerweile sei diese
Frist abgelaufen.

»Deutschland verletzt meine Hoheitsrechte, auch die Immo-
bilie, in der wir uns befinden, ist mein Hoheitsgebiet. Deutschland führt einen Angriffskrieg gegen mich. Ich darf so viele töten, wie ich will. Das ist Notwehr, sogar nach deutschem Recht.
Der Arzt ist ein Entführer und Geiselnehmer, da darf ich jedes
Mittel anwenden.«

Im Übrigen habe er die Polizisten, die ihn verhafteten, zum
Tode verurteilt. »Leben die noch?«, erkundigt sich Kim K. beim
Vorsitzenden Richter.

»Natürlich leben die noch.«

»Haben die also nicht vollstreckt! Dann müssen die an mich
ausliefern. Kein deutscher krimineller Beamter und Behörden-
mitarbeiter darf frei herumlaufen. Ich werde Deutschland reinigen!«

»Was passiert mit denen?«, fragt der Richter.

»Die werden so lange festgehalten, bis sie gestanden haben,
wer sich das mit der Gebietsübertragung ausgedacht hat und ob
die das deutsche Volk ausgeplündert haben. Auf die Mitglied-
schaft in einer terroristischen Vereinigung steht die Todesstrafe!«

»Wie wird die Todesstrafe vollstreckt?«

»Gnädig oder ungnädig, das kommt darauf an, ob die ge-
ständig sind oder nicht.«

»Und was heißt ›ungnädig‹?«

»Irgendetwas Mittelalterliches. Gnädig ist das Übliche: Er-
hängen, Erschießen.«

Unumwunden gesteht Kim K. den Angriff auf den Arzt: »Ja,
ich habe ihm das Messer in den Hals gesteckt, ich habe es her-

ausgezogen und fallen lassen. Ich hatte mein Ziel erreicht. Mir war klar, dass ich ins Gefängnis komme, aber ich darf einen kriminellen Drecksack nicht entkommen lassen! Ich gehe davon aus, dass Sie mir einen Schauprozess machen werden. Sie werden dafür bezahlt. Ihnen ist sehr wohl bekannt, dass ich einen Diplomatenstatus habe. Ich mache Sie darauf aufmerksam, dass ich darauf nicht verzichte.«

Nun ist Karin K. an der Reihe. Sie kann noch mehr von der Ungerechtigkeit berichten, die den königlichen Familienmitgliedern seit über einem Jahrzehnt widerfährt. Bevor sie sprudelnd, zuweilen auch zusammenhangslos aus ihrem Leben erzählt, erklärt sie ihren Anwalt zum »Kasper«, der sie nicht vertreten dürfe. Sie brauche »diese Wortverdreher, diese Lügner, diese Leute, die sich am kriminellen System beteiligen« nicht. Nur schlechte Erfahrungen hätten sie mit dieser Berufsgruppe gemacht, als sie vor vierzehn Jahren als Inhaber eines erfolgreichen Maklerbüros siebenundsiebzig Wohnungen auf einem ehemaligen Militärgelände am Kirchberg erwarben, das zuvor von amerikanischen und niederländischen NATO-Truppen genutzt und dann als Wohnpark erschlossen worden war.

Die Geschichte hat offensichtlich einen wahren Kern, in Zeitungsarchiven finden sich entsprechende Hinweise. Demnach kauften die K.s damals ein Fünftel dieser Militärbasis, zwei Millionen Mark nahmen sie dafür auf. Sie wussten nicht, dass die Straßen, Elektroleitungen und Abwasserkanäle nicht nach deutschen Vorschriften saniert und die Wohnungen damit unverkäuflich waren. Dann sprang ein Investor ab, und ein Mitgesellschafter ihrer GmbH verstarb. Karin K. spricht von Mord. Am Ende saßen die K.s auf einem riesigen Schuldenberg. Die Gläubiger prozessierten, die K.s verloren ihr gesamtes Geld und ihr Haus. Sie und ihre Familie, die damals aus ihrem Sohn und ihrem Mann bestand, wurden in die Obdachlosigkeit entlassen. »Und das alles mit Diplomatenstatus!« Trotz aller Widrigkeiten hätten sie dann auf dem Kirchberg ihr Königreich ausgerufen.

Ihr Sohn habe nämlich – autodidaktisch – Völkerrecht studiert und herausgefunden, dass das Militärgelände noch nie zu Deutschland gehört habe. Sie hätten mit dem Kauf also Hoheitsrechte erworben. Sie habe es zunächst nicht glauben wollen, bis seine Argumente sie überzeugt hätten. Gemeinsam mit ihrem Sohn erstellte sie diplomatische Ausweise und Briefpapier mit königlichem Siegel, verlangte von den Passanten eine Einreise- und Aufenthaltsgenehmigung, führte für die Mieter eine Visumpflicht ein, notierte die Nummernschilder ihrer Untertanen und verhängte aufgrund eines Ausnahmezustandes Ausweisungen und Zwangsräumungen.

»Das stand in der Presse!«, brüstet sich die Königin gegenüber dem Richter.

»Sie meinen die Geschichte mit dem Heizkraftwerk und der Polizei? Wie haben Sie sich da verhalten?«

»Ich? Ich habe geprügelt, geschlagen, getreten«, erklärt Karin K. ihre Rolle als Besetzerin, die sich im Heizkraftwerk verbarrikadiert hatte, um zu erreichen, dass man der Vizeoberbefehlshaberin die gebührende Wärme zukommen lässt – ungeachtet aller unbezahlten Rechnungen. Und sie fährt fort: »Wenn ich eine Pistole gehabt hätte, hätte ich geschossen!« So beleidigte sie nur die herbeigerufenen Polizisten und wehrte sich gegen ihre Festnahme. Ein gerichtliches Nachspiel blieb aus, das Ermittlungsverfahren wurde wegen attestierter Schuldunfähigkeit eingestellt und ein Betreuungsverfahren eingeleitet.

Die noch immer dreiköpfige Familie floh nach Berlin. Hier und in Potsdam versuchten sie, mehrere Grundstücke als Ausgleich für den verlorenen Kirchberg zu besetzen, so etwa das

Schloss Babelsberg, die Universität Potsdam und das ehemalige Wohnhaus von Egon Krenz. Der Eigentümerwechsel wurde dem Außenminister per »Beschlagnahmebefehl« mitgeteilt. Dann mieteten, vielmehr beschlagnahmten Vater und Mutter zwei Kleintransporter, für den die K.s königliche Fahrzeugscheine und Nummernschilder mit dem Kennzeichen KVK – »Königreich vom Kirchberg« – entworfen hatten. Die Familie quartierte sich nun im ehemaligen Gästehaus der DDR ein – man wechselte die Türschlösser aus und stellte einige Möbel hinein, bis die Polizei sie aus ihrem edlen Quartier hinauswarf und Karin K. in die Psychiatrie einwies, aus der sie wenige Tage später floh.

Nachdem die K.s einem Autohändler die gemieteten Fahrzeuge zum Kauf angeboten hatten, musste der Vater wegen Unterschlagung für ein Jahr ins Gefängnis und Karin K. für anderthalb Jahre in den Maßregelvollzug. »Ich wurde mit Psychopathen eingesperrt, mit Menschen, die kleine Kinder mit der Zunge an den Tisch genagelt haben!«, klagt sie in Richtung des Richtertisches. Über zweihundert Gedichte habe sie in dieser Zeit geschrieben. »Ein Gedicht widme ich Ihnen«, sagt Karin K., steht auf und rezitiert:

Rechtsstaat Deutschland – nur Gericht
darum bemühe ich mich nicht.
Korruption kann niemand widerstehn,
deshalb will ich nur eins: euch nie wieder sehn.
Erst wenn euch die Opfer ausgehn,
hat die Opposition die Chance, die Sterne wieder zu sehn.

Statt sich wieder zu setzen, greift die adrett gekleidete Frau in ihren Mund, holt ihre Prothese heraus und präsentiert dem Gericht ihren zahnlosen Unterkiefer mit dem Kommentar:

»Eitelkeiten sind passé, bei mir schon lange!« In der Forensischen Psychiatrie seien ihr die Zähne ausgefallen, sie habe nämlich Skorbut bekommen, das habe an »der verkochten Dreckspampe ohne Obst und Gemüse« gelegen. Mit der inszenierten Geiselnahme einer Mitpatientin will sie dagegen protestiert haben. Sie verlangte damals ein Telefonat mit dem Bundesverfassungsgericht und Interviews mit diversen Fernsehsendern. Stattdessen wurde sie überwältigt, fixiert und zwangsmedikamentiert.

Im anschließenden Sicherungsverfahren wegen der unterschlagenen Fahrzeuge behauptete ihr Anwalt, seine Mandantin habe das »Königreich vom Kirchberg« nur erfunden, um auf sich aufmerksam zu machen und nicht die persönliche Verantwortung am eigenen Scheitern übernehmen zu müssen. Trotz dieser Erklärung vertrat ihr behandelnder Psychiater damals die Meinung, Karin K. leide an einem induzierten Wahn und habe die Vorstellungen ihres Sohnes übernommen. Dem widersprach ein psychiatrischer Gutachter. Er argumentierte, mit der Legende vom Königreich habe sich die Probandin gezielt der belastenden, finanziell beengten Situation entziehen wollen. Er hielt Karin K. – die später angab, sie habe nur gesagt, was man von ihr hören wollte – für psychisch gesund. Möglicherweise war sie das auch, nachdem sie über Monate nicht mehr den Wahnideen ihres Sohnes ausgesetzt gewesen war. Das Gericht belegte die Fahrzeugunterschlagung mit einer Bewährungsstrafe von achtzehn Monaten und entließ die Verurteilte aus der forensischen Klinik.

Wenige Monate später sei dann ihr Mann – der wahrscheinlich den Wahn von Sohn und Frau geteilt hatte – spurlos verschwunden. »Ich kriege keine Auskunft, ob er noch lebt«, sagt Karin K. Der Verlust schweißte sie noch enger mit ihrem Sohn zusammen, mit dem sie in den letzten Jahren von Stadt zu

Stadt vagabundierte. »Wir haben in vielleicht fünfzig Notun-
terkünften gelebt, sind quer durch Deutschland geschmissen
worden«, gibt Karin K. an. In einem Übergangswohnheim kam
es zu jenem Eklat, den der Richter gern aufklären möchte. Die
Version der Königinmutter lautet: Sie habe zwei »höchst aggressive und kriminelle Frauen« in ihr Zimmer gelegt bekommen. Sie habe die Polizei gerufen, die ihr geraten habe: »»Frau
K., Sie haben Diplomatenstatus! Warum werfen Sie die nicht
raus?‹ Da habe ich Sie gepackt und mit einer Frau den Boden
gewischt. Ich habe sie rausgeschmissen und ihre verschissenen
Sachen gleich hinterher!«

»Haben Sie gerufen: ›Ich bring euch um‹?«, fragt der Richter.

Karin K. verdreht die Augen: »Haben Sie nicht eine Gehirn-
zelle? Wenn man einen Staat hat, hat man das Recht zu töten!«

Auch im Sozialamt kämpfte sie um ihr vermeintliches Recht.
Diesmal ging es um ein Tagegeld von zwölf Euro. Ein solches
habe sie wenige Tage zuvor schon einmal erhalten. In der Abteilung für Asylbewerber und Obdachlose schickte man sie mit
der Begründung weg, sie könne kein Geld erhalten, weil sie
nicht in einem Heim lebe. Aber sie könne als dauerhaft Er-
werbslose in der Abteilung für Sozialangelegenheiten Grundsi-
cherung beantragen. Als Karin K. dort eintraf, war die Sprech-
stunde gerade beendet. Sie klinkte an sämtlichen Türen, bis
sich eine öffnete. Die anwesende Sachbearbeiterin erklärte,
dass es das von ihr begehrte Tagegeld nicht gebe, dass sie außerdem vom Buchstaben her nicht für die K.s zuständig sei
und die Besucherin im Übrigen bitte gehen möge.

Karin K. wollte sich von der Frau, die mittlerweile Verstär-
kung von drei Kolleginnen erhalten hatte, nicht einfach so aus
dem Büro werfen lassen. Nachdem die Erklärung, ihr Sohn sei
»Kim the First, King of the Churchhill«, nicht fruchtete und die
Damen nicht die Polizei rufen wollten, damit die Beamten ihr

beistünden, habe sie ihr Messer gezückt und gefragt: »Soll ich Straftaten begehen? Soll ich Autos zerkratzen? Soll ich Fenster einschlagen, Sie bedrohen?«

Karin K. ist fast fertig mit ihren Ausführungen, da erkundigt sich der Richter nach den Sendern, die sich in ihren Zähnen befinden sollen – das habe die Königinmutter jedenfalls der psychiatrischen Gutachterin erzählt. Noch einmal holt Karin K. ihre Prothese heraus: »Gucken Sie sich das mal an!« – »Das ist eine Zahnprothese«, entgegnet der Vorsitzende Richter. Das Gericht solle sie genauer untersuchen, sagt Karin K. »Ich habe zwei Sender gefunden.« Der Richter schützt fehlende Sachkunde vor und fragt, ob die Beschuldigten weitere Erklärungen abgeben möchten. »Ich fordere die sofortige Freilassung von mir und meiner Mutter«, ruft Kim I. aus. »Alle Verfahren gegen mich sind nichtig, es ist verboten, über mich und meine Mutter zu verfügen.« In bedauerndem Tonfall verkündet der Richter: »Ich muss Ihnen mitteilen, dass ich von Ihnen und Ihrer Mutter keine Befehle annehme.«

Kim und Karin K. haben nun jegliches Interesse an ihrem Verfahren verloren. Sie wollen »bei diesem Kaspertheater nicht mitmachen«, sie skandieren »bla, bla, bla«, rufen Schimpfworte und zeigen den ausgestreckten Mittelfinger. Per Gerichtsbeschluss werden sie von der Verhandlung ausgeschlossen. In ihrer Abwesenheit wird der verletzte Psychiater gehört, der die Messerattacke überraschend gut verkraftet hat. Er ist eben ein Profi, was den Umgang mit psychisch kranken Menschen betrifft. Die Zeugen aus dem Sozialamt berichten von den täglich gegen sie erhobenen Drohungen und den Waffen, die ihnen zuweilen ins Gesicht gehalten werden. Sie scheinen davon so abgestumpft zu sein, dass das Herumwedeln mit einem Messer sie kaum aus der Fassung brachte. Ein Mitarbeiter, der die Auseinandersetzung mitbekommen hatte, guckte kurz in das

Zimmer, aus dem die lauten Stimmen kamen. Er habe Karin K. aufgefordert, ihre Waffe wegzustecken, niemand wolle ihr etwas tun. Nachdem die Angesprochene ihr Messer in der Jackentasche verstaut hatte, verschwand der Mitarbeiter – ohne sich weiter um die Angelegenheit zu kümmern.

Einen ähnlichen Eindruck hinterlassen die Mitarbeiter des Übergangswohnheims, in dem Karin K. durchsetzen wollte, sich mit ihrem Sohn ein Zimmer teilen zu dürfen. Damals warf sie kurzerhand die Sachen ihrer beiden Mitbewohnerinnen aus dem Zimmer, riss eine Schranktür aus den Scharnieren, zerbrach eine Tischplatte und demolierte einen Nachttisch sowie mehrere Stühle. Trotzdem hätten die Heimmitarbeiter Karin K. nicht angezeigt, auch nicht wegen der Beleidigung als »Wichser« und »Stasi-Kommunistenschweine« – so etwas würde zu ihrem Arbeitsalltag gehören. Doch als der Heimleiter ein Hausverbot für die Königinmutter aussprach, erreichte die Auseinandersetzung eine neue Qualität: Kim K. mischte sich ein. Drohend baute er sich vor dem Heimleiter auf, anschließend würgte er den Hausmeister, der dem Heimleiter zu Hilfe geeilt war, und stieß ihn im Büro zu Boden. Eine Sozialarbeiterin wollte dem Liegenden zu Hilfe eilen und wurde von Karin K. weggezerrt. Anschließend schnappte sich die Königinmutter einen schweren Locher aus Metall und einen Bund mit Schlüsseln, deren Bärte zwischen ihren Fingern hervorlugten. Mit diesen beiden Schlagwaffen und dem Schlachtruf »Ich habe die Lizenz zum Töten!« jagte sie die Sozialarbeiterin so lange um einen Tisch, bis Kim K. sie zurückpfiff mit den Worten: »Lass, Mutter!«

Am Ende des Prozesses gehört die Bühne den beiden psychiatrischen Gutachtern. Sind die K.s ein Fall von »Folie à deux«? Und wer hat wen angesteckt? Fest steht, dass beide, Mutter und Sohn, schon sehr lange unter Verfolgungs- und Größenwahn litten, mindestens seit der Gründung des »Königreichs vom Kirchberg«. Nur zwischen den Diagnosen »Wahnerkrankung« oder »wahnhafte Psychose« vermögen die Psychiater nicht zu entscheiden. Kim K. könnte paranoid schizophren sein, dafür spräche das frühe Lebensalter in dem er erkrankte, sein umfassender Realitätsverlust und der Grad seiner Verwahrlosung. Allerdings sei es untypisch für Schizophrene, ein reales Geschehen als Wahnthema zu wählen. Karin K. wiederum sei eher wahnhaft, da bei ihr weder ein intellektueller noch ein körperlicher Verfall erkennbar sei. Nur die vermeintlichen Sender in ihrer Zahnprothese und die von ihr geäußerte Befürchtung, ein Mitpatient sei ein verdeckter Ermittler, deuteten auf eine Schizophrenie hin. Auf jeden Fall seien beide Beschuldigte weiterhin gefährlich. Karin K. habe sogar gegenüber der psychiatrischen Gutachterin angekündigt: »Es wird etwas passieren, wenn ich mit meinem Sohn nicht in Freiheit leben kann. Es wird eine Blutspur geben. Ich bin eine schwache Frau, ich werde mich an Kindern vergreifen müssen.« Nach diesen Äußerungen traut sich ihr Anwalt nicht mehr, für seine Mandantin eine Bewährungsstrafe zu fordern – selbst wenn er das Gericht mit seiner juristischen Einschätzung überzeugt, dass Karin K. nicht das Sozialamt ausrauben wollte, sondern lediglich dessen Mitarbeiterinnen nötigte.

Auch die Beantwortung der Frage, wer zuerst erkrankt sei, fällt den Psychiatern schwer: Das Gericht hat keine Zeugen aufgetrieben, die von einer Zeit berichten könnten, als die K.s noch gesund waren oder nur einer von ihnen erkrankt war.

Vieles spricht dafür, dass es Kim K. als Ersten erwischt hatte. Er muss dann auf die Idee mit der Staatsgründung gekommen sein, da seine Mutter schilderte, er habe sich intensiv mit juristischen Dingen beschäftigt, sich später kraft seiner Amtsgewalt auch den Titel »Prof. jur.« verliehen. Vielleicht hat er Karin K.

sukzessive von seinen Überlegungen überzeugt. Seitdem hört sie auf seine Befehle, wie etwa im Übergangswohnheim, als er sie aufforderte, die Sozialarbeiterin nicht weiter um den Tisch zu jagen. Vor Gericht präsentierte er sich ebenfalls als der Dominantere, der seine Mutter ermahnte: »Sag die Wahrheit!« Ein weiteres Argument: Von einem symbiotischen Wahn werden eher Frauen als Männer angesteckt.

Weniger wahrscheinlich ist die Annahme, die Mutter könnte zuerst erkrankt sein. Zwar wurde sie als Einzige schon einmal in einer forensischen Klinik behandelt, in der sie aber aufgrund der Trennung von ihrem Sohn zu gesunden schien. Die höhere Quote von Psychiatrie-Einweisungen der Vizeoberbefehlshaberin mag auch daran liegen, dass sie öffentlicher agiert, scheint sie sich doch mehr um die organisatorischen Belange des Königreichs wie Fernwärme und Tagegeld zu kümmern. »Beide sind wahnhaft, ob sie sich den Wahn nun teilen oder nicht«, so die Psychiaterin. »Vielleicht sind es zwei wahnhafte Systeme, die sich auf gleiche Inhalte geeinigt haben. Man müsste die beiden trennen und schauen, ob einer von seinem wahnhaften System Abstand nimmt.«

Eine Trennung würde die Heilungschancen erhöhen, die allerdings gering sind – zu lange ist die Krankheit unbehandelt geblieben. Doch es gibt keine juristische Handhabe, den Kontakt zwischen Familienangehörigen zu unterbinden, selbst wenn dieser für die Betreffenden gesundheitsschädlich sein sollte. Nicht einmal Medikamente will das Königspaar einnehmen. Zwingen kann sie niemand dazu – solange sie sich mit der gewaltsamen Durchsetzung ihrer hoheitlichen Interessen zurückhalten.

Die Patientin:
»Man ist ausgeliefert«

Nina Neumann* ist eine junge Frau, die drei Jahre lang in einer forensischen Klinik untergebracht war. Sie hatte im Zustand der verminderten Schuldfähigkeit die Möbel ihrer Wohnung in Brand gesteckt. Im Maßregelvollzug lernte sie ihren Mann kennen, er lebt seit Jahren auf einer Station für Patienten mit Persönlichkeitsstörungen. Vor einem halben Jahr durfte Nina Neumann die forensische Klinik mit einer Einrichtung des betreuten Wohnens tauschen. Im nächsten Jahr will sie ihre Entlassung aus dem Maßregelvollzug beantragen. Momentan kämpft sie mit den Behörden um die Übernahme ihres Lebensunterhalts, sie will eine Ausbildung machen. Sie ist bereit, mit mir über ihre Eindrücke zu sprechen, die sie als Patientin hatte, und darüber, wie mühsam es ist, sein Leben außerhalb der Klinikmauern zu organisieren. Über ihre Ehe möchte sie nicht sprechen – die Anonymität ihres Mannes soll gewahrt bleiben.

Wie ging es Ihnen, als Sie frisch im Maßregelvollzug ankamen?

»Frisch« ist nicht das richtige Wort. Jeder, der da eingeliefert wird, hat gerade seine Tat begangen oder wurde eben verhaftet oder beides. Man ist ziemlich durcheinander, einfach fertig mit den Nerven. Man wird in eine Einzelzelle gebracht, dort ist nichts außer einem Betonbett und einer Matratze. Über einen kleinen Durchgang gelangt man zu einem Bad aus Metall mit Knöpfchen, die man drücken kann. Eine Atmosphäre wie in einem Raumschiff. Dort bleibt man ein paar Tage, ein paar Wochen – je nachdem wie man sich verhält.

Man hat keinen Kontakt zu anderen Patienten?

Zwei Tage lang war ich komplett isoliert. Einmal täglich kamen Ärzte vorbei. Die Pfleger brachten Frühstück, Mittagessen und Abendbrot auf Papptellern, mit Plastikgabeln, Plastiklöffeln und Plastikbechern – alles auf geringstem Risikoniveau. Ich habe zwar viel geschlafen, war aber gleichzeitig ziemlich außer mir. Dann kam ich stundenweise aus der Zelle heraus und konnte mich tagsüber ein bisschen mit anderen Patienten unterhalten. Nach fünf Tagen wurde ich in eine einzelne Zelle mit Holzbett und Holztisch verlegt, zu den Mahlzeiten gab es normales Besteck. In der ersten Zeit war alles sehr befremdlich. Zwar kannte ich vorher schon Psychiatrien, nur war mir überhaupt nicht bekannt, dass es Vollzugseinrichtungen für psychisch Kranke gibt.

Wie alt waren Sie, als Sie das erste Mal eine Psychiatrie von innen erlebt haben?

Da war ich einundzwanzig und hatte den zweiten Selbstmordversuch hinter mir. Zum Glück verschonte man mich mit Medikamenten. Nach fünf Tagen bat ich darum, entlassen zu werden, ich wollte ans Meer. In der Psychiatrie war behauptet worden, ich sei schizophren, dabei hatte ich nur geschildert, was mir das Leben schwer machte. Heute ist mir klar, wie es zu dieser Diagnose kam: Ich hatte ziemlich heftige Vorwürfe gegen meine Eltern erhoben. Die Psychiater hatten wohl eine ziemlich hohe Meinung von ihnen, weil sie sehr gebildet und respekteinflößend sind. Sie trauten ihnen jedenfalls nichts Schlechtes zu und meinten, ich müsste diese Geschichten erfunden haben, ich sei also schizophren. Ich wusste, dass diese Einschätzung nicht stimmt und deswegen meine Behandlung nicht hinhaut. Das war ein Auslöser dafür, dass ich meine Tat begangen habe. Im Maßregelvollzug wurde eine Diagnose gestellt, mit der ich besser leben kann.

In der Allgemeinen Psychiatrie fühlten Sie sich nicht so gut aufgehoben?
Nicht, was die Diagnose betrifft. Ansonsten geht es in der Allgemeinen Psychiatrie eher um Psyche und Seele, also: Was bewegt mich, den Patienten, als Menschen? In der Forensik ist die Therapie dagegen mehr verhaltensorientiert, doch es geht nicht darum, ein Gefühl dafür zu bekommen, warum ich mich so und so verhalte, es geht auch nicht um das, woran ich zu knabbern habe. Es geht um das Verhalten, um das Funktionieren. Ich konnte tatsächlich viel ändern.

Hat man sich im Maßregelvollzug mehr Zeit genommen, ehe man die Diagnose stellte?
Dort bleibt man länger und wird intensiver beobachtet. So bemerkte man, dass ich ziemlich präsent bin, mich also gar nicht wie typisch Schizophrene verhalte, die zuweilen abwesend wirken. Darum wurde die Diagnose »Schizophrenie« korrigiert.

Fühlen Sie sich wohler mit der neuen Diagnose?
Ja, allerdings hat mir der Chefarzt letzte Woche gesagt, meine aktuelle Diagnose würde ebenfalls nicht hinhauen. So viel dazu.

Hat man Sie medikamentös behandelt, als Sie damals in den Maßregelvollzug eingeliefert wurden?
Ich kann mich nicht daran erinnern, dass ich Medikamente bekommen habe. Ich habe auch nicht getobt. Ich bin nach ein paar Tagen mit einem Arzt in dessen Büro gegangen. Da haben wir besprochen, was ich bekommen könnte.

Es lief nichts mit so nebenwirkungsreichen Neuroleptika wie »Haldol«?

Nein, das habe ich eher in der normalen Psychiatrie erlebt. Die »Haldol«-Keulen kenne ich von dort.

Sie bekommen weiterhin Medikamente. Wie ist die Aussicht, diese jemals absetzen zu dürfen?

Ich habe eine Krankheit diagnostiziert bekommen, die es nicht unbedingt erfordert, dass ich ein ganzes Leben lang irgendwelche Präparate schlucke. Im Moment finde ich es in Ordnung, welche zu nehmen.

Beeinträchtigen die Medikamente Ihr Leben?

Es gibt welche, die das auf jeden Fall tun. Wenn ich an das »Haldol« denke oder an »Zyprexa« – davon habe ich eine ganze Zeit lang viel zu viel bekommen, das war furchtbar. Da fühlt man sich gar nicht mehr als Lebewesen.

Was bewirken diese starken Psychopharmaka?

Ich hatte diesen typischen steifen Hals, die Zunge fühlte sich schwer und hart an. Ich war total abgestumpft. So sehr ich manchmal überreizt war, umso weniger spüre ich jetzt etwas.

Das hört sich an wie lebendig eingemauert.

Die Dosis war zu hoch, vielleicht hätte es ein Drittel der Tabletten auch getan. Ich hatte zu der Zeit nicht den Mut, mit den Ärzten darüber zu reden. Wenn, dann war ich schon total außer mir. Es ist ja auch schwer: Gerade, wenn die Krankenkassen so auf die Kosten achten, ist wahrscheinlich selbst ein guter Arzt dazu geneigt, die Patienten entweder zu schnell abzuwimmeln oder ihnen zu viel Medikamente zu verschreiben.

Vielleicht verordnen die Ärzte erst einmal eine zu hohe Dosis, um sie dann nach und nach zu reduzieren?

Vielleicht. Damals habe ich jedenfalls abgebrochen, habe einfach alle Medikamente weggelassen. Das sollte man nicht tun, man kann dann leicht Depressionen bekommen. So war es auch bei mir. Ein halbes Jahr lang habe ich mir immer Bier geholt, damit ging es. Furchtbar. Als ich anfing, unter der Dusche zu zittern, ließ ich das schnell wieder sein. Das nächste Mal bekam ich etwas Verträglicheres.

Zurück zum Maßregelvollzug: Sie kamen von der Aufnahmezelle auf eine Station mit anderen psychisch Kranken. Mit denen mussten Sie auf engem Raum zusammenleben.

Wenn man leben will, muss man damit zurechtkommen. Das kann ziemlich hart sein. Viele sind total durchtrieben, viele haben sich komplett abgeschottet, manche sind auch nett. Als ich von diesem »Raumschiff« in die »Holzzelle« verlegt wurde, kam eine andere Patientin zu mir. Sie brachte mir eine Musikanlage: »Hier guck mal, die brauche ich nicht mehr, die geht noch.« Das war perfekt. Es kommt schon vor, dass man sich hilft, dass man zusammenhält, aber nur selten.

Ich stelle mir das auch schwierig vor, wenn man so beeinträchtigt ist. Die Patienten neigen ja krankheitsbedingt zu »Fehlhandlungen«, sind laut, aggressiv und chaotisch.

Ja, das ist das Problem. Ich bin auch schnell dazu übergegangen, nur für mich selbst zu sorgen. Freundschaften wollte ich keine schließen, selbst nicht mit Leuten, bei denen es vielleicht infrage gekommen wäre. Deswegen war ich nicht dort. Die meiste Zeit habe ich auf meinem Zimmer verbracht. Das habe ich mir schön eingerichtet. Klar, die Schreie haben ziemlich gestört. Irgendwann habe ich mir Kopfhörer besorgt, um damit fernzusehen, Musik zu hören und irgendwie abzuschalten. Einmal habe ich einer Mitpatientin einen Eimer Fischwasser vor die Füße gekippt. Den hatte sie seit Tagen im Bad stehen, ich habe das nicht mehr riechen wollen.

Wie kommt man an Fischwasser?
Keine Ahnung, ich habe sie nicht gefragt. Es ist schon absurd. Oder auf einmal ist das Telefonkabel durchgeschnitten, und der Techniker kommt erst nächste Woche.

Schreie prägen also die Geräuschkulisse der Station?
Das kann man sagen. Manche machen sich auch einen Spaß daraus. Allzu ernst sollte man das nicht nehmen, sonst ist man nur noch depressiv.

Für Ihre Gerichtsverhandlung brauchten Sie dann einen Anwalt. Wie haben Sie den gefunden?
Eine Mitpatientin ist vorbeigekommen und hat mir ein Kärtchen von einem Anwalt gegeben. Er vertritt mich und meinen Mann immer noch.

Nach einem Jahr hat Ihr Anwalt Sie zur ersten Anhörung vor der Strafvollstreckungskammer begleitet. Spätestens dann müsste einem bewusst werden, dass dieser Klinikaufenthalt ziemlich lange dauern kann, oder?
Allerspätestens. Es gibt ja Eierdiebe, die sind schon seit zehn Jahren dort. Sie wollen nicht mitmachen, manche können es auch nicht.

Hatten Sie nicht Angst davor, ewig festgehalten zu werden?
Der Therapeut ist die Schlüsselfigur zu allem, auf den kommt es an. Ich war zwischendurch bei einem, der hat mir Angst gemacht

wegen der Art, wie mein Tun und Lassen interpretiert wurden. Bei dem hatte ich fast zwei Jahre lang gar keinen Ausgang, was auf unserer Station ziemlich selten vorkam. Als ich dann endlich einen Wechsel durchgeboxt hatte, war auch meine neue Therapeutin darüber erstaunt. Also, das ist sehr wichtig, dass man einen Draht zueinander hat. Meine aktuelle Therapeutin bringt mir ein grundsätzliches Wohlwollen entgegen, natürlich im professionellen Rahmen. Das ist entscheidend dafür, wie viel man bewältigt oder bewältigen will.

Haben Sie den Therapeutenwechsel mit Hilfe Ihres Anwalts durchgesetzt?
Nein, das habe ich selbst geschafft, mit Karten und Briefen an die Stationsleitung und an die Therapeutin, zu der ich gewechselt bin.

Schon mit dem Vorschlag, ich möchte zur Therapeutin Soundso?
Wenn jede Station nur zwei Therapeuten hat, ist die Auswahl begrenzt.

Nach dem Wechsel war die Therapie angenehmer? Oder ist Therapie grundsätzlich doof?
Ich würde es so ausdrücken: Dieses Erzieherische braucht man nicht ein Leben lang.

Ich nehme an, dass in der Therapie immer wieder dasselbe durchgekaut wird, also vor allem das Delikt?
Diese realitäts- und tatenbezogenen Gespräche finde ich öde. Aber man weiß, man muss da hingehen. Man hat schon Glück, wenn man sich nicht ärgern oder langweilen muss, während man bei diesem Menschen sitzt.

Man erlebt im Maßregelvollzug nicht besonders viel. Geht nicht irgendwann der Stoff für die Therapiegespräche aus?

Wenn man einen Konflikt mit einem Pfleger hat, kann es schon passieren, dass man darüber eine Stunde spricht. Von den Kleinigkeiten, die dort passieren, werden welche herausgepickt und zum Thema gemacht. Das ist nicht gerade wer weiß wie interessant, ich habe jedenfalls nicht jedes Mal die Rieseneinsichten. Aber die Therapeuten erwarten gar nicht, dass man so tut, als fände man das superwichtig. Es kommt natürlich darauf an, wie ernst sich der Therapeut nimmt.

In der forensischen Klinik wird man ständig beobachtet, von den Ärzten, von den Therapeuten, von den Sozialarbeitern und Pflegern, die dann wiederum den Therapeuten berichten. Wird da manchmal etwas falsch übermittelt?

Ja, aber dann frage ich die Leute direkt. Das musste ich erst lernen. Vorher habe ich mich in Vermutungen verloren. Inzwischen gehe ich offensiv damit um. Wenn ich höre, dass etwas falsch weitererzählt wurde, und ich das nicht so stehen lassen will, verfolge ich die Nachrichtenkette zurück und stelle das richtig. Grundsätzlich denke ich, egal wie viel Einfluss andere auf mein Leben nehmen können, man sollte nicht so viel darauf geben.

Man sollte der Therapie nicht so viel Bedeutung zumessen?

Es gibt Zeiten, wo die Therapeuten einfach übertreiben. Darüber ärgert man sich. Aber es gibt im Leben noch etwas anderes als Therapie. Das muss man sich vergegenwärtigen.

Man muss sich ein dickes Fell zulegen?

Manchmal schon.

Sie sprachen von der Zweckgemeinschaft unter den Patienten. Gibt es keine engeren Freundschaften?

Doch. Ich kenne zwei Frauen, die sind sehr gut miteinander befreundet. Nur ist das die Ausnahme. Es gibt natürlich Cliquen. Das sind welche aus verschiedenen Stationen, die nach außen hin als Gruppe auftreten. Das sind keine engen Freundschaften. Solche laufen eher unauffällig im Verborgenen.

So eine Clique hilft einem, wenn man Probleme hat?

Es gibt Leute, die sichergehen wollen, dass es die anderen nicht böse mit ihnen meinen. Es geht darum, dass man sich nicht zusätzlich Probleme macht. Es ist sowieso schon schwierig, dort zu überleben.

Was ist das Schwierige?

Dass alles so vorgegeben ist. Die wenigsten brauchen das. Es gibt wenig Spielräume für die Patienten, und hinzukommt, dass man sich nicht immer auf das Personal verlassen kann. Das ist manchmal zum Verzweifeln.

Wieso kann man sich nicht auf das Personal verlassen?

Ein aktuelles Beispiel: Vor ein paar Wochen habe ich ein bisschen Geld verdient. Am Freitag habe ich mit dem Oberpfleger telefoniert, dass er mir das rauslegt. Ja, mache ich. Es ist bekannt, dass ich geldmäßig gerade ziemlich knapp bin. Jedenfalls ist der Oberpfleger früher gegangen, niemand wusste, wo das Geld ist, und heute habe ich schon fünf- oder sechsmal vergeblich versucht, ihn zu erreichen. Ich glaube, die sind ziemlich betriebsblind. Die sehen das nicht mal ansatzweise selbstkritisch, wenn sie jemanden so hängen lassen. Wenn ich so etwas machen würde, wäre das noch in drei Wochen Thema bei der Visite. Als Patient muss ich solche Sachen hinnehmen. Das ist ungerecht.

Wie ist sonst das Verhältnis zum Pflegepersonal?

Es gibt ein paar, die sind machtversessen. Neulich hat mich eine Pflegerin, obwohl ich ja schon draußen bin, eine halbe Stunde einfach so in einen Raum gesperrt. Sie hatte Lust dazu. Dann gibt es welche, die Mutti oder Papi spielen wollen. Das ist auch unangenehm. Einige aber sind in Ordnung, mit denen kann man Absprachen treffen oder nett reden.

Sie werden, obwohl erwachsen, öfter wie ein Kind behandelt?

Es ist eben eine Nacherziehungseinrichtung. Diese Abhängigkeit nervt. Man ist nicht nur von den Pflegern abhängig, sondern auch vom Sozialarbeiter. In meinem Fall hat der mich einfach zum Jobcenter geschickt. Ich hatte mich gefreut, juchhu, ich krieg eine Umschulung, ich muss nur noch die »Hilfe zum Lebensunterhalt« beantragen. Der Sozialarbeiter hat sich nicht informiert, wie das in meinem Fall läuft, und jetzt herrscht das völlige Chaos. Nun muss das Sozialgericht entscheiden, wer während meiner Umschulung für meinen Lebensunterhalt zuständig ist.

Nach zwei Jahren gab es für Sie den ersten Ausgang aus der Klinik. Wie sah das aus?

Der ging direkt in das betreute Wohnen, wo ich inzwischen lebe. Es hieß damals: Du stellst dich vor und kannst da bald einziehen. Das war gut gemeint, nur ein bisschen überstürzt. Die Leute haben mich ziemlich verdutzt angesehen, als ich sagte, nein, das geht mir zu schnell. Ich dachte an meine Erfahrungen mit der Allgemeinen Psychiatrie, aus der habe ich mich oft gegen den ärztlichen Rat vorzeitig entlassen lassen. Ich war übermütig und bin ziemlich bald wieder ins Straucheln geraten. Diesen Fehler wollte ich vermeiden.

Sie leben nun im betreuten Wohnen. Was für ein Gefühl ist es, wenn man die Mauern des Maßregelvollzuges verlässt?

Es ist ja nach zwei, drei Jahren immer noch die gleiche Welt wie vorher, nur sieht man einige Dinge jetzt anders. Ich war gerade am Samstag mit einer Freundin am See. Wir sind spazieren gegangen, und ich habe mich auf einmal sagen hören: Jetzt draußen zu sein ist so anders als früher! Man nimmt das echt anders wahr.

Die Kontakte zu den Freunden sind nicht abgebrochen?

Sie sind weniger geworden, es gibt auf jeden Fall Berührungsängste mit psychisch Kranken. Mit meinem Stress habe ich meinen Freunden damals nicht gutgetan, dessen bin ich mir bewusst. Ich war ja schon eine Weile vor der Tat ziemlich unruhig. Selbst die guten Freunde wussten irgendwann nicht mehr, wie sie mit mir umgehen sollten. Die meisten meiner jetzigen Freunde habe ich an meinem derzeitigen Arbeitsplatz, einer Einrichtung für psychisch Kranke, kennengelernt.

Sie haben Ihren Mann im Maßregelvollzug kennengelernt. Gibt es viele Ehen, die dort geschlossen werden?

Ich kenne mehrere Paare, die dort geheiratet haben, auch ein schwules Paar. Ein Ehepaar ist inzwischen wieder getrennt – sie ist deswegen in ein anderes Haus verlegt worden.

Wir haben verabredet, nicht über Ihre Beziehung zu sprechen. Dennoch möchte ich Sie fragen, ob das Wort »Zukunft« für Sie und Ihren Mann eine Rolle spielt?

Auf jeden Fall. Da gibt es überhaupt kein Tabu, das ist nicht so angst- oder zweifelbehaftet, dass wir nicht darüber reden würden.

Sie sprechen also gern über das Thema Zukunft?

Es ist egal, ob wir über Zukunft oder Vergangenheit reden, es geht um gegenseitiges Verstehen und Vertrauen. Das ist fast wie eine Paralleltherapie, die zwischen uns läuft.

Wenn Sie könnten, was würden Sie am Maßregelvollzug ändern?

Diese Willkür von manchen Angestellten, die einen gegen Wände laufen lassen und dann ihre Hände in Unschuld waschen. Das müsste verhindert werden und nicht mit der Begründung durchgehen können: Na, der ist halt so. Das ist entsetzlich frustrierend, man fühlt sich so ausgeliefert. Es untergräbt die Motivation der Patienten, wenn sie dieses unverantwortliche Verhalten sehen, das von den Kollegen auch noch akzeptiert wird. Das Personal soll einem Wege zeigen, doch wenn man so was erlebt, hat man keine Lust mehr, sich noch irgendetwas sagen zu lassen. Es gab Phasen, da hätte ich am liebsten alles hingeschmissen.

So nach dem Motto: Dann behaltet mich doch hier! Ich spiel nicht mehr mit!?

Ja. Manche Patienten ziehen das durch. Es gibt so viele, die sind schon ewig dort, und es ist völlig ungewiss, wie es weitergeht. Es bedarf ohnehin viel Kraft, aus der Klinik herauszukommen. Wenn dieser Frust noch dazukommt, verliert man den Ansporn.

Die Rettung des
verlorenen Sohnes

Peter P. kann es nicht mehr hören: »Gesellschaftsdroge«, »weiche« Droge, »Einstiegsdroge«. Diejenigen, die so etwas sagen, wissen nicht, dass das Gras der Blumenkinder von einst nicht vergleichbar ist mit dem hoch gezüchteten Haschisch von heute, das wesentlich mehr Tetrahydrocannabinol (THC) enthält. Durch diese Droge, da ist sich der Achtundfünfzigjährige sicher, verlor er beinahe seinen Sohn.

Phillip P. war sechzehn, als er sich auf dem Gymnasium in ein Mädchen verliebte. Er durfte sogar bei ihr wohnen, das hatten ihre Eltern erlaubt. Auch Phillips Eltern, die sich acht Jahre zuvor getrennt hatten – Phillip und sein älterer Bruder lebten bei der Mutter – waren einverstanden. Die Familie des Mädchens schien sympathisch. Sie gehörte zur »alternativen Szene« der Stadt. Hätte Peter P. gewusst, was er erst Jahre später erfuhr, hätte er dem Umzug niemals zugestimmt. Schon morgens zum Frühstück sei in dieser Familie der Joint gekreist, erzählte ihm sein Sohn, als das Verhängnis bereits seinen Lauf genommen hatte. An Schulbesuch sei an solchen Tagen nicht mehr zu denken gewesen. Phillips Zensuren wurden immer schlechter, der Gymnasiast blieb sitzen und brach schließlich die Schule ab. Seine Freundin verließ ihn, sie wollte mit dem »Versager« nichts mehr zu tun haben. Innerhalb weniger Monate erkrankte Phillip an paranoider Schizophrenie, die wohl durch das Haschisch auslöst wurde. Allerdings sind sich die Psychiater in diesem Punkt nicht ganz sicher. Sie gehen davon aus, dass beim Ausbruch einer Psychose auch genetische Faktoren eine Rolle spielen. So hat ein »Kiffer« mit einem schizophrenen Verwandten ein erhöhtes Risiko, ebenfalls zu erkranken. Und durch den erhöhten THC-Gehalt im Cannabis geschieht das heutzutage in einem immer jüngeren Lebensalter. Wer nun aber zu Beginn der Erkrankung keine Ausbildung hat und nicht von der Familie aufgefangen wird, rutscht mit großer Wahrscheinlichkeit in die Obdachlosigkeit. Das wiederum stresst den Schizophrenen zusätzlich und beeinflusst den Krankheitsverlauf negativ.

Die Folgen von Phillips Psychose spürte als Erstes seine Mutter, bei der der Jugendliche nach der Trennung von seiner Freundin wieder lebte. Phillip litt unter Verfolgungswahn, fühlte sich von Engeln bedroht, fürchtete sich vor Stromleitungen, die er zu kappen versuchte. In einer akuten Panikattacke schlug er die Wohnung der Mutter kurz und klein – die erste von insgesamt fünf zerstörten Behausungen. Zehn Jahre lang lebte Phillip P. als Gefangener seines Wahns, der vom ständigen Haschkonsum noch befeuert wurde. Sein Vater rechnete täglich mit einer Todesnachricht. Nachts wurde er von der Polizei geweckt, weil sein Sohn auf einer Straßenkreuzung stand und versuchte, den Verkehr zu regeln. Es beschämte den Betriebswirt und ehemaligen Leiter eines Kaufhauses, wenn er den Verwahrlosten sah, der nackt und mit einer Burger-King-Krone auf dem Kopf durch die Straßen lief. Regelmäßig bedrohte und beleidigte Phillip seinen Vater, seine Mutter, einfach alle, die ihm nahestanden und versuchten, ihm zu helfen. Mehrfach wurde er in der Allgemeinen Psychiatrie behandelt, deren geschlossene Station nicht so stark gesichert ist wie in der Forensik üblich. Immer wieder flüchtete der Kranke oder setzte kurz nach seiner Entlassung die Medikamente ab. Die Drogenabhängigkeit blieb, mit ihr die Schizophrenie.

Dann kam es zu jenem Vorfall auf dem Bahnsteig. Phillip war gerade wieder aus der Psychiatrie entlassen worden und wollte mit seinem Vater zu seiner neuen Wohnung fahren. Der Zug fuhr ein, als er plötzlich seinen Vater bespuckte, schlug und versuchte, ihn auf die Gleise zu schubsen. Der Attackierte hatte Glück: Er konnte den Stoß abfangen. Benommen rappelte er sich auf und ergriff die Flucht. Der Vorfall beschäftigte Peter P. monatelang. Schließlich wandte er sich an seine Exfrau. Gemeinsam fassten sie einen Entschluss. Sie fuhren zur Polizei, dort zeigte Peter P. seinen Sohn wegen versuchten Totschlags an. Dem Ermittlungsrichter sagte er: »Mein Sohn wollte mich töten.« Der damals Fünfundzwanzigjährige kam in den Maßregelvollzug. Hier konnte er nicht fliehen und kam nicht mehr an Drogen heran. Er wurde clean. Regelmäßig nahm er seine Medikamente, mit der Psychose verschwand seine Aggression. »Es wurde zunehmend möglich, mit ihm zu reden«, erinnert sich sein Vater.

Ein halbes Jahr später fand das Sicherungsverfahren wegen versuchten Totschlags statt. Die Richter sollten darüber urteilen, ob Phillip P. seinen Vater im Zustand der Schuldunfähigkeit hatte töten wollen, ob er daher in der forensischen Klinik zu verbleiben habe, bis ein psychiatrischer Gutachter entschieden hätte, dass von ihm keine Gefahr mehr ausgehe. Unterdessen hatte Peter P. jedoch vom Schicksal anderer Maßregelpatienten erfahren, von denen einige schon seit zehn, fünfzehn Jahren eingesperrt waren. Ihm kamen massive Zweifel. Er wollte, dass sein Sohn von der Droge weggkam, nicht, dass er jahrelang weggesperrt würde. Und so bekundete er jetzt vor dem Landgericht: »Mein Sohn hat mich nicht vor den Zug stoßen wollen. Er war körperlich gar nicht in der Lage dazu.«

Die Richter mussten den Antrag der Staatsanwaltschaft auf Unterbringung im Maßregelvollzug daher ablehnen. Es gab für den Vorfall auf dem Bahnsteig weder Videoaufzeichnungen noch Zeugen – nur die widersprüchlichen Angaben des Vaters. Im Urteil des Landgerichts hieß es, Peter P. sei offensichtlich vom Ermittlungsrichter missverstanden worden. Möglicherweise habe er die Bedrohung seines Sohnes übertrieben dargestellt. Die Staatsanwaltschaft mochte dieser Deutung nicht folgen, sie leitete ein Verfahren wegen uneidlicher Falschaussage ein.

Im anschließenden Prozess vor dem Amtsgericht versuchen sich Peter P. und seine Verteidigerin an einer salomonischen Erklärung: Obwohl objektiv eine der beiden Aussagen falsch sein müsse, hätten subjektiv beide gestimmt, trägt die Anwältin vor. Ihr Mandant habe damals, als ihn sein Sohn angriff, körperlich und seelisch an den Spätfolgen eines Herzinfarktes gelitten. Im Jahr davor sei er zusammengebrochen. Auf dem Weg ins Krankenhaus hatte der Rettungswagen einen Unfall. »Es verging Zeit, die wir nicht hatten«, sagt der Angeklagte. Er hatte Glück, die Bypassoperation verlief erfolgreich. Körperlich ging es ihm bald besser, nur seine Seele habe sich noch lange mit der ausgestandenen Todesangst beschäftigt. Er litt unter Albträumen und Panikattacken. Darum habe er wohl geglaubt, Phillip habe ihn umbringen wollen. Kurz vor dem Prozess gegen seinen Sohn sei es ihm wieder besser gegangen. Er habe sich gefragt, ob er die Bedrohung damals falsch eingeschätzt habe. Auch Phillip habe zu ihm gesagt: »Papa, wie kannst du nur glauben, dass ich dich umbringen wollte!« Obendrein habe seine Exfrau auf ihn eingewirkt. »Ich war wahnsinnig verunsichert«, sagt der Angeklagte. Heute sei er der Meinung, er hätte vor dem Landgericht auf seine gesundheitlichen Probleme hinweisen müssen, »um nicht den Eindruck einer Falschaussage entstehen zu lassen«.

Es ist eine in sich stimmige Erklärung, doch jeder im Saal ahnt, was diesen intelligenten Mann tatsächlich zu seinen verschiedenen Aussagen bewogen hat: Der verzweifelte Vater, der die regulären, behördlichen Möglichkeiten für ausgeschöpft hielt, sah für seinen Sohn keine andere Chance, als ihn mit Hilfe der Justiz zum Drogenentzug und zur Medikamenteneinnahme zu zwingen. Als sich dort der gewünschte Behandlungserfolg einstellte, wollte er Phillip zur Freiheit verhelfen. Dazu musste er seine Aussage bis zur Unkenntlichkeit abschwächen. All dies ist menschlich verständlich, die Richterin möchte das Verfahren gegen Peter P. gern wegen der geringen Schuld einstellen, im Gegenzug soll der Angeklagte hundertfünfzig Sozialstunden ableisten.

Doch die Staatsanwältin kann dem nur zustimmen, wenn ihr Vorgesetzter mit dieser Lösung einverstanden ist, nur kann sie ihn gerade nicht erreichen. Vertagen möchte sich niemand, darum muss das Gericht ein Urteil fällen. »Hier ist nichts missverstanden worden«, argumentiert die Anklägerin. Sie glaubt lediglich an die Aussage vor dem Ermittlungsrichter. Beide Eltern seien damals zur Polizei gegangen. »Phillips Mutter hat die Anzeige unterstützt. Das ist ein Indiz dafür, wie ernst die Sache genommen wurde.« Nach Meinung der Staatsanwältin habe Peter P. vor dem Landgericht für seinen Sohn gelogen. Sie habe Verständnis für den Angeklagten, er habe nicht böswillig, sondern in Not gehandelt. »Aber wir sind darauf angewiesen, dass Zeugen die Wahrheit sagen. Die Anklägerin will es bei der Mindeststrafe von drei Monaten Haft belassen, die man für den nicht Vorbestraften in eine Geldstrafe von 1350 Euro Geldstrafe, das entspricht neunzig Tagessätzen, umwandeln könne.

Die Richterin und ihre beiden Schöffen hätten Peter P. gerne milder behandelt. »Die Situation ist tragisch«, sagt die Vorsitzende an den Angeklagten gewandt. »Unter dem Druck der Familie haben Sie eine Falschaussage in Kauf genommen.« Das habe nicht sein müssen: Der Gesetzgeber erlaube den Angehörigen eines Straftäters, vor Gericht zu schweigen. Peter P. habe vor dem Landgericht bewusst gelogen. Mit jeder der beiden widersprüchlichen Aussagen wollte er seinem Sohn helfen.

Der Vater nimmt das Urteil an. »Ich habe mich noch nie in meinem Leben so unschuldig gefühlt«, sagt er zu mir. Er will seine Strafe abarbeiten. Es wird ihm leichtfallen, denn sie ist gering angesichts dessen, was er mit seiner Tat erreicht zu haben scheint: die Rettung seines verloren geglaubten Sohnes.

Phillip P. bleibt drei Jahre lang clean. Er richtet sich mit Hilfe seiner Eltern eine eigene Wohnung ein, findet eine Freundin und denkt über eine Ausbildung nach. Plötzlich verkündet er, der Arzt habe ihm gesagt, er müsse seine Medikamente nicht mehr nehmen. Er setzt sie ab. Kurz darauf kifft er wieder. Der Albtraum geht von vorn los. Sein Vater ist verzweifelt: »Es ist schlimmer als je zuvor.« Phillip habe seine Wohnung zerlegt, sogar das Klingeltableau im Flur zerhackt. Nachts schlage er gegen die Fensterscheiben im Wohnhaus seiner Mutter und fordere Geld, andernfalls wolle er sie töten. Er bedrohe seine Freundin, seine Betreuerin und seinen Vater. »Er ist wie ein Werwolf, wie verwandelt, er hat nichts mehr mit meinem Sohn zu tun«, sagt Peter P. Er fühlt sich so hilflos wie nie zuvor: »Es ist entsetzlich mit anzusehen, wie es unaufhaltsam abwärts geht. Es ist ein Scheitern, so sehe ich das.« Er und Phillips Mutter seien nun wieder zur Polizei gegangen und hätten ihren Sohn angezeigt – wegen der permanenten Bedrohungen. Obendrein hat die Staatsanwaltschaft die Wiederaufnahme des Verfahrens wegen des versuchten Totschlags auf dem Bahnsteig beantragt. Schließlich beruht das Urteil gegen Phillip auf einer Falschaussage. Sollte der Sohn wieder vor Gericht stehen, wird sein Vater von seinem Recht Gebrauch machen, zu schweigen. Dann entscheiden die Richter anhand von Zeugen-aussagen und des psychiatrischen Gutachtens. Das kann für Phillip auch die Unterbringung im Maßregelvollzug bedeuten.

Die Belastung für die Familienangehörigen ist extrem: Phillips Mutter leidet am offensichtlichsten unter dem Rückfall ihres Jüngsten. Sie habe ständig Weinkrämpfe, sagt Peter P. Sein ältester Sohn wolle von dem Drama nichts mehr hören. Gleichzeitig mache er ihm Vorwürfe: »Was seid ihr für Eltern, dass ihr euren eigenen Sohn anzeigt?«

Einige Wochen später ruft mich Peter P. an. Verhaltene Freude schwingt in seiner Stimme: Phillip habe sich von der Verab-reichung einer sogenannten »Depotspritze« überzeugen lassen. Diese enthält Medikamente mit Langzeitwirkung, das könnte ihn über Monate stabilisieren. Es gibt wieder Hoffnung. Peter P. weiß, wie zerbrechlich sie ist.

Geliebte aus dem Jenseits

Einen Meter tief stand das Wasser in der denkmalgeschützten Gruft. Als Friedhofsmitarbeiter sie auspumpen wollten, entdeckten sie auf einem umherschwimmenden Sargdeckel die relativ frische Leiche eines Kindes. Es war definitiv nicht an diesem Ort bestattet worden. Woher stammte der Leichnam dann? Es bedurfte einer Obduktion und einiger Recherchen, bis die Kriminalpolizei diese Frage beantworten konnte.

Der sieben Jahre alt gewordene Junge war bei einem Verkehrsunfall ums Leben gekommen und vor einem Monat in einem kleinen weißen Sarg beerdigt worden – hier auf dem Friedhof, aber etwa vierhundert Meter von der Gruft entfernt. Offen blieb, wie seine Leiche dorthin gelangt war.

Damit nicht genug. Es kam zu weiteren mysteriösen Vorfällen: So wurde in der Friedhofskapelle eine Frauenleiche umgebettet und auf die Leiche eines Mannes gelegt – verkehrt herum, sodass ihr Kopf zwischen den Beinen des männlichen Toten zu liegen kam. Der frei gewordene Sarg war verschwunden.

Einige Wochen später wurde in einer ausgehobenen Grube seitlich ein Loch zum Nachbargrab geschaufelt und dessen Sarg beschädigt. Der Hosenschlitz des Toten war geöffnet. Außerdem lag er auf der Seite, in einer für Bestattete völlig unüblichen Position.

Wiederum einige Wochen später wurde auf ähnliche Weise eine Frauenleiche exhumiert, diese ruhte sogar bäuchlings im Sarg. Bei der Obduktion stellten die Rechtsmediziner fest, dass man der Toten an Rücken und Bauch, an den Schultern und Oberarmen die Haut abgetrennt hatte. Das fehlende Stück ergab die Form eines T-Shirts.

Allmählich dämmerte den Kriminalisten, dass sie einen Nekrophilen jagten, also jemandem, der ein Verlangen nach Sex mit Toten hat. Aus irgendeinem Grund ging er seiner Neigung am liebsten in den Nächten von Donnerstag auf Freitag nach. Die Beamten überprüften alle einschlägig Vorbestraften und legten sich wochenlang auf dem unübersichtlichen Friedhofsgelände auf die Lauer, ohne Erfolg. Der Gesuchte ließ sich nicht blicken.

Stattdessen erreichte die Ermittler ein Amtshilfeersuchen aus einem fünfhundert Kilometer entfernten Bundesland. Die Kollegen berichteten von zwei Särgen in einer Friedhofskapelle, einem leeren und einem, in dem sich eine Frauenleiche befunden habe. Der Täter hatte sie mit zwei Rollwagen aus der Kapelle heraus zu einer Familiengruft geschoben. In diese hatte er die Särge gleiten lassen, um die Leiche in aller Ruhe von den Schultern bis zu den Genitalien zu enthäuten. Särge, Leiche und Haut hatte er in der Gruft zurückgelassen. Mit dieser letzten Tat kamen die Kriminalisten dem Täter auf die Spur. Sie kombinierten, welcher ihnen bekannte Leichenschänder eine familiäre Verbindung zu jenem Bundesland besaß. Sie kannten den mittlerweile vierunddreißigjährigen Robert R. bereits, einen großen, schlanken Mann mit fein geschnittenen Gesichtszügen und pechschwarzen Locken. Sechs Jahre zuvor hatten sie ihn anhand von Fingerabdrücken und Schuhspuren überführen können. Die hatte er auf dem Gelände eines Krematoriums hinterlassen, in das er eingebrochen war, um seiner Neigung zu frönen. Nach seiner Verhaftung hatte er offen mit den Ermittlern und dem psychiatrischen Gutachter über sein Leben und seine bizarre sexuelle Präferenz gesprochen.

Robert R. hatte seine ersten Lebensjahre bei verschiedenen Pflegeeltern und in Kinderheimen verbracht. Der häufige Wechsel seiner Bezugspersonen hinterließ bei ihm nachhaltige psychische Schäden. Er war emotional labil und unfähig, feste Bindungen einzugehen. Zwar hatte er das Glück, mit fünf Jahren von einem wohlhabenden Ehepaar adoptiert zu werden, doch obwohl er aktiv und fröhlich war, blieb er in seiner sprachlichen und motorischen Entwicklung hinter den gleichaltrigen Kindern zurück. Er kaute an den Fingernägeln und nässte noch bis zu seinem vierzehnten Lebensjahr ein. Nach dem Besuch der ersten Klasse kam er auf die Sonderschule, die er nach neun Jahren verließ, ohne einen Abschluss gemacht zu haben. Er konnte sich in keine Gemeinschaft einfügen, ließ sich von niemandem etwas sagen und reagierte bei Überforderung aggressiv, was sich auch durch eine sechsjährige Spiel- und Verhaltenstherapie nicht korrigieren ließ.

Mit dreizehn unternahm er erste Schritte in Richtung seiner späteren sexuellen Vorliebe für Fetische. Er entwendete die getragene Unterwäsche seiner Adoptivmutter und befriedigte sich damit selbst. Als er sich mit siebzehn in ein Mädchen verliebte, wusste der scheue, beziehungsunfähige Jugendliche nicht, wie er sich ihr nähern sollte. Er beschloss, an Leichen »Erfahrungen zu sammeln«, die ihm helfen könnten, seine »Hemmungen gegenüber Frauen zu überwinden«, wie er dem psychiatrischen Gutachter erklärte. Damals drang er erstmals in eine Leichenhalle ein, untersuchte die weiblichen Toten und benutzte deren Wäsche als Fetisch. Mehrfach wiederholte er seine Besuche, sie blieben unbemerkt.

Robert R. litt an seiner Unfähigkeit, echte Beziehungen einzugehen. Er flüchtete sich in Alkoholexzesse. Häufige Trunkenheit und Aggressionsausbrüche ließen ihn in einer Berufsausbildung scheitern, und auch bei der Bundeswehr galt der junge Mann schon bald als truppenuntauglich. Man entband ihn vorzeitig vom Wehrdienst.

In dieser Zeit begab er sich regelmäßig auf Leichensuche, begnügte sich aber nicht mehr mit der Wäsche der Toten. Erstmals schnitt er einer Leiche beide Brüste ab, stopfte diese in einen mitgebrachten Büstenhalter und befriedigte sich selbst. Doch was war diese Art von Befriedigung im Vergeich zu seiner Sehnsucht nach der zärtlichen Vereinigung mit einer lebenden Frau? Seine Verzweiflung wurde größer, er fühlte sich innerlich leer, Depressionen quälten ihn. Kurz vor seinem zwanzigsten Geburtstag versuchte er, sich das Leben zu nehmen. Der Versuch misslang.

Aufgrund seiner Alkoholsucht kam Robert R. in eine stationäre Entwöhnungstherapie, die er nach sechs Monaten abbrechen musste, weil er sich wie üblich nicht an die Regeln halten konnte. Er trank weiter, versuchte es erneut mit einer Entwöhnung und brach wieder ab. Er steigerte seine Sucht und konsumierte nun über den Alkohol hinaus jede Droge, an die er herankam: Haschisch, LSD, Kokain, Heroin. Seine Sucht brockte ihm auch sein erstes Strafverfahren ein: Gemeinsam mit einem Bekannten drang der Fünfundzwanzigjährige mehrmals in eine Brauerei ein und stahl kistenweise Bier. Sie wurden erwischt, Robert R. bekam eine Bewährungsstrafe. Seither hatten die Behörden seine Fingerabdrücke.

Zwei Jahre später sah er für sein Leben keine Zukunft mehr. Er unternahm an seinem Geburtstag einen weiteren Selbstmordversuch, der scheiterte, und wurde in einer Anti-Drogen-Einrichtung aufgenommen, fünfhundert Kilometer von seiner Heimat entfernt. Endlich wurde er clean.

Nur von seinen sexuellen Fantasien kam er nicht los. An einem Frühlingsabend brach er in ein Krematorium ein. Er fand dort ein Seziermesser, mit dem er einer Toten die Brüste abschnitt. Einer anderen Leiche zog er den Büstenhalter aus, schlang ihn sich um seinen nackten Oberkörper und füllte die Cups auf erprobte Weise. So ausstaffiert onanierte er vor einem Spiegel. Am liebsten, so gestand er später dem Psychiater, hätte er noch seinen Penis in die Scheide der Leiche gesteckt. Er traute sich nicht, weil er befürchtete, dieser könne sich verklemmen. Von einem solchen Vorfall habe er in einer wissenschaftlichen Veröffentlichung über Nekrophilie gelesen.

Drei Wochen später brach er in das Leichenkühlhaus eines anderen Krematoriums ein. Wieder schnitt er einer Toten die Brüste ab. Diesmal trennte er außerdem noch den rechten Arm vom Leib. Wieder benutzte er die Körperteile zur Selbstbefriedigung und warf sie anschließend in einen Müllcontainer.

Kurze Zeit darauf zog es ihn zurück zum ersten Tatort. Dort war sein letzter Besuch nicht unbemerkt geblieben. Man hatte die Eingangstür verstärkt, Robert R. musste sich über ein Oberlicht in das Gebäude hangeln. Drinnen zog er einer Leiche das Korsett aus. Sicher hätte er nun sein übliches Programm durchgezogen, doch musste er von irgendetwas aufgeschreckt worden sein. Robert R. floh. Unbenutzt landete seine Trophäe zusammen mit diversen Werkzeugen und Messinstrumenten in einem Müllcontainer auf dem Krematoriumsgelände.

Drei Wochen später wurde der Nekrophile zum ersten Mal wegen seiner Leichenschändungen verhaftet. Er zeigte sich kooperativ, unterhielt sich mit dem psychiatrischen Gutachter, der seinem Probanden einen überdurchschnittlich hohen Intelligenzquotienten von 130 bescheinigte, ihn jedoch als »ängstlich-schüchtern, sozial gehemmt, schnell überfordert und emotional labil« beschrieb. Neben dieser Persönlichkeitsstörung mit schizoiden Anteilen bestehe bei ihm eine Störung der sexuellen Präferenz, eine sogenannte Paraphilie in Form der Nekrophilie. Von Paraphilie sprechen Psychiater, wenn das

Sexualverhalten krankhaft von der Norm abweicht. Dies ist der Fall, wenn es sich auf unbelebte Objekte sowie auf Personen bezieht, die ihre Einwilligung nicht erteilen können. Im Fall von Robert R. fällt beides, die Persönlichkeitsstörung wie auch die Paraphilie, im Verzeichnis der psychischen Störungen unter die Kategorie »Schwere andere seelische Abartigkeit«, darum sei er schuldunfähig, so der psychiatrische Gutachter bereits im ersten Gerichtsverfahren. Robert R. bedürfe dringend einer Therapie. Zwar könne seine auf Leichen ausgerichtete sexuelle Vorliebe nur sehr langsam geheilt werden, aber er habe durchaus Chancen, da sein eigentlicher Wunsch die Beziehung zu einer Frau sei. Damals fragte das Gericht den Psychiater, ob die Gefahr bestehe, dass sich der Beschuldigte eines Tages einer Frau nähern und diese töten könnte? Der Gutachter hielt dies für unwahrscheinlich. Der Beschuldigte habe sich Frauen gegenüber noch nie aggressiv verhalten, seine übergroße Scheu hindere ihn ja gerade daran, zu ihnen Kontakt aufzunehmen.

Die Richter schickten ihn dennoch in den Maßregelvollzug. Selbst wenn er weiterhin »nur« die Totenruhe störe, sei der Nekrophile für die Öffentlichkeit gefährlich, da er sie mit seinem Tun massiv in Angst versetzt.

Drei Jahre lebte er in der forensischen Klinik, bis ihm ein Gutachter eine »deutliche Nachreifung« bescheinigte und man ihn auf Bewährung entließ.

»Da spielt man einfach das brave Kind und hält die Fresse, schon ist man wieder draußen«, erklärt er später den Kriminalbeamten, die ihn wegen seiner zweiten Tatserie auf dem Friedhofsgelände vernehmen. Er habe bei seiner Entlassung die Auflage bekommen, eine Sexualtherapie zu besuchen und sich regelmäßig mit dem Bewährungshelfer zu treffen und dessen Weisungen zu befolgen. Robert R. zog wieder in die

Anti-Drogen-Einrichtung, später dann ins betreute Wohnen, nahm einen Job bei einer Leiharbeitsfirma an und hielt sich an seine Auflagen: Jeden Donnerstag erschien er um 18 Uhr bei seinem Psychotherapeuten. Nach der Sitzung muss er immer noch nicht gewusst haben, wie er mit der ohnmächtigen Wut auf seinen Chef umgehen sollte, er fühlte sich überfordert und ausgenutzt. Zwei Jahre lang beherrschte er seine nekrophile Neigung, bis ihn sein beruflicher Frust schließlich in Richtung der Grabstätten trieb. Bewusst habe er diesmal kein Krematorium gewählt, berichtet er in der Vernehmung. Die Ermittlungen sollten sich nicht sofort gegen ihn richten.

Als er damals das frische Grab bemerkte, habe er nicht geahnt, dass darin ein kleiner Junge lag, gibt Robert R. bei seiner Vernehmung zu Protokoll. Es war dunkel, als er Kränze, Blumen und ein gerahmtes Foto entfernte, die Kerzen löschte und in der Erde grub, bis er auf den weißen Sarg stieß. Mit dem Spaten schlug er ein Loch in den Deckel und zog den Leichnam heraus, der ihn sexuell jedoch nicht interessierte. Rasch richtete er das Grab wieder her. Das tote Kind schleifte er an dessen Handgelenken zu der Gruft, hebelte die Bodenplatten auf und stieß es in die Tiefe.

Beim nächsten Mal stieg er über ein Kellerfenster in die Friedhofskapelle, bettete die Frauenleiche zu der des Mannes, schob den Sarg der Frau ins Freie, legte sich hinein und onanierte. Zum Schluss zerschlug er sein »Lager« und verstreute die Schnitzel.

Bei seinem dritten »Besuch« entdeckte Robert R. ein frisches Grab, das sich direkt neben einer vorbereiteten, leeren Grube befand. Von dieser arbeitete er sich seitlich an den Sarg heran, schlug ein Loch in dessen Mitte und griff hinein. Er öffnete eine Hose und tastete nach dem Geschlecht. Es war das eines Mannes. Jetzt interessierte ihn nur noch der Ledergürtel des

Toten, den er aus der Hose zog und so den Leichnam unbeabsichtigt auf die Seite drehte.

Der vierte Besuch des Nekrophilen war von den Friedhofsmitarbeitern nicht bemerkt worden, die Kriminalisten erfahren davon erst in der Vernehmung des Täters. Wieder entdeckte er ein frisches, kranzgeschmücktes Grab, das er von oben öffnete. Mit einem vom Friedhof entwendeten Spaten durchstieß er den Sarg, zog den Oberkörper der Frauenleiche heraus und enthäutete dessen Vorderseite bis zu den Genitalien. Die Haut legte sich Robert R. auf den nackten Oberkörper, dann entnahm er seinem Rucksack ein Mieder, zog es über und masturbierte. Anschließend vergrub er die Haut und verließ den Friedhof.

Auch bei seinem fünften Besuch wurde er fündig: Wieder einmal buddelte er sich von einer vorbereiteten Grube an das frische Grab einer Verstorbenen heran, nur dass er diesmal beinahe vom nachrutschenden Sand verschüttet worden wäre. Mit Mühe habe er sich befreien können, erzählt er den Ermittlern. Die Tote enthäutete er auf Brust und Rücken, sodass er ein komplettes Oberteil aus Leichenhaut gewann.

Robert R. berichtet den Vernehmungsbeamten auch, warum er kurze Zeit später an seinen Heimatort zurückgekehrt war: Er wollte seinen Adoptivvater zum Geburtstag besuchen, traf diesen aber nicht an. Am selben Abend ließ er sich auf dem Friedhof einschließen. Dort kam es zu den Exzessen in der Familiengruft. Zehn Tage später verhaftete man den Nekrophilen. In seiner Wohnung, die er vor wenigen Monaten mit einem Mann bezogen hatte, den er vom betreuten Wohnen her kannte, fand man elf Leichenhemden, ein Leichentuch und einen Leichenkissenbezug.

Robert R. weiß, dass er so schnell nicht wieder freikommen wird. Während des Gerichtsverfahrens gibt er sich bockig und zynisch. Seine Verweigerungshaltung macht er schon äußerlich deutlich: Haare und Bart sind lang und struppig, sein Gesicht verschwindet darin. Er spricht diesmal nicht mit dem psychiatrischen Gutachter und leugnet seine Taten, behauptet, ein Freund habe sie begangen. Der habe ihm die Fälle so plastisch geschildert, dass er gegenüber der Polizei alles detailliert beschreiben konnte. »Seinen Namen sage ich nicht, ich bin kein Verräter.« Niemand im Gerichtssaal glaubt, dass der misstrauische, kontaktscheue Mann zur Vertrauensperson eines anderen Leichenschänders aufgestiegen sein könnte, zumal diese sexuelle Störung absolut selten ist. »Es gibt bundesweit nur siebenundvierzig wissenschaftlich beschriebene Fälle von Nekrophilie«, sagt der psychiatrische Gutachter und bringt es schließlich auf den Punkt: Nach sechs Jahren vergeblicher Therapie müsse man bei dem persönlichkeitsgestörten Mann von einer chronifizierten nekrophilen Störung ausgehen. Aufgrund der Damenwäsche, die dieser bei seinen sexuellen Aktivitäten trug, spricht der Psychiater zusätzlich von einem transvestitischen Fetischismus. Ob Robert R. transsexuell veranlagt ist, sich also nach einer Geschlechtsumwandlung sehnt, kann der Gutachter nicht sagen, auf jeden Fall hält er seinen Probanden für schuldunfähig. Dieser habe zwar gewusst, dass seine Taten verboten seien und sei darum sehr überlegt vorgegangen. »Aber wenn er erst einmal auf dem Friedhof war, konnte er seine Impulse nicht mehr kontrollieren.«

Dreizehn Jahre verbrachte Robert R. im Maßregelvollzug, dann wurde er zur Bewährung entlassen. Die Richter haben sich damit auch dem Grundsatz der Verhältnismäßigkeit gebeugt, das heißt, sie haben abgewogen zwischen dem Recht der Allgemeinheit auf Schutz vor gefährlichen Straftätern und dem Freiheitsrecht des Verurteilten. Robert R. wurde wegen eines

Delikts weggeschlossen, für das ein psychisch gesunder Täter mit maximal drei Jahren Haft bestraft worden wäre. Er hatte also bereits mehr als das Vierfache dieser Strafe abgesessen. Er wird weiterhin psychotherapeutisch behandelt und erhält auch triebdämpfende Medikamente. Die Maßnahmen scheinen erfolgreich zu sein: Obwohl sich Robert R. seit mehreren Jahren auf freiem Fuß befindet, sind bislang keine sexuell motivierten Leichenschändungen bekannt geworden.

Der Psychiater in der forensischen Klinik: »Ein Gegengewicht zur Psychohygiene«

Dr. Steffen Schulze* hat Stress: Eine Kollegin ist krank, eine andere im Schwangerschaftsurlaub – der Psychiater hält allein die Stellung auf einer Station des Berliner Krankenhaus des Maßregelvollzugs. Dennoch nimmt er sich Zeit für unser Gespräch, serviert Kaffee mit Zucker. Löffel sind nicht vorhanden. Kein Problem, der Zucker löst sich von selbst auf.

Im Maßregelvollzug sitzen Mörder, Totschläger, Brandstifter und Vergewaltiger. War es immer schon Ihr Wunsch gewesen, diese Klientel als Psychiater zu betreuen?
So war es tatsächlich. Mein Vater ist Jurist, meine Mutter Ärztin. Vielleicht konnte ich mich nicht entscheiden. Schon nach dem Abitur dachte ich mir, so eine Tätigkeit als Kriminalpsychiater, also an der Schnittstelle zwischen Jura und Medizin, das wäre sicher spannend. Zwischendurch habe ich mich mal für die innere Medizin begeistert und mal in der Dermatologie gearbeitet, bis ich als Assistenzarzt über die Psychiatrie zur Forensik gekommen bin.

Wie sieht Ihr Arbeitsalltag aus?
Normaler, als man sich das vielleicht vorstellt. Das hält ja keiner aus, immer in Alarmstellung zu sein und sich pausenlos mit den grausamen Taten auseinanderzusetzen. Trotzdem darf es auch nicht zu einem gemeinschaftlichen Vergessen kommen.

Wie nähern Sie sich einem Patienten, der bei Ihnen eingewiesen wird?

Ich frage: »Wie geht es Ihnen? Was hat Sie hierhergeführt? Was ist Ihre Krankengeschichte?« Natürlich sind manche nicht in der Lage, das strukturiert zu berichten. Wenn jemand im Erregungszustand einer Psychose ist, wird er erst einmal gesichert. Man schaut, dass er genügend trinkt und isst. Ansonsten ist das wie in jedem Krankenhaus. Man hört Herz und Lunge ab, testet die Reflexe und schaut nach äußeren Verletzungen. Gibt es Vorerkrankungen, braucht der Patient Medikamente? Je normaler einer ist, je besser man mit ihm reden kann, umso normaler ist die Aufnahme. Ich erkläre den Neuzugängen natürlich, wo sie sich hier befinden. Die wenigsten wissen, was sich genau hinter dem Begriff »Maßregelvollzug« verbirgt.

Und wie erklären Sie das?

Ich erkläre ihnen, dass sie sich in einem psychiatrischen Krankenhaus befinden. Der Unterschied zu anderen Krankenhäusern ist, dass man hier nur mit einem richterlichen Beschluss wieder rauskommt. Es geht hier um Behandlung und Sicherung. Wenn ein Patient sagt, Behandlung will ich nicht, kann er nur gesichert werden. Dann bespreche ich noch ganz praktische Dinge: Wann gibt es Frühstück, Mittag, Abendessen? Wo sind die Duschen, wo ist der Lichtschalter, wie sind die Hofausgangszeiten, wie kommt man an Geld?

Was passiert, wenn Ihnen ein Patient aggressiv begegnet?

Wir haben so einen tragbaren Sender mit einer Strippe – wenn man an der zieht, gibt es Alarm. Dann kommt das ganze Personal und guckt, was los ist. In so einer Situation kann man nur hoffen, dass die Kollegen schnell genug sind.

Haben Sie manchmal Angst?

Kaum. Wenn ich mich hier auf der Station bewege oder die Probanden zu Hause besuche, um sie zu begutachten, spürt man ziemlich schnell, was Sache ist, und kann das Gefährdungspotenzial recht gut einschätzen. Wenn man Angst hat, sollte man darauf hören und nicht denken, ich bin der große Psychiater, mir passiert schon nichts. Dann sollte man aus der Situation herausgehen. Mir ist das einmal bei einer Begutachtung passiert. Da war der Proband mir gegenüber verbal aggressiv, der war angespannt. Da habe ich gedacht: Er ist zwischen mir und der Tür, wir sind im dritten Stock, das ist nicht gut.

Was haben Sie gemacht?

Ich wurde autoritärer, habe verbal die Oberhand gewonnen und es geschafft, ihn einzugrenzen. Ich habe sogar die Begutachtung fortgesetzt. Erst später habe ich mich mit seiner Vorgeschichte befasst und festgestellt, die Situation war tatsächlich potenziell gefährlich.

Mit welchen Krankheitsbildern haben Sie es im Berliner Maßregelvollzug zu tun?

Fünfundsiebzig Prozent meiner Patienten sind Psychotiker, der Rest hat Persönlichkeitsstörungen, ganz wenige sind intelligenzgemindert.

Die Psychotiker kann man am besten behandeln, nehme ich an?

Ja, wenn jemand gut auf die Medikamente anspricht und richtig eingestellt ist, kann man ziemlich schnell Erfolg haben. Die Psychotiker sind unter unseren Patienten eher die Kurzläufer, im Berliner Maßregelvollzug verbringen sie im Durchschnitt sieben Jahre.

Gibt es unheilbare Psychosen?

Man sagt immer: Ein Drittel kann man problemlos behandeln, ein Drittel mit allen Hochs und Tiefs begleiten, und ein Drittel nimmt einen schlechten Verlauf mit schwerer Restsymptomatik, wie Antriebsarmut und Denkstörungen. Die können viele Dinge nicht mehr und leben sehr eingeschränkt.

Sind alle Psychotiker für ihre Mitmenschen gefährlich?

Nur ein ganz kleiner Prozentsatz. Grundsätzlich gilt: Ein bis zwei Prozent der Bevölkerung haben eine paranoide Schizophrenie. Ein Bruchteil davon, etwa zehn Prozent, wird straffällig.

Ein Drittel Ihrer psychotischen Patienten hat keine Chance, den Maßregelvollzug je wieder zu verlassen?

Es sind wohl ein bisschen mehr, weil im Maßregelvollzug natürlich diejenigen landen, deren Krankheit sich schon vorher schlecht behandeln ließ, wenn sich etwa zur Psychose noch Sucht oder ein schwieriges Lebensumfeld gesellen.

Durch gezielte Züchtung erhöhte sich in den letzten Jahrzehnten der THC-Anteil im Hasch. Haben die Kiffer heute ein höheres Psychoserisiko?

Das ist umstritten. Drogen sind ein Belastungsfaktor genauso wie ein schwieriges Lebensumfeld oder eine genetische Veranlagung. Dass mit dem THC ist erwiesenermaßen gefährlich, der Gehalt ist gestiegen, zudem wird manchmal noch anderes Zeug reingemischt. Aber es gibt hier keine monokausale Erklärung – nicht jeder, der hoch konzentriertes Cannabis nimmt, wird psychotisch. Natürlich gibt es Psychosen, die von Drogen ausgelöst werden. Die klingen nach zwei Wochen wieder ab, wie ein schlechter Trip. Aber dass die jungen Psychotiker heute alle kiffen, bedeutet nicht, dass Drogen zwangsläufig zu Psychosen führen. Vielmehr versuchen manche unserer Patienten zunächst, sich damit selbst zu therapieren. Auf Drogen kommen sie ein bisschen runter und haben weniger Ängste.

Ist die Therapie der Persönlichkeitsgestörten schwieriger als die der Psychotiker?

Gegen sexuelle Abweichungen wie Sadismus oder Pädophilie gibt es keine Pille. Man kann nichts gegen die sexuelle Ausrichtung tun, Trieb ist Trieb. Die Behandlung dauert lange, sie kann psychotherapeutisch und medikamentös unterstützt werden, zum Beispiel mit chemischer Kastration. Aber wir können nur einen gedanklichen Freiraum schaffen für eine Entscheidung, die der Patient letztlich selbst treffen muss. Von dieser Verantwortung kann man ihn nicht entbinden.

Gibt es auch die Möglichkeit einer operativen Kastration?

Ja, ich kenne einen Patienten, der sich für die Operation und gegen die Spritze entschieden hat. Es gibt auch Gutachter, die da Vorteile sehen.

Stößt man als Psychiater angesichts der schweren Taten, die die hier Einsitzenden begangen haben, auch mal an seine persönlichen Grenzen?

Ja, natürlich.

Wie gehen Sie damit um?

Dieses Bedrückende, dieses Böse, den Schmerz, die Bilder von Opfern – all das kann man nicht allein mit sich herumtragen, das muss man teilen. Man redet in der Supervision mit den Kollegen, versucht, die Sachen professionell einzuordnen. Außerdem ist es wichtig, sich außerhalb der Arbeit viel Gutes zu tun. Man muss spazieren gehen, joggen, was Schönes essen, Freunde treffen.

Ein reichhaltiges Leben als Gegengewicht zur »Psychohygiene« – das ist eine Voraussetzung, um diese Arbeit machen zu können.

Woran können Sie sich bei Ihrer Arbeit erfreuen?
Wenn jemand, der sich gut entwickelt hat, den ersten Alleinausgang bekommt, wenn er seine Eindrücke mit einem teilt und neuen Mut schöpft. Das ist immer schön.

Und wo lauert der Frust?
Solche Lockerungen sind ja recht selten, der therapeutische Spielraum ist bei manchen Patienten nicht groß. Dabei ist unser Behandlungsauftrag nicht einmal, dass die zu Entlassenden besonders nett und freundlich sind, gute Manieren haben, dass sie nachreifen und am besten noch Abitur machen. Wir müssen nur die Gefährlichkeit reduzieren. Es kann einer schwierig sein und bleiben – wenn er nicht mehr gefährlich ist, begleiten wir ihn nach draußen. Theoretisch kann jemand auch verrückt entlassen werden: Wenn er beispielsweise bunte Schmetterlinge sieht, sich bei Regen auf einer sonnigen Blumenwiese wähnt, singend durch die Welt geht, aber ansonsten harmlos ist, wäre das okay.

Reden Sie mit Ihrer Familie und Ihren Freunden über Ihre Arbeit?
Das ist bei uns wie in jedem Job. Man kommt nach Hause und wird gefragt: »Wie war's?« Und natürlich erzählt man dann, was so vorgefallen ist. Immer unter Einhaltung der Schweigepflicht, versteht sich. Problematischer ist es auf Partys, da findet sich immer einer, der meint, einem seine Probleme schildern zu müssen, die Trennung von der Frau, irgendwelche Obsessionen und Symptome. Am Feierabend will man aber nicht über Psychokram reden. Ein Internist wird höchstens gefragt, soll ich mich jetzt ge-

gen Grippe impfen lassen oder nicht? Bei einem Forensiker heißt es gleich: »Oh, Sie haben mit Sexualstraftätern zu tun!« Das ist fremd, das macht Angst, das ist für die Leute interessant. Oft werde ich auch gefragt: »Ist dein Job überhaupt sicher? Du hast doch Frau und Kind!«

Und was sagen Sie dann?
Ich finde es in der Forensik sicherer als in der normalen Psychiatrie. Wir kennen die Patienten, und die Sicherungsmaßnahmen sind besser. Ein Freund von mir ist Internist auf einer Rettungsstelle, der kriegt häufiger eins auf die Nase als ich. Dort wissen Sie nie, wer vor Ihnen sitzt, und es gibt keinen Alarmsender.

Wäre es Ihnen unangenehm, wenn ein ehemaliger Patient in Ihre unmittelbare Nachbarschaft ziehen würde?
Ja, ich finde es auch unangenehm, wenn ich einen Patienten beim Einkaufen sehe oder bei meinem Lieblingsitaliener, und der ruft einem dann »Hallo, Doktor!« zu. Aber das passiert in einer großen Stadt zum Glück nicht so oft.

Mit Angst hat das also nichts zu tun?
Es hat mit meiner Intimsphäre zu tun, man will ja mal aus dieser Arztrolle heraus, will abschalten und sich nicht ständig beobachtet fühlen. Natürlich möchte ich auch meine Familie schützen, da bin ich auch nur ein Mensch trotz aller Statistik.

Sie trauen also Ihrer eigenen Prognose nicht?
Das rationell Wissenschaftliche ist immer etwas anderes als die eigene Emotion. Man weiß sowieso nie, was für Nachbarn man hat. Doch wenn ein verurteilter Sexualstraftäter neben dem Spielplatz wohnen würde, auf dem mein Kind spielt, wäre es unnor-

mal, wenn mich das gleichgültig lassen würde. Natürlich habe ich weniger Angst vor psychisch Kranken als der Normalbürger. Aber neben einem ehemaligen Patienten zu leben, ist was anderes, als einen im Supermarkt zu treffen. Und für den entlassenen Patienten ist es sicher auch nicht angenehm, Tür an Tür mit dem ehemaligen Psychiater zu wohnen.

Vorgekommen ist Ihnen das noch nicht?
Nein, aber ein Freund von mir ist auch Psychiater. Der liebt die Behandlung von Psychotikern, er kommt mit ihnen gut aus. Er hatte einen paranoid-schizophrenen Nachbarn. Das ging Jahre lang gut. Der Mann war friedlich, er war nur davon überzeugt, er werde von der CIA verfolgt. Alles ganz klassisch. Irgendwann im Winter meinte der zu meinem Freund: »Du hast mir die Heizung über Nacht ausgestellt, ich sollte bei minus zwanzig Grad erfrieren!« Es kam sogar zu Handgreiflichkeiten. Irgendwann hat der kranke Nachbar Benzinkanister gehortet, hat gesagt, er fackelt das ganze Haus ab. Der Nachbar ist dann vom sozialpsychiatrischen Dienst für drei Wochen in die Psychiatrie gebracht worden. Als er zurückkam, sah mein Freund die Medikamente in der Mülltonne liegen. Zwanzig Jahre lang hat mein Freund in dem Haus gewohnt, er wäre gerne dortgeblieben. Doch ist er dann mit seiner hochschwangeren Frau ausgezogen. Die Situation war ihnen zu riskant.

Haben Sie manchmal das Gefühl, dass ein Patient simuliert, dass er aufgrund eines fehlerhaften Gutachtens im Maßregelvollzug sitzt?
Das habe ich noch nicht erlebt. Derjenige müsste schließlich Medikamente schlucken. Die Nebenwirkungen wären für einen Gesunden sehr viel belastender.

Für wie manipulierbar halten Sie die Ärzte und Psychologen hinsichtlich der Vergabe von Lockerungen?

Das kann durchaus sein, dass ein Patient sich positiver darstellt. Psychotikern fällt das sicher schwerer, die sind so krank, die können sich nicht verstellen. Aber Menschen mit Persönlichkeitsstörungen kann man nicht in den Kopf gucken, das muss man ehrlich sagen. Man tut natürlich alles, um einen Rückfall zu verhindern, doch er kann passieren.

Unter Strom

Klaus K. und Evelyn E. lernten sich auf einem S-Bahnhof kennen. Der schwer debile Fünfundfünfzigjährige hatte gerade in einer Gaststätte zu Mittag gegessen, als ihm die kontaktfreudige, ebenfalls geistig behinderte Dreißigjährige über den Weg lief. Sie kamen ins Gespräch, und Klaus überredete Evelyn, ihm in seine Wohnung zu folgen. Die beiden tranken Kaffee und schmusten miteinander. Evelyn E. entkleidete sich, es sollte zum Sex kommen. Dem Liebhaber fehlte nur noch die Erektion, die sich nicht einstellen wollte. Ihm fiel das Bild eines Mannes ein, der mit zwei Kabeln in der Hand vor einer nackten Frau stand. Diese Darstellung hatte ihn beim Betrachten sehr erregt. Also holte Klaus K. ein dreiadriges Elektrokabel, an dessen einem Ende sich ein Netzstecker befand. Zwei der stromleitenden Adern verband er am anderen Ende mit Gardinenklammern aus Metall. Diese wiederum klemmte er an die Brustwarzen von Evelyn E. Sie erkannte nicht die Gefahr, als Klaus K. den Stecker mit dem Stromnetz verband. Ihr Körper zuckte heftig, bis er reglos liegen blieb. Der Täter zog den Stecker und wunderte sich. Um die Angelegenheit zu prüfen, holte er eine Fleischgabel aus der Küche. Dreimal stach er seiner Gespielin zwei Zentimeter tief in die Bauchdecke. Er realisierte ihren Tod, der ihn überraschte, vielleicht wütend machte. Jedenfalls quälte er noch ein bisschen die Leiche und befriedigte sich selbst. Kurz nach Mitternacht beschloss er, den Körper von Evelyn E. anzukleiden und aus dem Fenster seiner im ersten Stock gelegenen Wohnung in den Innenhof zu werfen. »Die musste doch raus, ick wollte zur Arbeit jehn«, sagte Klaus K. der Polizei, nachdem die Tote fünf Stunden später von einer Nachbarin gefunden worden war.

Das Sicherungsverfahren »Klaus K.« ist in zweierlei Hinsicht ungewöhnlich: Einmal handelt es sich bei dem Beschuldigten um einen Täter, der aufgrund geistiger Defizite schuldunfähig ist, was auf die wenigsten Maßregelpatienten zutrifft. Zum Zweiten tötete er Evelyn E. kurz vor dem Mauerfall auf dem Territorium der Deutschen Demokratischen Republik. Dort gab es keine speziellen forensischen Kliniken, ein Zivilgericht wies den Täter in eine stationäre Einrichtung für psychisch Kranke ein. Nach der Wiedervereinigung der beiden deutschen Staaten kam er in den Maßregelvollzug – ohne entsprechenden Beschluss. Diese Vorgehensweise wurde vom Bundesverfassungsgericht für unzulässig erklärt, darum muss nun ein Gericht über seine Unterbringung in der forensischen Klinik entscheiden – sieben Jahre nach der Tat, über die Klaus K. sagt: »Ick weeß nüscht mehr.«

Die Richter sind also auf viele Akten angewiesen, in denen der Lebensweg des mittlerweile Zweiundsechzigjährigen mehr oder weniger vollständig dokumentiert ist. Bei seiner Geburt erlitt Klaus K. wahrscheinlich aufgrund von Sauerstoffmangel einen Hirnschaden. Mit sieben Jahren brachte man ihn wegen Entwicklungsrückständen in einer Nervenklinik unter. Dort lernte er etwas Lesen und Schreiben sowie Rechnen mit Zahlen bis 50. Er hatte fast vier Jahrzehnte dort verbracht, als er eine Mitpatientin mit einem Messer verletzte, weil sie keinen Sex mit ihm haben wollte. Seine »ungesteuerte Hypersexualität mit fetischistischen, pädophilen und homosexuellen Tendenzen« hatte man bereits früher erkannt und versucht, mit dem triebdämpfenden Medikament »Androcur« zu behandeln.

Nach der Messerattacke kam Klaus K. in Untersuchungshaft. Er wurde begutachtet, für schuldunfähig befunden und wieder in der Klinik untergebracht. Drei Jahre später durfte er diese verlassen und wohnte als Untermieter bei einer ehemaligen Mitpatientin. Nun vergriff sich der Achtundvierzigjährige an Kindern, auch an denen seiner Vermieterin. Welches Geschlecht seine Opfer hatten, lässt sich den Akten nicht entnehmen, nur dass ein psychiatrischer Gutachter ihm »Intelligenz- und Reifungsdefekte«, eine »deutliche psychosexuelle Fehlentwicklung« und eine »plumpe, primitive Form eines noch leichten Sadismus bei Pädophilie« bescheinigte. Warum Klaus K. damals nicht wieder in eine geschlossene Klinik eingewiesen wurde – schließlich galt es auch in der DDR, die Allgemeinheit vor psychisch kranken Straftätern zu schützen –, bleibt den Richtern ein Rätsel.

Zwei Jahre später wurde erneut gegen Klaus K. ermittelt, wieder einmal hatte er eine Frau mit einem Messer verletzt. Nachdem ein Psychiater seine Schuldunfähigkeit bestätigt hatte, ließ man ihn in frei. So fielen ihm zwei Jahre später wieder Kinder zum Opfer: Er hatte versucht, ein zehnjähriges Kind zu entkleiden und anzufassen. Als es zu weinen begann, ließ der Täter von ihm ab. Für die Gerichtsverhandlung wurde er begutachtet, diesmal erkannten die Richter nur auf verminderte Schuldfähigkeit: Klaus K. hatte das »Androcur« abgesetzt, obwohl er um die drohenden Folgen wusste. Das Urteil lautete fünf Monate Haft auf Bewährung. Nur anderthalb Jahre vergingen bis zum nächsten Rückfall: Mit vorgehaltenem Messer hatte er ein neun- und ein zehnjähriges Kind gezwungen, sich anfassen zu lassen. Ein zwölfjähriges Kind hatte er in einen Hausflur gelockt, ihm sein Geschlechtsteil präsentiert und verlangt, es zu berühren. Das Gericht kam zur gleichen Einschätzung wie das vorherige und Klaus K. für ein Jahr ins Gefängnis.

Acht Monate vor der Begegnung mit Evelyn E. wurde er entlassen. Er bezog eine Wohnung und arbeitete als Topfwäscher. In seiner Freizeit hörte er Radio und ging ins Kino. Am Wochenende war er Stammgast in einem Lokal, so auch an jenem Sonntag, an dem die junge Frau sterben sollte.

Klaus K. wurde am nächsten Tag verhaftet, wieder wurde er für schuldunfähig befunden und dann in einer geschlossenen psychiatrischen Klinik untergebracht. Mit der Vereinigung der beiden deutschen Staaten kam er in den Maßregelvollzug, der nicht so stark wie heute gesichert war, sodass er mehrfach entweichen konnte. Weil die Psychiater mit den Anfang der Neunzigerjahre zur Verfügung stehenden Mitteln seine Hypersexualität nicht in den Griff bekamen, beging Klaus K. weitere Sexualstraftaten, denen aber keine gerichtlichen Sanktionen folgten. Fast alle Ermittlungsverfahren wurden wegen seiner Schuldunfähigkeit eingestellt, nur eines fand neben dem Vorwurf der »gefährlichen Körperverletzung zum Nachteil von Evelyn E.« noch Eingang in die Antragsschrift der Staatsanwaltschaft: Dabei ging es um einen Mitpatienten aus der forensischen Klinik, der sich für sexuelle Handlungen zur Verfügung gestellt hatte und dafür von Klaus K. Geld bekam. Das ging eine Weile gut, bis der Mitpatient den Deal aufkündigte. In der darauffolgenden Nacht soll Klaus K. ihm die Hände auf dem Rücken gefesselt und ihn mit einem Handtuch gedrosselt haben – so lange, bis das Opfer aus Mund und Nase blutete.

Im Sicherungsverfahren beschäftigt sich ein psychiatrischer Gutachter zum vorerst letzten Mal mit der Schuldfähigkeit des schwer Debilen. Der Gutachter hatte die Berichte der Polizisten gelesen, die nach dem Tod von Evelyn E. unter anderem festgestellt hatten, dass Klaus K. die Stromleitungen in seiner Wohnung selbst verlegt hatte – sichtbar unfachmännisch, dennoch hatte es nie Kurzschlüsse oder Kabelbrände gegeben.

Über diese Heimwerkerarbeiten hatte sich der Gutachter mit seinem Probanden unterhalten. Der berichtete, er habe dabei schon mal »einen jewischt« bekommen und wisse, dass starke Stromschläge einen Menschen von der Leiter schubsen oder gar töten können. Möglicherweise vermochte er das Unrecht seiner Tat einsehen, nicht aber danach handeln, resümiert der Psychiater und reiht sich mit dieser Meinung in die Schar seiner Kollegen ein, die Klaus K. bereits früher für schuldunfähig erklärt hatten.

Der Beschuldigte ist krank und allgemeingefährlich, davon ist das Gericht überzeugt, auch ohne sich weiter mit der gefährlichen Körperverletzung an seinem Mitpatienten zu beschäftigen. Das Urteil wird gefällt, und Klaus K. befindet sich von da an rechtmäßig im Maßregelvollzug.

Er ist achtundsechzig Jahre alt, als er dort stirbt.

Allein unter Wahnsinnigen

Am liebsten hätte Noah N. gejubelt: Sauber hatte er das hinbekommen, hatte ihm dieser Seelenklempner doch glatt die Sache mit den Stimmen abgekauft! Dabei hatte er dem nur seine aufgehübschten Drogenhalluzinationen verkauft, ihm was von »einer guten Stimme«, erzählt, die seiner Verlobten ähnele und ihm Vorwürfe mache. Die andere Stimme sei böse und wolle, dass er die Läden ausraube. Die hätte ihm befohlen: »Geh jetzt rein, überfall das Geschäft, du brauchst das Geld, sei kein Feigling!« Er musste grinsen, wenn er nur daran dachte, wie er den Psycho-Onkel abserviert hatte, als der nachbohren wollte. Ganz cool hatte Noah N. behauptet: »Wenn ich Ihnen das erzähle, läuft es auf Psychiatrie hinaus, und das will ich nicht.«

Die Rechnung ging auf, am Ende bescheinigte man ihm die gewünschte Macke. Und weil ihm der Gutachter auf den Leim gegangen war, schaute das Gericht in die Röhre: Es konnte ihn nicht verurteilen, er galt schließlich als schuldunfähig. Noch am Tag der Urteilsverkündung zog Noah N. in die Forensische Psychiatrie.

Doch er hat die Rechnung ohne den Wirt gemacht: Er habe nicht geahnt, wie schrecklich es dort sein würde, lässt der Angeklagte seine Anwältin zu Beginn des Wiederaufnahmeverfahrens erklären. »Es ist kaum vorstellbar, wie die Typen da drauf sind.« Statt mit hartgesottenen Knackis habe er es mit Leuten zu tun, die rumschrien, Kot an Wände schmierten und in Mülleimer kotzten. »Irgendwann wusste ich, dass ich das nicht lange aushalten würde, und da dachte ich, ich muss das jetzt sagen, dass das mit den Stimmen nicht wahr ist.«

»Was ist dann wahr?«, fragen sich die Richter. Handelt es sich bei Noah N. um einen psychisch kranken Mann, der keine Lust auf eine langwierige Psychotherapie hat und deshalb behauptet, ein Simulant zu sein? Oder um einen Kriminellen, der sich erfolgreich in den Maßregelvollzug geschwindelt hat und jetzt nicht länger unter psychisch Kranken leben möchte? Das Gericht befasst sich gründlich mit Biografie und Persönlichkeit von Noah N. und muss am Ende des Wiederaufnahmeverfahrens den zuvor mit dem Fall befassten Kollegen eine Schlappe bescheinigen: Tatsächlich hat es hier ein Angeklagter verstanden, gleich mehrere Juristen und einen Facharzt für Psychiatrie hinters Licht zu führen.

Derjenige, dem das gelang, ist vierundzwanzig Jahre alt, von kräftiger Statur. Seine Haut ist mehlweiß, sie kontrastiert mit seinen dunklen Augen. Sorgfältig hat er seinen Schädel rasiert. Sein schwermütiger Blick und der sinnliche Mund verpassen ihm den Charme eines Hundewelpen, besonders, wenn er seine Stirn in viele kleine Falten legt. Ein blütenweißes Hemd und eine ebenso weiße Hose unterstreichen den keuschen Eindruck. Artig bittet er die Richterin, seine Angehörigen und Freunde begrüßen zu dürfen – die Männer mit einem »High Five«, die Frauen mit Umarmungen, die Verlobte mit Händchenhalten. Einzig seine an »Kanak-Sprak« erinnernde Artikulation verrät die schwierigen Verhältnisse, in denen er mit drei Brüdern in einer von Türken und Arabern bewohnten Gegend aufwuchs. »Krisengebiet«, sagt seine Mutter dazu. Die kleine, rundliche Person im Blümchenrock ist tief religiös, sonntags erteilt sie den Kindern ihrer Gemeinde Bibelstunden. Die kriminelle Karriere ihres Sohnes quittiert sie mit einigen Tränen, mit Bagatellisierungen und mit Schuldzuweisungen in alle

Richtungen, ein wenig sogar in die eigene. Offen gibt sie zu: »Ich neige dazu, Unangenehmes nicht genau anzugucken.« So reichte sie erst die Scheidung ein, als die Gewalttätigkeiten ihres arbeitslosen, alkoholabhängigen Mannes gegen sie und ihre Söhne »nicht mehr zu verheimlichen waren«. Da war Noah elf Jahre alt, Klassenbester und um keine Ausrede verlegen, wenn er in der Schule auf seine Verletzungen angesprochen wurde, die ihm sein Vater zugefügt hatte. Er und sein älterer Bruder Nathan litten sehr unter der familiären Erosion und unter dem Terror, den sein Vater insbesondere im Trennungsjahr verbreitete. Während sich Nathan lieber unter der Bettdecke verkroch und noch als Erwachsener damit beschäftigt ist, die verdrängten Schrecken zu verarbeiten, leistete sein jüngerer Bruder Widerstand. Damit zog er erst recht die Aggression des Vaters auf sich – eines Nachts versuchte er in betrunkenem Zustand, den Sohn zu erwürgen. Nach diesem Vorfall klagte die Mutter ihren Exmann endlich aus der Wohnung. Nun musste Noah seine Mutter und die Brüder nicht mehr vor den Schlägen des Vaters schützen, alles wieder gut war deswegen längst nicht. Mit seinen Freunden aus der Nachbarschaft schwänzte er den Schulunterricht und kiffte. Er flog von zwei Schulen: In der einen hatte er Cannabis verkauft, in der anderen war er mit einer Waffe erschienen. Als er die siebte Klasse zum dritten Mal wiederholen musste, erschien er überhaupt nicht mehr zum Unterricht. Er verkehrte in Jugendgangs und genoss als Deutscher die Kameradschaft mit den Migranten. Kein von der Mutter angeforderter Familientherapeut, kein Einzelfallhelfer, konnte dem Heranwachsenden gesellschaftlich anerkannte Normen und Werte vermitteln, konnte geradebiegen, was die Eltern versäumt hatten.

Obwohl seine Mutter nicht aufhörte, für ihn zu beten, kam Noah N. mit fünfzehn Jahren ins Gefängnis: Zusammen mit einem Freund hatte er zahlreiche Brände gelegt, unter anderem Mülltonnen angezündet und diese in Hausflure geschoben, »damit es in den Häusern auch richtig brennt«, wie der Staatsanwalt bemerkt. Selbst in der Haftanstalt hielt er sich nicht an Regeln, darum durfte er sie keinen Tag früher verlassen. Seine Entlassung feierte der gerade Volljährige mit einer »Drogenparty«. Nahtlos knüpfte er an sein altes Leben an. Er kiffte, kokste und nahm Speed, stahl eine teure Jacke, obendrein traf man ihn mit einer Schreckschusspistole und einem Schlagring an. Sein Plan, mit Hilfe eines gefälschten Realschulzeugnisses bei der Bundeswehr unterzukommen, scheiterte. »Das hat ihn ziemlich fertiggemacht«, meint sein Bruder. »Noah hatte große Hoffnungen, wollte die finanziellen Probleme in den Griff kriegen, ein geradliniges Leben führen.« Doch statt Sold bezog er Hartz IV, bis ihm selbst das gestrichen wurde – er hatte die Auflagen des Jobcenters ignoriert.

Noah N. beschloss, kleine Läden auszurauben, die er in der winterlichen Dunkelheit betrat, nachdem er sich vergewissert hatte, dort lediglich eine Verkäuferin anzutreffen. »Kasse auf, Geld her!«, befahl er seinen Opfern. In der Hand hielt er eine Pistole, einmal benutzte er ein Steakmesser. Schluchzend erinnert sich eine der Überfallenen, dass ihr die Finger nicht gehorchen wollten, sie bekam das Geldfach einfach nicht auf. »Beeil dich!«, hörte sie den mit Schal und Kapuze Vermummten drängeln. Dann vernahm sie: »Tut mir leid, dass es gerade dich trifft!« Vielleicht waren es diese Worte, die sie ein wenig beruhigten, jedenfalls öffnete sich die Lade. Zitternd ergriff sie einige Geldscheine und reichte sie herüber. Den Rest nahm sich der Räuber selbst. Mit 560 Euro Beute flüchtete er in Richtung Taxistand. Er fuhr damals zu seiner Freundin Nadine, die an diesem Tag siebzehn Jahre alt geworden war, das Paar wollte sich verloben. Die überfallene Verkäuferin dagegen stand vor einem seelischen Scherbenhaufen, Angst und Misstrauen bestimmen seither ihr Leben. Arbeiten kann die Dreißigjährige nicht mehr. Seit drei Jahren besucht sie eine Psychotherapie.

Mit schräg gelegtem Kopf lauscht der Angeklagte den Zeuginnen. Alle fünf berichten, wie sie während der Überfälle von Angst und Hilflosigkeit beherrscht wurden, anschließend unter Schlafstörungen und Panikattacken litten. Höflich entschuldigt sich Noah N. bei ihnen. Und weil er sich bereits zum neunten Mal in der Rolle des Angeklagten befindet, weiß er, wie die Formel klingen muss: »Es tut mir leid, was passiert ist. Ich wollte Ihnen keinen Schaden zufügen.« Genauso höflich antwortet er auf die Fragen der Richterin, die sich etwa erkundigt, warum er bei seiner Verhaftung angegeben habe, heroinsüchtig zu sein? »Um Beruhigungsmittel zu bekommen«, sagt Noah N. Von der Ärztin habe er damals ein Merkblatt über paranoide Schizophrenie und deren Symptome erhalten, zu denen das Stimmenhören gehört.

Er habe mit acht Jahren Haft gerechnet für die Überfälle, die man ihm zuordnen konnte – vier geglückte und einen gescheiterten Überfall. Eine vorzeitige Entlassung habe er für unwahrscheinlich gehalten. So sei er auf die Idee verfallen, »einen auf Macke zu machen«. Mitten in der Nacht alarmierte er die Justizvollzugsbeamten mit der Meldung, er habe dreizehn Rasierklingen verschluckt. Man brachte den Häftling auf die Krankenstation, fand zwar keine Fremdkörper, mochte aber einen Suizidversuch nicht ausschließen. Das war sein »Zubringer zur Psycho-Schiene«, so sieht es der Psychiater, der Noah N. im ersten Prozess begutachtet hatte. Er glaubte damals dem überdurchschnittlich intelligenten Schulabbrecher, der ihm berichtete, er würde von zwei verschiedenen Stimmen gesteuert. Im Nachhinein ist dem Gutachter klar, dass sein Proband »eine ausgeprägte soziale Kompetenz besitzt, die ihm ermöglichte, immer die nötigen Informationen zu bieten, um den Verdacht einer Schizophrenie im Raum stehen zu lassen«. Aus Angst vor dem Maßregelvollzug, so behauptete Noah N. damals, wolle er weder Angaben zur Qualität der Stimmen machen, noch die Ärzte des Haftkrankenhauses von der Schweigepflicht entbinden, obgleich er vorgab, denen mehr über seine Halluzinationen erzählt zu haben. Der Psychiater deutete diese Weigerung als »misstrauisches, zögerliches Verhalten – für psychisch Kranke nicht ungewöhnlich«. Auch die starre Mimik, die Noah N. wohl eher seiner Behandlung mit Neuroleptika verdankte, interpretierte der Facharzt als Krankheitsmerkmal. Als dann noch Mutter und Schwiegermutter in spe im ersten Prozess berichteten, sie hätten gehört, wie der Angeklagte laut mit sich selbst sprach, verwarf der Psychiater letzte Zweifel – etwa was die Zielstrebigkeit betraf, mit der die Taten meist kurz vor Feierabend und in Läden mit nur einer Angestellten verübt worden waren. Für ihn war jetzt klar: Noah N. leidet an einer paranoiden Psychose aus dem schizophrenen Formenkreis und gehört in den Maßregelvollzug.

Dort ließ der Simulant schnell die Maske fallen, von Stimmen war nun keine Rede mehr. Auf der Station gab er den Platzhirschen. Vom Klinikpersonal erfuhr der Psychiater: »Seine Mitpatienten verließen fluchtartig den Tagesraum oder die bequeme Couch, wenn Herr N. erschien.« Widerstandslos überließen sie ihm auch das Patiententelefon – für seine Endlosgespräche mit Nadine. Die ahnte nicht, dass er sich bereits mit einer Mitpatientin getröstet hatte. Kam seine Verlobte zu Besuch, schmuste Noah N. mit ihr ungeniert auf dem Stationsflur – vor den Augen seiner psychisch kranken Zweitfreundin. Er agierte, wie es ihm beliebte: Es war ihm egal, wenn ihn die Pfleger im Bett mit seiner Zweitfreundin antrafen oder in seinem Zimmer ein verbotenes Handy fanden, wenn ihm die

Ärzte nachwiesen, dass er Cannabis, LSD, Ecstasy und Opiate konsumierte oder die Richter einen an seinen Bruder Nathan gerichteten Brief zu lesen bekamen, in dem er um Drogen und Fluchthilfe bat.

Nach vier Monaten wandte er sich während der Visite an den Chefarzt. Stolz berichtete er von seinem Coup und gestand, die Stimmen erfunden zu haben. »Er dachte, dass er rauskommt«, verrät seine Mutter dem Gericht. Das hätte sicher geklappt – wenn Noah N. die juristischen Spielregeln besser gekannt hätte: Denn hätte er über seine Simulation geschwiegen, dann wäre er wohl nach knapp zwei Jahren wieder in Freiheit gekommen, schließlich war den Ärzten und Therapeuten nicht verborgen geblieben, dass der Patient keine Symptome einer paranoiden Schizophrenie zeigte. Noah N. hätte als geheilt entlassen werden müssen. Er hätte keinen neuen Prozess befürchten müssen, weil man nicht zweimal wegen desselben Delikts verurteilt werden kann – es sei denn, neue Tatsachen oder Beweismittel tauchen auf, dazu gehört auch ein Geständnis über simuliertes Stimmenhören. So konnte das Strafverfahren neu aufgerollt werden.

Diesmal wollen die Richter ganz sicher gehen und haben das psychiatrische Fachwissen auf der Gutachterbank verdoppelt. So sitzt neben dem Psychiater – der sich von dem Angeklagten hat an der Nase herumführen lassen und der in der wenig beneidenswerten Situation ist, seine Diagnose »verwerfen zu müssen« – noch ein zweiter Kollege, der behauptet, Noah N. schon vor drei Jahren durchschaut zu haben. Die beiden Gutachter mögen sich nicht, dennoch bescheinigen sie dem Angeklagten einhellig eine dissoziale Persönlichkeitsstörung mit psychopathischen Wesenszügen – allerdings ohne Krankheitswert. »Herr N. manipuliert seine Mitmenschen, er weiß sehr genau, welche Verhaltensmuster er zeigen muss, um seine

Ziele zu erreichen. Nur zeigt er wenig Ausdauer«, sagt der eine Psychiater, und der andere ergänzt: »Herr N. ist egozentrisch und rücksichtslos. Er überschätzt sich selbst und muss lernen, dass er nicht der tolle Typ ist, für den er sich hält.« Beide gehen davon aus, dass Noah N. unter Drogen durchaus mal Stimmen gehört hat. Dieses Phänomen sei nicht strafmildernd zu werten, die Stimmen hätten ihn nämlich nicht zu seinem kriminellen Handeln gezwungen.

Das gibt der Angeklagte auch zu: »Die Stimmen haben mir nicht konkret befohlen, Überfälle zu begehen. Es war eher so, dass ich dachte: ›Was war das jetzt?‹ Manchmal war ich mir nicht sicher, ob ich jetzt gerade was gehört oder gedacht habe. Die Idee zu sagen, die Stimmen hätten mich zu den Überfällen gezwungen, kam mir eigentlich, weil mir das alles vor meiner Familie und der Familie meiner Verlobten sehr peinlich war. Die hatten ja ein sehr gutes Bild von mir. Ich dachte, wenn ich krank wäre, könnte mir keiner was vorwerfen.« Jetzt wolle er die Wahrheit auf den Tisch packen: Er sei damals nämlich kokainabhängig gewesen, so sehr, dass er unter Verfolgungswahn und Schlafstörungen litt und Panik bekam, wenn ihm der Nachschub fehlte. »Meine Gedanken kreisten nur um Koks«, lässt Noah N. seine Anwältin erklären. Vergeblich will ihr Mandant einen Entzug versucht haben.

Mit Skepsis quittiert die Vorsitzende Richterin diese Erklärung, sie weiß, was der Angeklagte damit bezweckt: Er will raus aus dem Maßregelvollzug, aber wegen einer vermeintlich schweren Kokainabhängigkeit als vermindert schuldfähig gelten. Diesmal lassen sich die Psychiater nicht manipulieren: Der Proband konsumiere zwar verschiedenste Drogen, mal beruhigende, mal aufputschende – je nach Laune und Verfügbarkeit. Es gebe aber keinen Anhaltspunkt für eine Abhängigkeit, schon gar nicht von Kokain. Weder habe sich diese Droge bei seiner Verhaftung im Urin nachweisen lassen, noch hätten die Angehörigen und Freunde einen regelmäßigen Kokainkonsum oder irgendwelche Entzugserscheinungen bemerkt. Nicht einmal im Maßregelvollzug, wo er etliche Substanzen einwarf, wurde er positiv auf Kokain gestestet.

Müde sinkt der Kopf des Angeklagten auf die Tischplatte. Er braucht jetzt kein Interesse mehr zu heucheln, er hat in diesem Strafverfahren nichts mehr zu gewinnen. Wahrscheinlich hatte er sich von Anfang an keine großen Chancen ausgerechnet, das Gericht von seiner Drogenabhängigkeit zu überzeugen. »Ich komm nicht raus«, antwortete er einem Freund auf dessen quer durch den Saal gerufene »Wie geht's?«-Frage.

Vier Jahre muss Noah N. noch in Haft verbringen, die drei in der Untersuchungshaft und im Maßregelvollzug verbrachten Jahre werden ihm eins zu eins angerechnet. Ob er sich dann gebessert haben wird? Die Gutachter sprechen von einer »enormen Rückfallgefahr«. Dann droht Noah N. die Sicherungsverwahrung. Aber vielleicht entdeckt der hochintelligente Kriminelle auch dort eine Lücke im System.

Die Rechtsanwältin:
»Eine Rolle, die mir nicht so lieb ist«

Claudia Lind lernte ich während des Prozesses gegen Noah N. kennen – jenem ebenso intelligenten wie skrupellosen Räuber, dem es gelungen war, sich gegenüber dem Gericht als paranoid-schizophren darzustellen und sich so für eine Unterbringung im forensischen Krankenhaus zu empfehlen. Die eher zurückhaltend wirkende Juristin vertritt einige Insassen des Berliner Maßregelvollzuges, seitdem eines ihrer ersten Mandate sie vor eine Strafvollstreckungskammer führte – dorthin hatte sie einen Patienten zu seiner jährlichen Anhörung begleitet.

Das war sicher ein Mandat, das Ihnen in Erinnerung bleibt?
Das war ein ganz tragischer Fall. Der Mann hatte versucht, jemanden umzubringen, angeblich einen Nazi, Stimmen hatten ihm das befohlen. Er ließ sich nur schwer therapieren, weil er unheimlich viel Wasser trank und die Medikamente quasi wieder ausschwemmte. Als ich ihn das erste Mal gesehen habe, wollte er ständig von mir wissen, ob ich Kommunistin bin.

Hätte er das bevorzugt?
Davon gehe ich aus, wenn er einen Nazi umbringen wollte. Ich habe versucht, der Antwort auszuweichen. Trotzdem war es nicht möglich, ein vernünftiges Mandantengespräch mit ihm zu führen. Meine Botschaften sind bei ihm überhaupt nicht angekommen. Ich habe nie wieder jemanden erlebt, der so krank war.

Das war vor sechs Jahren, wie geht es Ihrem Mandanten heute?

Inzwischen ist es deutlich besser geworden. Er ist sehr klug und belesen, man kann sich sehr nett mit ihm unterhalten.

Wenn Sie Ihre Mandanten in der Klinik aufsuchen, müssen Sie dann auf sich selbst aufpassen oder werden Sie von der Klinik beschützt?

Die Mandantengespräche finden immer unter vier Augen statt. Sicher würde die Klinik mich nicht mit einem akut gefährlichen Patienten allein lassen. Es gab allerdings einen Fall – der Mandant hatte ein Kapitaldelikt begangen –, da hatte ich nach dem Lesen der Akte tatsächlich Angst vor der Situation. Aber als ich ihm gegenübersaß, war es okay.

Begehen psychisch Kranke schlimmere Taten als psychisch Gesunde?

Es sind schon härtere Fälle – man wird ja nicht wegen Kleinigkeiten in den Maßregelvollzug gesteckt. Die Voraussetzung dafür ist die Gefährlichkeit der Person, da spielt oft grobe Gewalt eine Rolle bis hin zu Tötungsdelikten.

Wie geht es Ihnen, wenn Sie von diesen Taten hören?

Es ist eine ganz andere Situation als bei psychisch gesunden Straftätern: Einerseits tun mir die Opfer leid, doch ganz oft auch die Täter. Die psychisch Kranken können nämlich aufgrund ihres Gesundheitszustandes nicht frei wählen, ob sie eine Straftat begehen oder nicht.

Und müssen trotzdem mit der Tat leben.

Das ist ein schlimmes Schicksal – ohne das Leid der Opfer minimieren zu wollen, aber die Täter trifft es ebenfalls hart. Die kommen in den Maßregelvollzug, werden medikamentös behandelt und begreifen allmählich, vor welchem Scherbenhaufen sie stehen. Sie müssen mit ihrer Krankheit klarkommen und obendrein mit der Erkenntnis: O Gott, was habe ich getan!

Wie reagieren Ihre Mandanten auf die Erkenntnis, krank und kriminell zu sein?

Viele sind fassungslos über sich selbst und über das, was mit ihnen passiert ist. Manche sagen, solch eine Krankheit wünschen sie ihren ärgsten Feinden nicht, also etwa wenn sie sich von Stimmen verfolgt fühlen, vor denen sie Angst haben und gegen die sie sich nicht wehren können. Da besteht ein hoher Leidensdruck. Andere wiederum können gar nicht glauben, dass sie krank sind, und gehen von einer Verschwörung aus. Denen geht es noch schlechter, weil sie sich hilflos und zu Unrecht verfolgt fühlen.

Welcher Menschenschlag begegnet Ihnen im Maßregelvollzug?

Als Strafverteidigerin hat man viel mit Jugendlichen und mit Süchtigen zu tun. Die Leute im Maßregelvollzug sind manchmal auch wegen ihrer Sucht dort, die ihre Hirnstrukturen verändert hat, oft sind sie aber deutlich intelligenter als gewöhnliche Straftäter. Die meisten hätten ohne die Krankheit keine Straftaten begangen, sie wären klug genug gewesen, andere Wege zu finden.

Ein Jahr nachdem die Patienten im Maßregelvollzug angekommen sind, findet die erste Anhörung statt?

Ja, so steht es im Gesetz. Einmal jährlich muss ein Gericht entscheiden, ob die Unterbringung im Maßregelvollzug beendet werden kann. Das liegt an den Unterschieden bei der Verurteilung von Schuldfähigen und Schuldunfähigen. Die psychisch Gesunden sind nach einem bestimmten, genau festgelegten Tag wieder frei. Die Unterbringung im Maßregelvollzug ist dagegen zeitlich unbefristet. Sie besteht, solange man von den Sachverständigen als gefährlich eingestuft wird. Damit dieser Zeitraum sich nicht unkontrolliert dehnen kann, wird die Rechtmäßigkeit der Maßnahme einmal jährlich überprüft.

Sind die Richter im Umgang mit den psychisch Kranken geschult?

Nicht geschult, aber teilweise sehr erfahren. Es gibt Richter, die machen das richtig gut. Einer erkundigte sich beispielsweise mal während einer Anhörung bei einem meiner Mandanten: »Wie verbringen Sie Ihren Tag?« Zur Antwort erhielt er: »Das wissen Sie doch, das können Sie im Fernsehen sehen!« Der Richter belustigte sich nicht, sondern entgegnete freundlich und sachlich: »Ich schaue so selten fern, können Sie es mir noch einmal erzählen?« Ganz anders dagegen ein Kollege von diesem Richter, zu dem ich ebenfalls einen Mandanten begleitete und erleben musste, wie dieser den psychisch Kranken schroff zurechtwies, weil der sein Geburtsdatum nicht nennen konnte. Da habe ich dann eingegriffen.

Offiziell werden Sie nur für die Anhörungen beigeordnet.

Ja, aber wenn man die Leute länger betreut, wird man auch angerufen, wenn sie in ein anderes Zimmer verlegt werden sollen und das nicht möchten oder wenn ihnen etwas gestohlen wurde. So etwas kläre ich mit dem Pflegepersonal. Bei Diebstählen erstatte ich schon mal eine Strafanzeige.

Arbeitet man als Anwältin sehr eng mit den Therapeuten und Ärzten zusammen?

Ich telefoniere oft mit der Klinik, das ist für die Mitarbeiter angenehmer, als wenn ständig gerichtliche Anfragen gestellt werden.

Bei vielen Beschwerden gibt es ohnehin keine juristischen Mittel, wenn es etwa die Organisation des Stationsablaufs betrifft. Ich bespreche also das Problem mit den Klinikmitarbeitern und schreibe dem Mandanten dann: Der Therapeut hat mir das so erklärt, und wenn es noch Fragen gibt, rufen Sie mich ruhig an. Das reicht oft. Die Mandanten sind zufrieden, wenn sie merken, jemand kümmert sich um sie.

Sind Sie für Ihre Mandanten der einzige Kontakt nach »Draußen«?
Oft ist das so. Da kommt man in eine Rolle, die mir persönlich nicht so lieb ist.

Sie sind für die Patienten dann der einzige Nichtmediziner.
(Lacht.) Stimmt, aber ob es für die ein Glück ist, es mit einem Juristen zu tun zu haben?

Den können sie sich wenigstens aussuchen.
Die Suche nach dem richtigen Anwalt ist unter den Patienten tatsächlich ein großes Thema. Viele haben jahrelang den gleichen. Manche werden nach einer gewissen Zeit unzufrieden und finden, jetzt muss mal was passieren, mein Anwalt macht nicht genug. Dann wechseln sie. Das hat nichts mit der Qualität der Arbeit zu tun, das geht anderen Kollegen genauso. Ich habe zum Beispiel einen Mandanten gehabt, der wollte, dass ich mal so richtig auf den Putz haue. Er hat nicht eingesehen, dass er krank ist, hat alle als seine Feinde betrachtet. Er hat mir erzählt, der Anwalt eines Mitinsassen habe es neulich geschafft, dass ein Pfleger entlassen wurde. So etwas erwartete er jetzt von mir. Aber das ist nicht mein Stil. Es nutzt dem Mandanten auch nichts. Es beschert ihm vielleicht für einen Moment ein Hochgefühl: Das war mein Anwalt, der da Stress gemacht hat! Doch in der Sache bringt es ihn

nicht weiter. Mein Mandant hat sich dann für einen anderen Anwalt entschieden. Das ist in Ordnung, wenn die Leute das Gefühl haben, mein Anwalt ist schuld, dass ich immer noch hier sitze, sollen sie es noch mit zwei, drei anderen Kollegen probieren, bis bei ihnen hoffentlich die Erkenntnis reift: Egal, welchen Anwalt ich habe, es hängt von mir ab, ob ich hier vorwärtskomme.

Haben Sie Einfluss auf die Lockerungen?
Nein, man kann höchstens regelmäßig fragen, wie es mit Lockerungen aussieht, was noch dagegen spricht. Manchmal hängt es von bestimmten Verhaltensweisen ab. Dann rede ich mit den Mandanten und sage denen: Es liegt daran und daran, und ehrlich gesagt, finde ich, dass die Klinik nicht unrecht hat, weil das und das passiert ist, und damit das nicht wieder geschieht, wollen die dies und jenes. Wenn einer beispielsweise immer wieder heimlich auf seinem Zimmer raucht statt im Raucherraum, dann sagt die Klinik: Der Patient ist nicht absprachefähig. Die Leute sollen im Maßregelvollzug lernen, die eigenen Bedürfnisse Regeln unterzuordnen. Solange sie das aber nicht einmal in ihrem Minibereich »Zimmer« hinbekommen, lässt man sie natürlich nicht raus.

Begegnen Sie im Maßregelvollzug vielen
hoffnungslosen Fällen?
Es gibt Fälle, da passiert wirklich ganz wenig, aber vieles ist inzwischen gut therapierbar. Es kommt immer darauf an, ob die Leute, die Angebote, die ihnen dort gemacht werden, wahrnehmen und ob sie anerkennen können, dass sie krank sind. Manche sind der Ansicht, das ist ein großer Irrtum. Sie seien zwar von Verrückten umgeben, selbst aber nicht betroffen. Solange die dann gegen jeden und alles kämpfen, gibt es keinen Therapieansatz und keine Verbesserung ihrer Situation. Aber bei vie-

len, die sich darauf einlassen, wird es deutlich besser, die kriegen auch Lockerungen. Eine Entlassung auf Bewährung dauert natürlich lange, das ist immer deliktabhängig. Wenn Kapitalverbrechen dahinterstecken, dauert es länger.

Die meisten Insassen dürfen also hoffen?
Mit all meinen Mandanten geht es in irgendeiner Weise voran – wenn auch manchmal nur in ganz kleinen Schritten. Diejenigen, die ich länger begleite, haben inzwischen alle Lockerungen. Selbst der Mandant, der anfangs so krank war, hat inzwischen Eins-zu-drei-Ausgänge.

Eins-zu-drei-Ausgänge bedeutet …?
Ein Pfleger, drei Patienten. Am Anfang haben die Mandanten Eins-zu-eins-Ausgänge, also ein Klinikmitarbeiter und ein Patient. Wenn das läuft, gibt es Eins-zu-drei-Ausgänge. Und wenn das über längere Zeit gut geht, gibt es auch Alleinausgänge. So habe ich einen meiner Mandanten neulich im Bus getroffen. Ich war überrascht, dachte, was macht der denn hier? Es hatte aber seine Richtigkeit.

Wir haben ja zusammen den Prozess gegen Noah N. erlebt. Meinen Sie, dass man noch andere Simulanten im Maßregelvollzug antreffen könnte?
Ich glaube, wer das durchzieht, dem geht es am Ende wie Noah N. Im Maßregelvollzug verbringt man den ganzen Tag auf einer Station mit Kranken, das darf man nicht unterschätzen. Kommt man dort als Gesunder rein, ist man umgeben von Leuten, mit denen man nicht viel anfangen kann. Man hat keine ebenbürtigen Gesprächspartner. Vielleicht findet man das am Anfang noch ein bisschen lustig. Aber wenn man das ein Jahr oder zwei erlebt hat, ist das einfach nur noch anstrengend.

Man kann sich im Maßregelvollzug nicht zurückziehen.

Richtig. Es herrscht eine unglaubliche Enge, die Tagesstruktur ist komplett vorgegeben – auch mit Beschäftigungstherapie, in der gebastelt wird. Mit solchen Angeboten können geistig Gesunde und normal Intelligente überhaupt nichts anfangen.

Hat Sie der Kontakt mit den psychisch kranken Straftätern verändert?

Nachdem ich meinen ersten Fall im Maßregelvollzug übernommen hatte, war ich tief betroffen. Mein Mandant und ich waren beide etwa im gleichen Alter, er hatte wie ich studiert. Aber nach dem Studium war es bei mir bergauf gegangen und bei ihm bergab. Ich dachte: Was für ein Schicksal, so zu erkranken! Da kann man ja nichts dafür. Auf dem Weg nach Hause war ich noch einkaufen. Dabei ging mir durch den Kopf: Du kannst essen, was du möchtest und musst nicht mit dem vorlieb nehmen, was in der Klinik angeboten wird. Es ist ein großes Glück, gesund zu sein – das mache ich mir immer wieder bewusst.

Der Feind von nebenan

Sie hatte ihre Barbiepuppe bei den Nachbarn vergessen. Als die fünfjährige Cindy ihren Liebling zurückerhielt, war der Kopf abgebrochen und notdürftig wieder auf den Rumpf gesteckt worden. »Das konnte nicht beim Spielen passiert sein«, sagt ihre Mutter Christel C. »Die war so brutal kaputt!« Sie kannte auch den Schuldigen: Es konnte nur Nachbar Eckhard E. sein. In dessen Haus ging Cindy ein und aus, seitdem sie sich vor einem Jahr mit der gleichaltrigen Emilia E. angefreundet hatte. Für Christel C. stand fest: Ihr Kind war von den Nachbarn verhext worden, sie musste es von den bösen Dämonen befreien. Seitdem sich dieses Hirngespinst in ihr Denken eingeschlichen hatte, beherrschte es ihren Alltag und damit den ihrer Familie.

Dabei hatte im Leben von Clemens und Christel C. alles so hoffnungsvoll begonnen. Vor fünf Jahren hatten der Ingenieur und die selbstständige Handwerkerin geheiratet, zwei Monate später wurde Cindy geboren. Christel C. gab ihre Berufstätigkeit auf. Bald darauf zog die junge Familie in ein großes Haus. Die beiden hatten sich zugetraut, das renovierungsbedürftige Objekt wiederherzurichten, sie hatten sich verkalkuliert: Es musste weitaus mehr repariert und umgebaut werden als vermutet, die Baukosten und die monatliche Darlehensrate überstiegen das, was Clemens C. als Alleinverdiener nach Hause brachte. Er arbeitete daher nicht nur im Schichtdienst, sondern nahm noch weitere Jobs an. Um den riesigen Rest kümmerte sich seine Frau nahezu allein: um Cindy und später noch um deren vier Jahre jüngere Schwester Celina, um den Haushalt und die Bauarbeiten.

Es war kurz vor Weihnachten und Celina ein gutes Jahr alt, als sich Christel C. zu verändern begann. Die sonst so dynamische Vierunddreißigjährige hatte jeden Elan verloren, an manchen Tagen verließ sie nicht einmal mehr das Bett. Obwohl kaum Zeit für Gespräche blieb, bemerkte Clemens C., dass es seiner Frau nicht gut ging. Gleich nach Weihnachten wollte er mit seiner Familie verreisen, er hoffte, Christel C. würde sich erholen. Doch ihr Zustand veränderte sich rapide. Ihr Denken kreiste einzig und allein um ihre Nachbarn, von denen sie sich zunehmend bedroht fühlte. Tag und Nacht stellte sie sich ans Fenster und beobachtete das Haus der Familie E. Sie registrierte jedes Detail, etwa die Weihnachtspakete, die der Postbote dorthin brachte und in denen sich etwas Böses befinden musste.

Cindy hatte den engsten Kontakt mit den Nachbarn, sie schwebte nach Ansicht ihrer Mutter in größter Gefahr. Außerdem fand es Christel C. merkwürdig, was ihr die Kleine in letzter Zeit berichtete. Wenn ihre Tochter vom Spielen mit Emilia zurückkam, durchsuchte sie Cindys Kleidung und fragte sie aus. In einem dieser Verhöre erzählte das Kind vom »Sternzeichen der Fliege«, in dem sowohl sie, Cindy, als auch Frau E. angeblich stehen. Nach einem Kindergeburtstag, den das Mädchen bei den Nachbarn gefeiert hatte, berichtete es von schwarzen Sachen, die alle Gäste angezogen hätten. Dazu habe man sich schwarz angemalt und bei rotem Licht im Kreis getanzt. Man habe ein Pfänderspiel veranstaltet. Um ihr Pfand auszulösen, habe Cindy die Nachbarin kräftig ins Ohrläppchen beißen müssen. Man habe ihr auch rote Tabletten gegeben, von denen solle sie jeden Tag eine schlucken. Die Pillen habe sie in ihrem Zimmer versteckt, erklärte das Kind. Seine Eltern fanden dort nichts, so sehr sie auch suchten.

Den ersten greifbaren Beweis für ihre Theorie, dass ihre Tochter verhext wurde, sah Christel C. dann in der beschädigten Puppe. »Ich glaubte plötzlich, unsere Nachbarn würden einer Teufelssekte angehören, sie würden Okkultismus mit Cindy betreiben«, sagt die des Totschlags an ihrer Tochter Beschuldigte vor Gericht. »Ich bildete mir ein, der Geist von Eckhard E. steckt in meinem Kind, ich wollte Cindy das Böse rausreißen.« Die zierliche Frau ist hübsch, man sieht es trotz ihrer rot geweinten Augen. Zur Verhandlung hat sie sich Papiertaschentücher mitgebracht. Ihre unablässig knetenden Hände verwandeln sie in feuchte Knäuel. Immer wieder ersticken Tränen ihre Stimme, während sie versucht, dem Gericht die Tat zu beschreiben. Nachdem ihr klar wurde, was damals geschehen war, wollte sie sich am liebsten umbringen. Immer wieder schluchzt sie: »Es war Wahnsinn!«

Angesichts der demolierten Puppe habe sie damals gedacht: »Das muss ein Zeichen sein. Die Leute haben meine Tochter verhext.« Sie wollte die Nachbarin zur Rede stellen, wollte wissen, wer das getan hatte, und nach Hinweisen auf eine Sektenzugehörigkeit der E.s suchen.

Bevor sie sich zum Nachbarhaus begab, steckte sie sich einen Button auf die Tasche, auf den sie ein Symbol gezeichnet hatte, das Hexen abwehren sollte. Emilias Mutter wunderte sich über die Besucherin, die da so aufgebracht vor ihr stand, immer wieder die gleichen Vorwürfe wegen der Puppe erhob und sich überhaupt nicht beruhigen ließ. Die Nachbarin stellte ihre Tochter zur Rede, die wollte das Spielzeug nicht angerührt haben. Emilias Mutter bot an, den Schaden zu ersetzen, auch das besänftigte Christel C. nicht. Sie glaubte vielmehr bemerkt zu haben, dass die Nachbarin die ganze Zeit ihren Button angestarrt habe. Dies gab ihrem Verdacht neue Nahrung. Jedenfalls verbot sie Cindy von nun an jeden weiteren Kontakt zu den E.s.

Aus einer Bibliothek besorgte Christel C. sich Bücher über Sekten, darunter eines über die sogenannte New-Age-Bewegung und deren Theorie vom Wassermannzeitalter. In der Nacht vor der Tragödie fand sie wieder einmal keinen Schlaf. Sie las daher in den geliehenen Büchern. Hatten die Nachbarn Emilia nicht neulich erst eine Hörspielkassette vom *Kleinen Wassermann* geschenkt?

Am frühen Morgen kehrte ihr Mann von seiner Nachtschicht zurück. Sie erklärte ihm, sich nun völlig sicher zu sein, was die Familie E. betraf. Obendrein habe sie festgestellt, dass ihre Tochter sich vor Schwarz, Rot und Gold fürchte – den Farben, in welche die Kinderparty getaucht worden war. Am besten wäre es, diese Farben restlos aus ihrem Haus zu verbannen. Ihr Mann war erschöpft, wollte nur schlafen. Er litt ebenfalls unter der Atmosphäre, die der psychiatrische Gutachter als »überspannt und depressiv« bezeichnet. Er versuchte, seine Frau von ihrer Idee abzubringen. Aber ihren heftig vorgetragenen Argumenten fühlte er sich nicht gewachsen. Und so räumten die Eltern gemeinsam schwarze, rote und goldfarbene Möbelstücke fort oder verhängten sie mit Tüchern. Es war ein aussichtsloses Unterfangen. Stunden später gaben sie auf. Stattdessen trugen sie Matratzen und Bettzeug in die leer stehende Einliegerwohnung im Erdgeschoss, die noch renoviert werden sollte. Hier wollte Christel C. mit ihren beiden Töchtern die Nacht verbringen.

Gegen acht Uhr abends rief das Paar beim Sektenbeauftragten der evangelischen Kirche an. »Wir brauchten jemanden, mit dem wir reden konnten, wir fühlten uns vollkommen isoliert«, erklärt Clemens C. dem Gericht. Er habe damals gespürt, dass etwas nicht stimmen würde, und sei empfänglich gewesen für die Argumente seiner Frau. Auch ihm kommen die Tränen, während er vom schwersten Tag seines Lebens berichtet. Im Gerichtssaal ist es totenstill. Der Pfarrer habe damals ihr Problem als nicht so dringlich angesehen und ihnen einen Termin nach den Festtagen, im Januar, gegeben. Sie waren ratlos wie zuvor.

Zwei Stunden später machte sich Clemens C. im ersten Stock des Hauses für die Nachtschicht fertig. Plötzlich rief ihn seine Frau ins Erdgeschoss. Er sah sie auf der Matratze knien. Sie hatte sich über Cindy gebeugt, schüttelte sie und redete auf sie ein: »Lass den Eckhard heraus!« Dann steckte sie dem sich sträubenden Kind ihre Finger in den Mund. Ihr Mann begriff nicht, was los war. Er fühlte zwar das Bedrohliche der Situation, wollte aber glauben, dass Cindy lediglich etwas verschluckt habe und es erbrechen solle. Instinktiv schaffte er die jüngere Tochter Celina in die erste Etage. Anschließend rief er seine Kollegen an und teilte ihnen mit, er werde sich verspäten. Als er ins Erdgeschoss zurückkehrte, kniete seine Frau noch immer über ihrer Ältesten.

»Christel rief mir zu, sie will Cindy helfen. Ich soll Vertrauen haben, sie weiß, was sie tut.« Wieder und wieder fuhr sie mit ihren Fingern in den Hals des Mädchens und schrie: »Eckhard, komm raus!« Das Kind solle »den Teufel« erbrechen. Christel C. ließ nicht von ihrer Tochter ab, selbst als die ihr in Todesangst in die Hand biss. Sie rief: »Eckhard, ich lasse dich nicht los! Du kannst mich noch so beißen!«

Die Szenerie wirkte gespenstisch, Clemens C. fühlte sich wie gelähmt. »Es war wie in einem Albtraum: Man wird verfolgt und kann nicht wegrennen, weil einem die Beine versagen.« Dann traf ihn die Erkenntnis wie ein Schlag: Nicht die Nachbarn waren die Ursache für all das, was ihm in den letzten Tagen so irreal erschienen war. Vielmehr hatte seine geliebte Frau, die fürsorgliche Mutter seiner Kinder den Verstand verloren! Er musste Cindy aus den Händen ihrer Mutter befreien!

Aber Christel C. hielt ihre Tochter fest umklammert, er kam nicht an sie heran. Seine Frau bat ihn um einem Eimer Wasser. Er holte das Gewünschte, in der Hoffnung, sie würde beim Griff nach dem Eimer den um das Mädchen lockern. Doch sein Befreiungsversuch schlug fehl. Ungehindert goss die Mutter ihrer Tochter Wasser in den geöffneten Mund. Wieder griff sie tief in Cindys Hals. Clemens C. spricht von einem »Schlüsselmoment«, als er sah, wie brutal seine Frau mit dem Kind umging. Da beschloss er, nur noch für seine Tochter und gegen seine Frau zu kämpfen – eine Entscheidung, die er viel früher hätte treffen müssen, wie der verzweifelte Vater heute weiß.

»Ich habe alle Kraft zusammengenommen, meine Frau weggeschleudert, mir Cindy gegriffen und bin mit ihr nach oben gerannt. Da habe ich gemerkt, dass sie nicht mehr atmet.« Er versuchte, sie wiederzubeleben. Kurz darauf alarmierte er die Feuerwehr. Alle Hilfe kam zu spät. Das Kind war erstickt.

Wie konnte Christel C. so etwas Ungeheuerliches tun? Der psychiatrische Gutachter zeichnet vor Gericht das Bild einer jungen Frau, die sich seit mehreren Jahren im seelischen und körperlichen Dauerstress befunden hatte. Der Haushalt, die Kinder, die anstrengenden Renovierungsarbeiten und obendrein noch Geldsorgen – unter dieser »Last der Lebensumstände« sei sie innerlich zusammengebrochen. Sie erkrankte an einer Psychose, das heißt, sie verlor zunehmend den Bezug zur Realität und fühlte ihr Kind durch den Nachbarn Eckhard E. bedroht. In diesem Sinne deutete sie alle Ereignisse und steigerte sich immer mehr in ihre irrigen Ansichten hinein. Cindy dürfte von den drängenden Fragen ihrer Mutter verunsichert worden sein, glaubt der Psychiater. Darum ging sie auf die Wahnvorstellungen von Christel C. ein – »sie spiegelte der Mutter die eigene Fremdheit«. Sie begann, seltsame Geschichten zu erzählen, wie die von den roten Tabletten und den Tänzen in schwarzen Kleidern zu rotem Licht. Alles Fantasieprodukte, wie die Nachbarin im Zeugenstand versichert. Als Christel C. ihre Tochter tötete, meinte sie, ihr Kind zu retten. Sie konnte ihr vom Verfolgungswahn beherrschtes Tun nicht steuern, erklärt der Gutachter.

Clemens C. hält zu seiner Frau: »Sie hätte Cindy niemals etwas zuleide getan, wenn sie nicht krank geworden wäre.« Regelmäßig kommen er und die mittlerweile zwei Jahre alte Celina zu Besuch in die forensische Klinik, wo Christel C. nun lebt. Der psychiatrische Gutachter lobt Christel C. als sehr kooperative Patientin. Sie nehme die verordneten Psychopharmaka und setze sich mit ihrer Krankheit sowie dem Geschehenen auseinander. Von ihren Wahnvorstellungen hat sie sich inzwischen distanziert. Es wäre gut, wenn sie bald wieder intensiveren Kontakt zu ihrer Familie hätte, meint der Gutachter. Sogar eine Rückkehr in den Beruf kann er sich für seine Probandin vorstellen. Allerdings müsse sie noch mindestens sechs Monate lang in der forensischen Klinik behandelt werden und mindestens zwei Jahre lang Psychopharmaka nehmen. Frühestens dann könne man diese absetzen. Schließlich wird ein Drittel aller Psychotiker nur einmal im Leben akut krank. Vielleicht gehört Christel C. dazu?

Die Richter sprechen die junge Frau von der strafrechtlichen Verantwortung frei und weisen sie in die Forensische Psychiatrie ein mit der Option, in sechs Monaten prüfen zu wollen, ob diese Maßnahme zur Bewährung ausgesetzt werden könne. Dann möchte Christel C. zu ihrer Familie zurückkehren, in ein neues Haus – das alte hat ihr Mann inzwischen verkauft. Der Tod der kleinen Cindy lastet schwer auf der Familie. Weinend äußert Christel C.: »Der Schmerz und die Trauer sind so riesengroß, dass ich kaum damit leben kann.« Kraft beziehe sie aus der Hoffnung, für Celina bald wieder eine richtige Mutter zu sein.

Ihr Wunsch erfüllt sich nicht, die Behandlung gestaltet sich schwieriger als gedacht. Immer wieder flackert die Psychose auf. Lange hofft Clemens C. auf eine Genesung, fünf Jahre nach Einweisung seiner Frau in den Maßregelvollzug gibt er auf. Er lässt sich scheiden – ein Umstand, der die psychisch Kranke zusätzlich destabilisiert. Es vergehen weitere acht Jahre, dann lebt Christel C. erstmals außerhalb der Klinik im betreuten Wohnen. Doch sie ist gesundheitlich so instabil, dass sie wieder in die Anstalt zurückkehren muss. Vier Jahre später versucht man es erneut. Kurz bevor ihre Tochter Celina volljährig wird, scheitert auch dieser Start in ein eigenständiges Leben.

Der Richter: »Manch einer kann die Verantwortung tragen«

Richter Peter Pohl* verspätet sich. Die Berliner Staatsanwaltschaft hat Anklage in einem spektakulären Mordprozess erhoben, die Akten sind gerade in der Geschäftsstelle eingetroffen, es gab Abstimmungsbedarf mit den Kollegen der Strafkammer, in welcher er als Beisitzender Richter arbeitet. Dort befasst sich Peter Pohl vor allem mit der Verurteilung von Mördern und Totschlägern, aber auch mit der Strafvollstreckung: Dazu gehören regelmäßige Anhörungen für Häftlinge, die vorzeitig entlassen werden möchten, Anhörungen für Süchtige, die ihren Aufenthalt in einer Entziehungsanstalt auf die Haftstrafe angerechnet bekommen wollen, und eben Anhörungen für Maßregelpatienten. Am Morgen vor unserem Gespräch hat sich die Strafkammer mit einem psychisch kranken Brandstifter beschäftigt. Peter Pohl hatte ihn vor sechs Jahren als Beisitzender Richter einer anderen Großen Strafkammer verurteilt.

So sieht man sich wieder.
Ja, es ist interessant zu sehen, was aus den Leuten wird. Der Mann war heute deutlich besser beieinander als damals, kurz nach den Taten. Man konnte sich gut mit ihm unterhalten. Er lebt in einer geschlossenen Wohngruppe in einer Außenstelle des Maßregelvollzuges und fühlt sich dort ganz wohl. Momentan trainiert er Alltagsfähigkeiten – das heißt, er kocht selbst und geht regelmäßig arbeiten.

Auf dem freien Arbeitsmarkt?

Nein, in der Regel arbeiten die psychisch Kranken in Behindertenwerkstätten. Unser Mann ist für die Anstalt in der Beschaffung tätig: Als Hausarbeiter nimmt er Lebensmittellieferungen an und stellt sie für die einzelnen Betriebsteile neu zusammen. Das macht er selbstständig, man ist mit ihm sehr zufrieden. Ehrlich gesagt: Als wir ihn verurteilt haben, hätte ich nicht gedacht, dass er jemals so weit kommt.

Weswegen waren Sie skeptisch?

Er war wenig anprachefähig, hatte autistische Züge und wusste sich bei emotionalen Belastungen nicht anders zu helfen, als zu zündeln – auch in Mietshäusern, das war hochgefährlich. Zwar hat es nur einmal richtig gebrannt, doch wie wir feststellen mussten, hat er es mehrfach versucht.

Im Maßregelvollzug hat er dann geübt zu kommunizieren?

Ja, er hat gelernt, sich mit anderen Leuten auseinanderzusetzen. Wenn er nicht bekommt, was er will, rastet er nicht gleich aus, sondern wartet auf eine zweite Chance oder nimmt sich mal zurück. Diese Entwicklung verlief nicht ohne Rückfälle. Vor einem Jahr hat er sich mal »Urlaub« gegönnt. Er ist abgehauen und Hunderte Kilometer zu einer Verwandten gereist. Er ist auch gut angekommen, scheiterte aber am Rückweg, den er nicht mehr fand. Nach diesem Ausflug musste er zurück in den geschlossenen Maßregelvollzug, erst jetzt versucht man es wieder in der Wohngruppe. Allerdings ist er seither ängstlicher geworden. Er ist nur noch zu Fuß unterwegs und nur in Regionen, in denen er sich auskennt. Deshalb möchte er noch gar nicht allein leben. An dieser Angst muss er jetzt verstärkt arbeiten.

Was genau hat ihn denn verschreckt, dass er nicht zurückgefunden hat?

Das ist schwer zu sagen. Wir wissen nicht, was er auf seiner Reise erlebt hat. Er selbst kann es nicht artikulieren. Vielleicht hat er schlechte Erfahrungen mit seinen Mitmenschen gemacht. Jedenfalls ist die Freiheit für ihn nun angstbesetzt.

Wie lange befindet sich der Mann schon in der Obhut der Forensischen Psychiatrie?

Jetzt im siebten Jahr. Es könnte das letzte sein. Anschließend wird die Unterbringung zur Bewährung ausgesetzt, damit man ihn weiter überwachen kann. Außerdem tritt von Gesetz wegen noch die fünfjährige Führungsaufsicht ein, das heißt, er wird einem Bewährungshelfer unterstellt und bekommt gerichtliche Auflagen, die er befolgen muss. Das ist bei allen so, die eine lange Haftstrafe hinter sich haben oder aus dem Maßregelvollzug entlassen werden.

Als Richter haben Sie das letzte Wort bei der Entlassung. Wie wird das abgestützt? Gibt es vorher noch ein psychiatrisches Gutachten?

Das fertigt in der Regel ein externer Gutachter an, einer, der nichts mit dem Vollzug zu tun hatte. Vor der Entlassung gibt es noch eine Anhörung – wir prüfen das noch einmal getrennt vom Gutachter. Am Tag selbst wird der Betreffende über seine Pflichten und Auflagen belehrt. Die meisten werden dann vom Führungsaufsichtshelfer abgeholt. Insbesondere beim Maßregelvollzug gibt es das nicht, dass die Entlassenen allein mit ihrem Köfferchen vorm Gefängnistor stehen, das sich hinter ihnen schließt. Bei den Justizvollzugsanstalten ist das anders.

Diese Leute sind ja nicht psychisch krank.

Da gehen die Meinungen auseinander.

**Sie haben es jedenfalls mit vielen psychisch auffäl-
ligen Menschen zu tun. Wurden Sie dafür besonders
geschult?**

Nein, es gibt keine Art von Supervision – anders als etwa bei der
Polizei. *(Ironisch.)* Richter sind offensichtlich aus anderem Holz
geschnitzt, die brauchen keine Betreuung.

**Wie gehen Sie mit den tragischen Geschichten um, von
denen Sie erfahren?**

Ich habe eine Familie und ein Privatleben *(in welchem Peter Pohl
auch Seelenreinigung betreibt, indem er sich auf unterschiedli-
che Weise für sozial Schwache engagiert; U. E.).* Manche Kollegen kommen damit weniger gut klar und müssen von Zeit zu Zeit
raus aus diesem Bereich. Gerade Schwurgericht und Strafvollstreckung macht man nicht von Anfang bis Ende seiner Karriere.
Ich bin ja noch nicht so lange dabei.

**Sie sehen aber durchaus die Gefahr, dass man die
entsetzlichen Bilder irgendwann nicht mehr los wird?**

Ich weiß nicht, ob es die Bilder sind? Schlimmer ist die Hilflosigkeit. Wir können nichts mehr für die Opfer tun. Wir können nur
noch zur Kenntnis nehmen, dass es so gewesen ist, und müssen
uns überlegen, was wir mit den Verursachern machen. Weil wir
immer zu spät dran sind, sehen wir das nur aus der Retrospek-
tive. Trotzdem ist es schrecklich.

**Sie haben es in einer Schwurgerichtskammer nicht nur
mit Tätern zu tun, sondern auch mit deren überlebenden
Opfern und den Hinterbliebenen der Toten. Wie gehen Sie
damit um?**

Das ist im Prozess oft schwer zu handhaben, man kann sie nicht
so behandeln wie etwa einen bestohlenen Ladeninhaber. Es sind

schlimme Schicksale, die man da sieht, etwa wenn Leute verkrüppelt wurden. Das ist am belastendsten.

Haben Sie das Gefühl, eine große Verantwortung zu tragen, wenn Sie die Täter wieder auf die Menschheit loslassen?
Sicher ist das eine unglaubliche Verantwortung. Der eine kann sie tragen, der andere nicht. Es kann auch nicht jeder Flugkapitän werden, nicht jeder traut sich zu, am Steuerknüppel die Verantwortung für Hunderte von Menschen zu übernehmen.

Fühlen Sie sich dieser Aufgabe gewachsen?
Grundsätzlich schon. Problematisch wird es, wenn unsere Ressourcen immer schlechter werden, wenn immer mehr Personal eingespart wird, sodass es am Ende zu Informationsdefiziten kommt und wir uns kein umfassendes Bild mehr über die Fälle machen können, weil uns die Zeit fehlt oder die Informationsketten nicht mehr vorhanden sind. Dann wird man irgendwann sagen müssen, jetzt ist das nicht mehr zu verantworten, weil wir im Nebel stochern, statt wissensbasiert zu handeln. Ich glaube, dass es in Berlin in dieser Hinsicht schlechter aussieht als in anderen Bundesländern – schlechte Ausstattung, schlecht bezahlte Richter und schlecht bezahltes Personal. Im Strafvollzug sind viele Stellen offen. Er ist daher kaum noch eine Maßnahme der Besserung, sondern fast nur noch eine der Sicherung. Man erlebt hier eiligst einberufene Vollzugsplankonferenzen, an denen nur noch wenige Leute teilnehmen. Vermerke werden immer kürzer. Und weil Bewährungshelfer Hunderte von Leuten zu betreuen haben, stellt man manchmal fest, da hat mir jetzt jemand geschrieben, der denjenigen, über den er schreibt, gar nicht kennt. Wie soll man darauf eine Entscheidung stützen? Das wird immer schwieriger. Justiz hat keine Lobby. Wir kriegen wenig Geld. Wir sind eben kein Flughafen.

Nimmt das Gericht Einfluss auf Lockerungen?

Die werden von der Anstalt beschlossen. Erst wenn es um das dauerhafte Verlassen geht, ist das die Sache des Gerichts. In der Frage, welche Patienten zum Einkaufen rausgehen dürfen, entscheidet die Anstalt selbst. Sie muss es dann auch vertreten.

Sie meinen, wenn es zu Rückfällen kommt?

Das müssen gar keine Rückfälle sein, aber Leute laufen schon mal davon, manchmal nur für kurze Zeit. Gerade hatten wir einen, der war für drei Tage draußen und hat sich so richtig zugedröhnt. Dann kommt er wieder und sagt, das habe ich gebraucht, jetzt kann ich wieder fünf Jahre bei euch bleiben.

Der hat sich volllaufen lassen ...

... hat seinen Rausch ausgeschlafen und ist wieder in die Anstalt zurückgegangen – und das war einer, der nicht wegen Alkoholproblemen untergebracht war. Es soll ihn 900 Euro gekostet haben – dafür hat er wahrscheinlich mehr als nur Alkohol bekommen. In einschlägigen Etablissements soll die Champagnerflasche teurer sein.

Das Geld war sein eigenes?

Ja, er hat niemanden geschädigt, aber so etwas mögen die Mitarbeiter der Anstalt nicht. Dann gewähren sie ihm keinen Ausgang mehr.

Wer ist vorsichtiger bei Entlassungen, das Gericht oder die Klinik?

Das ist ein Zusammenspiel, aber das Gericht ist wohl noch ein bisschen vorsichtiger. Wir wollen überzeugt werden. Wir entlassen niemanden, weil die Klinik sagt, das ist jetzt ein lieber Junge oder ein liebes Mädchen, die Maßregel ist zu beenden. Die Mitarbeiter müssen uns das genau begründen, und sie wissen, dass wir das nachprüfen. Die überlegen sich das also sehr gründlich.

Geht die Vorbereitung auf eine Anhörung schneller, wenn man die Leute und deren Fall schon kennt?
Nicht unbedingt. Von allen Seiten kommen mehrseitige Stellungnahmen mit neuen Fakten – aus dem Maßregelvollzug, vom Anwalt, von der Staatsanwaltschaft, die muss man sich vorher angucken.

Wer nimmt an den Anhörungen teil?
Drei Berufsrichter und der Verteidiger. Die Staatsanwaltschaft muss nicht, aber in der Mehrzahl der Fälle kommt sie doch, weil es bei einer Großen Strafvollstreckungskammer wichtig ist, gerade wenn es um Mörder und langzeitlich Untergebrachte geht. Die Staatsanwaltschaft stellt auch Anträge, etwa auf Fortdauer der Unterbringung oder durchaus schon mal auf »Aussetzung zur Bewährung«. Wenn sich die Anzuhörenden im Maßregelvollzug befinden, kommt oft noch ein Mitarbeiter der Klinik und erläutert uns den aktuellen Stand der Therapie. Und wenn es in Richtung Entlassung geht, wird über die Senatsverwaltung für Justiz noch die Bewährungshelferstelle eingeschaltet. Dann erzählt uns ein Bewährungs- oder Führungsaufsichtshelfer, wie er sich seine Arbeit mit dem Betreffenden vorstellt.

Wie lange dauert eine Anhörung mit einem Maßregelpatienten?
Unsere heutige Anhörung hat eine gute halbe Stunde gedauert. Die Leute sollen uns erzählen, was habe ich gemacht, was ist gewesen, was ist mir wichtig. Die sollen sich selbst artikulieren – das ist auch eine Überprüfung dessen, was in der Therapie gelaufen ist. Nur wenn sie uns das selbst erklären können, glauben

wir, dass sie es wohl verstanden haben und nicht nur irgendetwas nachplappern.

Wie viele Anhörungen finden an einem Sitzungstag in Ihrer Strafvollstreckungskammer statt?

Für die Häftlinge und die Insassen der Entziehungsanstalt setze ich immer vier Termine an, allerdings kommen manche Leute nicht.

Auch die Maßregelpatienten? Werden die nicht zu Ihnen gebracht?

Sie können sich verweigern. Theoretisch könnte man sie mit Gewalt vorführen lassen, aber das wäre Blödsinn. Gerade in der Anfangsphase, wenn sie sehr krank sind, wollen sie nicht aus ihrem Bereich raus. In diesen Fällen wäre sowieso die Fortdauer der Unterbringung angeordnet worden. Dann sollen sie lieber bleiben, wo sie sind. Manche schreiben uns Briefe, zehn, zwanzig Seiten lang. Sie können sich schriftlich besser ausdrücken als mündlich. Auch das sind Stellungnahmen.

Kann man eine Anhörung in Abwesenheit des Betreffenden durchführen?

Wir müssen ihm die Möglichkeit geben, zu uns zu kommen. Wir können aber sagen, er hat sich nicht vorführen lassen, hier gibt es eine Stellungnahme von ihm – wir entscheiden nach Aktenlage. Das ist selten. Eher drücken sie sich aus Angst.

Die meisten nehmen die Chance der Anhörung wahr?

Die meisten kommen, und sei es nur, um zu hören, was wir von ihnen erwarten, was sie noch schaffen müssen, welches Ziel sie sich noch setzen müssen. Die Therapeuten begrüßen diese richterliche Ansprache sehr – wir treten im Leben der Maßregelpatienten nur selten auf und genießen schon deswegen eine gewisse Autorität. Wenn wir ihnen sagen, sie müssen noch das und das erledigen, bevor wir sie rauslassen können, ist das besser, als wenn sie das von denen hören, die täglich mit ihnen umgehen.

Ist eine Anhörung immer nicht öffentlich?
Das ist sie von Gesetz wegen. Bestimmten Menschen können wir die Anwesenheit gestatten, etwa Therapeuten und Betreuern. Sollten Angehörige mitgekommen sein, befragen wir die auch gerne. Das verlängert die Anhörung, bringt uns aber ein umfangreicheres Erkenntnisbild. Schließlich ist die Entscheidung für eine Entlassung eine rein prognostische Entscheidung. Da sollte man die Faktoren kennen. Sind die Angehörigen die umfeldbestimmenden Menschen, dann würden wir gern vorher wissen, ob das Leute sind, die stützen oder eher stressen.

Also werden in einer Anhörung sogar Zeugen gehört?
Ja, es läuft weniger förmlich als in einem Strafprozess, also ohne Belehrung oder Vereidigung. Die Angehörigen profitieren von diesem Gespräch, wenn man bedenkt, dass mit den Untergebrachten sehr viel therapeutisch gearbeitet wird, nach außen jedoch nicht zu erkennen ist, dass es vorangeht. Die kleinen Erfolge kriegen Angehörige bei ihren Besuchen kaum mit. Wenn man ihnen erklärt, jetzt geht er dort arbeiten und hat dies und das dazugelernt, merken die Angehörigen, es passiert etwas. Dieses Gespräch wirkt motivierend, selbst wenn wir die Leute nicht rauslassen können. Wir geben den Angehörigen mit auf den Weg: Wir Richter interessieren uns dafür, was mit Ihrem Sohn, Ihrer Tochter, Ihrem Bruder oder Ihrer Schwester passiert. Wir gucken uns das genau an, bitte kümmern Sie sich weiter! Das ist wichtig, damit die Untergebrachten nicht völlig entwurzelt werden. Von sich aus schaffen sie es meist nicht, die familiären Kontakte zu halten.

Wie reagieren die Maßregelpatienten, wenn man ihnen Jahr um Jahr sagen muss, wir können Sie nicht rauslassen?

Sie sind enttäuscht. Manche wissen von dieser Entscheidung bereits, bevor sie zu uns kommen. Sie haben dann schon von ihren Ärzten erfahren: Das dauert noch ein bisschen. Enttäuscht sind vor allem diejenigen, die medikamentös relativ gut eingestellt sind, aber alle zwei Monate Schwankungen haben oder noch nicht zuverlässig genug ihre Tabletten einnehmen. Die fühlen sich unter Medikamenten wunderbar und können nicht verstehen, warum wir meinen, eine Zuverlässigkeit von sechs Wochen reicht uns noch nicht, gemessen daran, dass sie fünf, sechs Jahre gebraucht haben, um dorthin zu kommen. Da muss man sie motivieren und ihnen sagen: »Halten Sie durch! Wir gucken uns das wieder an, beim nächsten Mal haben Sie realistische Chancen!«

Kommt es häufig vor, dass die Patienten sich falsch einschätzen?

Immer wieder. Und das nimmt schon mal kuriose Formen an. Manchmal setzt sich einer vor uns hin und sagt: »Also wir können über alles reden, nur über meine Krankheit nicht. Mir geht es nämlich im Augenblick nicht so gut.« Dann sagen wir: »Ihre Krankheit ist das Wichtigste!« – »Da gibt es nichts Neues zu berichten!« – »Dann können wir Sie nicht rauslassen!« – »Na, dann eben nicht!« Andere behaupten uns gegenüber, jetzt gesund zu sein. Dann stellt man ihnen zwei, drei Fragen, und sie merken, wie sie sich mit ihren Antworten verraten, dass sie eben noch bestimmte wahnhafte Wahrnehmungen haben. Das wollen sie nicht zugeben. Dann werden sie sauer, stehen auf und sagen: »Ich gehe jetzt.« Ich kann das verstehen. Diese Leute wissen, solange sie nicht den nötigen Realitätsbezug haben, kommen sie nicht raus. Psychisch Erkrankte sind nicht dumm. Im Gegenteil, es sind oft sehr intelligente Menschen.

Wie fühlen Sie sich dabei?

Das tut einem leid. Diese Menschen können nichts dafür, dass sie krank sind. Jeden von uns kann eine psychische Krankheit erwischen. Diese Menschen haben im Vergleich zu gewöhnlichen Straftätern nichts Böses getan, also nicht gedacht, jetzt raube ich eine Bank aus oder betrüge alte Omas, sondern wurden Opfer ihrer eigenen Erkrankung. Trotzdem stellen wir Anforderungen an sie, weil wir die Allgemeinheit schützen wollen. Das ist hart, aber leider sehe ich keine Alternative dazu.

Jeder andere Kranke muss natürlich auch seine Krankheit tragen.

Ja, aber körperlich Erkrankten wird nicht die Freiheit entzogen.

In den Anhörungen haben Sie die Erfahrung gemacht, dass Ihre Gesprächspartner ungern über ihre Krankheit sprechen.

Generell wird in der Öffentlichkeit ungern über dieses Thema gesprochen. In Medienberichten tauchen psychisch Kranke nur auf, wenn sie grausame Taten begangen haben. Allerdings sind solche selbst bei den Insassen der forensischen Psychiatrie die Ausnahme. Es gibt viele, die nur harmlose Delikte begangen haben.

Sind Maßregelpatienten nicht diejenigen, von denen eine gewisse Gefährlichkeit ausgeht?

Ja, aber das heißt nicht, dass bereits etwas Schlimmes passiert sein muss. Unser Brandstifter, den wir heute angehört haben, hatte nur wiederholt seine Matratze angezündet. Da wollte man nicht warten, bis so ein Brand mal auf das ganze Haus übergreift.

Hatten Sie schon mal vor Leuten aus dem Maßregelvollzug Angst?

Angriffe habe ich noch nicht erlebt. Es kommt schon vor, dass einer seinen Unmut herausbrüllt, wenn er hört, dass er noch bleiben muss, was man nach einer Anzahl von Jahren sogar verstehen kann. Aber eher wollen sie mit uns diskutieren.

Für Claudia nur das Beste

300 Euro investierte Fernando F. in seine Traumfrau: Für 50 Euro kaufte er sich einen Spielzeugrevolver, 15 Euro kostete ihn die nach dem gleichnamigen Horrorfilm gestaltete *Scream*-Maske. Außerdem mietete er sich ein Auto und besorgte sich zwei Koffer – schließlich konnte er die kostbaren Kleider nicht mit bloßen Händen durch die Gegend tragen! So ausgerüstet, steuerte er ein Brautmodengeschäft an. Er verließ es, kaum dass er es betreten hatte. »Da waren zu viele Leute«, sagt der aus Mozambique stammende Schwarzafrikaner vor Gericht. »Deshalb bin ich zum Juwelier gefahren.« Es war kurz vor Geschäftsschluss, im Laden befanden sich nur der Inhaber und eine Angestellte. Fernando F. maskierte sich, zückte den Revolver, betrat den Laden, forderte: »Hochzeitsringe!«, und hielt dem Juwelier eine Plastiktüte hin. Der behielt die Nerven und zeigte zunächst nur ein einzelnes Paar Ringe. Doch der Maskierte forderte: »Mehr, mehr!« und deutete in Richtung Schaufenster. Geistesgegenwärtig erkannte der Inhaber, dass ihn der Räuber nicht sehen konnte, während er in der Auslage hantierte. Er nutzte die Gelegenheit, und signalisierte einem Passanten, die Polizei zu rufen. Als er schließlich alle im Laden befindlichen 124 Ringpaare im Wert von 57 000 Euro eingesammelt hatte, übergab er Fernando F. die Tüte. Der verließ mit seiner Beute den Laden. »Leider kam ich nicht weit«, sagt der Beschuldigte während des Sicherungsverfahrens. »Vor der Tür wartete die Polizei.«

Vor vierzehn Jahren war der damals Achtzehnjährige als Vertragsarbeiter in die DDR gekommen. Im Braunkohlentagebau machte er eine Ausbildung zum Maschinisten. Nach der Wende schlug er sich mit Jobs als Fabrikarbeiter, Straßenreiniger, Gärtner und in den letzten beiden Jahren als Bauarbeiter durch. Auf dem Bau begann er zu trinken. Das wurde so schlimm, dass sich seine Freundin, mit der er sechs Jahre zusammen gewesen war, von ihm trennte. Fernando F. war traurig und einsam. Bis er vor vier Jahren seine neue Traumfrau gefunden hat. Eine hinreißend schöne Blondine. Das erste Mal hat er sie auf einem Foto gesehen, es war Liebe auf den ersten Blick. Ihr Name: Claudia Schiffer. Seither lebt er nur für sie. An einem Sommertag sah er einmal einen Hubschrauber, der stieg vor ihm auf und verschwand dann wieder. Zunächst hatte er geglaubt, ein Politiker müsse darin gesessen haben. Später wurde ihm klar, dass es nur Claudia gewesen sein könne, die ihn beobachtete. »Sie will mich heiraten, deshalb bekomme ich im Restaurant auch nur kleine Portionen. Ihr zukünftiger Mann muss schlank sein«, erklärt Fernando F. Einmal habe er mit einem Freund ein Bier trinken wollen, aber sein Glas sei von seinem Tisch verschwunden, noch bevor er es habe austrinken können. Er hatte verstanden: Seine Zukünftige wollte nicht, dass er Alkohol konsumiert. Sie mag auch keine Armeehosen, weiß Fernando F. Einmal sei er Claudia auf dem Arbeitsamt begegnet, da habe er eine solche getragen. Er habe seine Angebetete dann aus den Augen verloren und sie überall gesucht, sogar auf den Gleisen der S-Bahn. »Meine Hose hätte ihr nicht gefallen, da habe ich sie lieber ausgezogen.« Nackt irrte er herum, bis er von der Polizei aufgegriffen und in ein psychiatrisches Krankenhaus gebracht wurde. Den Ärzten erzählte er von seinen Gesprächen und seinen Begegnungen mit der Traumfrau. Sie attestierten ihm damals ein paranoid-halluzinatorisches Syndrom in Form eines Liebeswahns. Er wurde unter Betreuung gestellt und bekam Neuroleptika, die er wegen der Nebenwirkungen nur unregelmäßig einnahm. So blieb das schöne blonde Model in seinem Leben und Denken präsent.

»Wie hatten Sie sich das mit der Hochzeit vorgestellt«, erkundigt sich die Richterin.

»Erst wollte ich Claudia drei, vier Hochzeitskleider holen.«

»Hätte ein Kleid nicht gereicht?«

»Nicht bei Claudia! Ich wusste ihre Größe nicht, und passen sollte es schon.« Das sei der Grund gewesen, warum er sich beim Juwelier nicht mit nur einem Paar Ringe abspeisen ließ. »Sie sollte sich einen aussuchen. Claudia ist sehr wählerisch.«

»Sehnen Sie sich immer noch nach ihr?«

»Seit ich in der Klinik bin, nicht mehr so sehr, aber ich glaube, dass sie irgendwann zu mir kommt.«

Dieses Verlangen sei ihm selbst manchmal unheimlich, andererseits sei es doch normal, sich nach Liebe und Zuneigung zu sehnen?

Die psychiatrische Gutachterin spricht davon, dass der Liebeswahn von Fernando F. wohl nie mehr geheilt, sondern lediglich gehemmt und »entaktualisiert« werden könne. Der Räuber sei schuldunfähig und allgemeingefährlich – wegen seiner unberechenbaren Liebe zu dem Topmodel, deren Stimme er immer noch höre – zurzeit aus dem Radio.

Ein Jahr nach dem Prozess endet die Aufenthaltserlaubnis des Schwarzafrikaners. Trotz seiner psychischen Krankheit wird er in seine Heimat abgeschoben.

Modenschau mit einer Leiche

Der Dieb hatte bei seinem Einbruch einiges aus der Wohnung mitgehen lassen – Sparbücher, Kreditkarten, Geldbörsen, den Autoschlüssel, eine Herrenuhr. Besonders viel hatte Dennis D. aus dem Kleiderschrank von Veronika V. gestohlen. Der Achtundzwanzigjährige entwendete ein Kostüm, mehrere Kleider, Blusen, T-Shirts, Hemden, Bodys, Büstenhalter, Strumpfhosen sowie jede Menge Schuhe: sechzehn Paar Pumps, drei Paar Sandaletten und zwei Paar Badelatschen. Dennis D. war vom Dachboden aus in die darunter befindliche Wohnung der V.s eingedrungen und hatte dann das Diebesgut in seine Wohnung zwei Etagen tiefer getragen und seiner Sammlung hinzugefügt.

Davon ahnte Veronika V. nichts, als sie dem schmächtigen, jungen Mann ein halbes Jahr später begegnete, ihm einen »Guten Abend!« wünschte und sich bedankte, weil er ihr die Haustür aufgehalten hatte. Die siebenundvierzigjährige Grundschullehrerin wollte gerade das Licht im Hausflur anschalten, als ein Hammer auf ihrem Hinterkopf aufschlug. Sie fiel zu Boden. Dennis D. zog die leise stöhnende Frau in eine Nische neben dem Treppenaufgang. Er nahm ein herumliegendes Brett und drückte es gegen ihren Kehlkopf – so lange, bis sie tot war.

Hastig versteckte er die Tote zunächst hinter mehreren Spanplatten, die er vor die Nische stellte. Anschließend wischte er die Blutflecken im Hausflur auf. »Dann bin ich erst mal in meine Wohnung gegangen, habe einen Saft getrunken und eine geraucht«, erzählt er dem Richter. Er wartete zwei Stunden, bis er sich gegen Mitternacht wieder in den Hausflur wagte. Dort wickelte er sein Opfer in ein Stück Auslegeware, verschnürte das Ganze mit einem Lautsprecherkabel und trug die Leiche in seine Küche. Die Tat und der Transport hätten ihn erschöpft, er sei sofort schlafen gegangen.

Erst am nächsten Morgen widmete er sich der Toten. Im Wohnzimmer setzte er sie auf einen Sessel. Unter ihren blutbeschmierten Kopf klemmte er eine Schüssel – »damit der Sessel nicht schmutzig wird«. Dann entkleidete er sie vollständig und zog ihr jene Sachen an, die er ein halbes Jahr zuvor aus ihrer Wohnung entwendet hatte. Fast drei Tage lang war Dennis D. damit beschäftigt, der Leiche immer wieder neue Strumpfhosen und Schuhe anzuziehen. Es erregte ihn, der Toten die Zehennägel zu lackieren und ihre beschuhten Füße gegen den Ofen zu halten, bis diese versengten. All diese fetischistischen Rituale hielt er auf Video fest.

Den Heiligen Abend wollte er eigentlich bei seiner Mutter verbringen. Doch mittlerweile hatte sich die Polizei auf die Suche nach der Vermissten begeben und im Hausflur Blut entdeckt. Die Spur endete im zweiten Stock, vor der Wohnungstür von Dennis D. Erst als die Beamten bei ihm klingelten, sei er aus seinen Fantasien aufgetaucht, sagt der Angeklagte. In diesem Moment habe er realisiert, dass er ein Mörder sei. »Ich wollte mit dieser Schuld nicht leben. Da habe ich in der Küche ein Messer genommen und mir ins Herz gestoßen.« Bis die Polizisten die Wohnungstür aufbrachen, hatte er bereits mehrmals zugestochen. Nur knapp konnten die Notärzte sein Leben retten.

Bei der Wohnungsdurchsuchung entdeckten die Beamten die Sammlung mit Frauenkleidung. Über vierhundert Paar Schuhe hatte Dennis D. zusammengetragen. Bereits als Kind soll er heimlich die Kleider seiner Mutter getragen haben. Sie hielt ihren Sohn auf Distanz, vielleicht war dies sein Weg, die vermisste Nähe zu ihr herzustellen. Der psychiatrische Gutachter ist sich sicher: »Dennis D. hat zu wenig Liebe in der Familie bekommen.« Die Eltern hätten sich nicht viel mit dem Jüngsten von drei Geschwistern beschäftigt. »Ihm wurden die Gefühle ausgetrieben«, er sei emotional gestört und kaum in der Lage, »Freude, Trauer, Schmerz und Wut zu erleben«. Nur schwer könne er sich in die Gefühle seiner Mitmenschen hineinversetzen, Frauen würden »ihn irritieren«.

Als er in die Pubertät kam, entdeckte er, dass ihn das Tragen von weiblicher Kleidung sexuell erregte, besonders Schuhe reizten ihn. Er ging in den Wald, um sie anzuziehen, kombinierte sie mit Strumpfhosen und Reizwäsche, manche Paare zerstörte er auch. Nachschub besorgte er sich aus Altkleidercontainern und durch Diebstähle in Schuhgeschäften, in die er sogar einbrach. Dreimal stand er wegen Diebstahls vor Gericht, doch seine Obsession wurde dadurch nicht geringer – im Gegenteil, auch das Stehlen sei ein angenehmer Nervenkitzel gewesen. In den letzten Jahren habe er dann zunehmend Gefallen an Pornos und Horrorfilmen gefunden, besonders solchen, in denen Frauen gequält und getötet würden, erzählte Dennis D. dem psychiatrischen Gutachter. Über dreihundert Videos fand man in seiner Wohnung, darunter auch Aufnahmen, die Dennis D. von sich selbst gemacht hatte: Da posiert er in Frauenkleidung vor einem Spiegel, bespritzt sich mit Ketchup und spielt mit einem Messer Sequenzen aus Horrorfilmen nach. Der Gutachter spricht von einer »abgespaltenen, im Alltag unsichtbaren, destruktiven Aggressivität, die in sexualisierter Form als Sadismus auftritt«. Dennis D. spürte, dass sich sein Sexualverhalten immer weiter von allen Normen entfernte, doch traute sich der schüchterne Mann nicht, mit irgendjemandem darüber zu reden: »Es war mir peinlich«, gesteht er vor Gericht. Peinlich war ihm auch sein beruflicher Misserfolg – zwar hatte er nach acht Jahren Schule eine handwerkliche Ausbildung abgeschlossen, wechselte danach aber ständig seine Arbeitsverhältnisse. Zwei Versuche, sich selbstständig zu machen, scheiterten. In den letzten Jahren war Dennis D. arbeitslos und konnte sich den ganzen Tag lang mit seinen sexuellen Obsessionen beschäftigen.

Der Angeklagte leide an »einer schizoiden Persönlichkeitsstörung sowie sexuellem Fetischismus gepaart mit Sadomasochismus«, erklärt der Psychiater. Dies hätte zur Tatzeit zwar nicht sein Bewusstsein beeinträchtigt, denn ihm sei das Verbotene seines Tuns sehr wohl bewusst gewesen, da er sich nach eigener Aussage für seine Tat geschämt habe. Die sexuelle Erregung sei aber stärker gewesen. Der Sachverständige bescheinigt ihm ein beeinträchtigtes Hemmungsvermögen und damit eine verminderte Schuldfähigkeit. Außerdem empfiehlt er die Unterbringung im Maßregelvollzug.

»Er würde es immer wieder tun«, davon ist der Psychiater überzeugt.

Die Richter folgen dem Vorschlag des Gutachters: Aufgrund der verminderten Schuldfähigkeit des Angeklagten gibt es für den Einbruchdiebstahl nur zwei Jahre Haft und weitere zehn Jahre wegen des Mordes an der Lehrerin. Summa summarum soll Dennis D. mindestens elf Jahre die Freiheit entzogen werden. Noch am Tag der Urteilsverkündung zieht er von der Justizvollzugsanstalt in die Forensische Psychiatrie.

»Ich hoffe, dort von meiner Krankheit geheilt zu werden«, hatte er sich vor Gericht gewünscht. Doch inzwischen lebt Dennis D. seit über vierzehn Jahren im Maßregelvollzug – ohne große Aussicht auf Lockerungen oder gar Entlassung. Er nimmt ein triebdämpfendes Medikament, dadurch treten seine sexuellen Fantasien in den Hintergrund. Völlig verschwunden sind sie nicht, obwohl sich Dennis D. in der Einzeltherapie immer wieder mit seiner Tat und seiner Schuld beschäftigen muss. Vielleicht würde er von einer Gruppentherapie für Sexualstraftäter profitieren, die in seiner Klinik angeboten wird. In dieser setzen sich etwa sechs bis acht Patienten drei Jahre lang unter der Anleitung von zwei Therapeuten mit ihrem Delikt und der Verhinderung eines Rückfalls auseinander. Sie besprechen Fragen wie: »Was habe ich getan?« – »Woran merke ich, wenn es bei mir wieder losgeht?« – »Wie kann ich das stoppen?« – »Was sind meine sexuellen Fantasien?« Und: »Wie geht es meinem Opfer nach der Tat?« Die Patienten würden sehr kritisch miteinander umgehen, kritischer als sie es von den Therapeuten gewöhnt seien, meint eine forensische Psychologin. Die Gruppenmitglieder würden sofort merken, wenn einer seine Tat zu beschönigen suche. Diese ehrliche Konfrontation erreiche die Patienten besser, darum sei diese Therapie effektiver als Einzelgespräche. Aber viele Patienten hätten Angst vor der Gruppe, sie würden sich schämen, über ihre Delikte zu sprechen und befürchten eine Diskriminierung wegen ihrer sexuellen Fantasien. Auch Dennis D. konnte sich bislang nicht zu dieser Therapie entschließen.

Die Psychotherapeutin:
»Das läuft bei mir als Parallelspur im Hintergrund«

Alexandra Koch studiert zunächst Psychologie und absolviert anschließend eine Ausbildung zur psychologischen Psychotherapeutin mit dem Schwerpunkt Verhaltenstherapie. Seit sieben Jahren arbeitet sie als Psychotherapeutin im Berliner Krankenhaus des Maßregelvollzugs, wo sie seit fünf Jahren die Patienten mit Persönlichkeitsstörungen betreut. Dazu zählen auch die Sexualstraftäter.

Ihre Patienten kommen durch eine Straftat in den Maßregelvollzug. Wie sind Sie als Psychologin hierhergekommen?
Mich hat die Arbeit mit Sexualstraftätern interessiert, darum habe ich ein Praktikum im Maßregelvollzug gemacht. Dort musste ich feststellen, dass die Sexualstraftäter hier nur einen kleinen Prozentsatz ausmachen, die meisten Patienten sind schizophren.

Das ist vielleicht ganz gut, oder? Sexualstraftäter zählen doch zu den eher hoffnungslosen Fällen.
Das Problem ist die Heilbarkeit. Wir können die sexuelle Ausrichtung nicht verändern, wir können diesen Patienten nur die eigene Gefährlichkeit bewusst machen und mit ihnen Kontrollmechanismen entwickeln – im Idealfall.

Wie lange dauert die Therapie von psychisch kranken Straftätern?

Das kommt immer auf das Delikt an. Sogenannte »Eierdiebe«, die vielleicht öfter jemanden um Zigaretten angebettelt und dann noch ein, zwei Ladendiebstähle begangen haben, die können nach wenigen Monaten die ersten Ausgänge bekommen – das heißt, wenn sie sich regelkonform verhalten, keine Handys einschmuggeln oder Drogenrückfälle haben. Es gibt aber Patienten, die im Maßregelvollzug sterben.

Wie muss man sich Ihre Arbeit vorstellen?

Meine Arbeit ist sehr therapieorientiert: Zu siebzig, achtzig Prozent führe ich Einzelgespräche, mit etwa zehn bis zwanzig Patienten. In Konferenzen und Visiten bespricht sich unser Team aus Ärzten, Psychologen und Sozialarbeitern. Damit wir immer eine Linie haben, stimmen wir uns mit den Pflegekräften ab – die sind dichter an den Patienten dran als ich. Ich spreche ja nur einmal in der Woche intensiv mit ihnen. Wir kooperieren auch mit den Arbeits- und Beschäftigungstherapeuten, denn gerade die Patienten mit Persönlichkeitsstörungen neigen zur Spaltung: Die erzählen hier das eine und dort das andere.

Die Kranken sind hier nicht freiwillig. Wie motivieren Sie sie für die Therapie?

In der Aufnahmestation wird der Patient einige Wochen lang beobachtet, danach wird er auf eine spezifische Therapiestation verlegt. Zu diesem Zeitpunkt sind die meisten bereits gut medikamentös eingestellt. Sie haben eine Vorstellung davon, was sie getan haben, und wurden dafür vom Gericht verurteilt. Viele Patienten sagen, ich bin unschuldig. Dann bespricht man gemeinsam das Urteil, was stimmt, was stimmt nicht? Welche Meinung hat der Patient? Vielleicht ist ja doch etwas dran? Andere Patienten sagen: »O Gott, ich habe etwas Furchtbares getan, ich will alles tun, damit es nie wieder passiert.« Die sind hoch motiviert.

Wenden Sie Tricks an, um die weniger Motivierten zu erreichen?
Das läuft oft übers Zwischenmenschliche. Im Gespräch mit mir denken sich die Patienten, das ist eine Nette, die hört mir zu, mit der kann man sogar über Alltägliches sprechen. Aber es dauert etwa ein Jahr, bis zwischen uns das Vertrauen so groß ist, dass ich mit den Patienten über ihr Delikt reden, es »bearbeiten« kann.

Das fällt sicherlich nicht allen leicht?
Viele fühlen sich schuldig und schämen sich unheimlich, deshalb ist es so schwer, über manche Dinge zu sprechen. Wobei man bei der Deliktbearbeitung differenzieren muss: Bei der Therapie von Patienten mit Persönlichkeitsstörungen ist diese essenziell. Psychotiker sind dagegen sehr fragil. Die haben ihre Delikte begangen, weil sie die Realität verkannt haben. Bei denen geht es zunächst um die medikamentöse Behandlung. Wenn die anschlägt, kann man mit vielen gar nicht über ihre Delikte reden. Ich nenne Ihnen ein Beispiel: Ein Schizophrener hat im Wahn seinen Vater umgebracht, er dachte, der Vater sei ein roter Drache. Aufgrund der Medikamente klart er auf und stellt fest, was habe ich getan? Dann ist das Suizidrisiko unheimlich hoch. Da muss man vorsichtig herausfinden, was man besprechen kann.

Wenn sich Patienten umbringen, ist die Therapie gescheitert. Fragt man sich dann, was habe ich falsch gemacht?
Je länger man in dem Beruf ist, umso mehr lernt man, sich abzugrenzen. Den Job könnten Sie nicht lange machen, wenn Sie sich jeden Einzelfall zu Herzen nehmen. Mir ist es persönlich noch

nicht passiert, dass sich einer meiner Patienten umgebracht hat. Das wäre furchtbar.

Bleiben wir bei dem Fall des Psychotikers, der begriffen hat, was er getan hat. Wie gehen Sie weiter vor?

Wir müssen diese Patienten zu Experten für ihre Erkrankung ausbilden – das nennt man Psychoedukation. Die Betroffenen müssen ihre Medikamente akzeptieren. Sie müssen wissen, was passiert, wenn sie keine nehmen, und dass sie im Wahn eine Gefahr für andere darstellen. Sie sollen die Frühwarnzeichen einer Psychose erkennen und wissen, was zu tun ist, wenn es wieder losgeht und wie sie sich vor einer Psychose schützen können.

Wenn Sie mit Ihren Patienten über deren Delikte sprechen, müssen Sie über viele unschöne Details reden. Wie verkraften Sie das?

Es hat eine Weile gebraucht, bis ich gelernt habe, mich abzugrenzen. Zum Beispiel, wenn ich mit einem Patienten über dessen Tötungsfantasien spreche und dabei erfahre, er hat schon mal das Bedürfnis verspürt, mich umzubringen. Wenn ich mich nicht abgrenzen könnte, würde mich das wohl ziemlich erschrecken.

Wie schaffen Sie das?

Im Laufe des vertrauensbildenden Prozesses zeigt sich der Patient von verschiedenen Seiten. Oft ist er böse oder gereizt, aber wenn ich einmal mit einem Patienten einen Moment hatte, in dem er schwach und hilflos war, kann ich mir dieses Bild immer vor Augen führen, selbst wenn er sich völlig daneben benimmt. Ich sage mir dann, okay, es geht ihm gerade nicht gut, doch er hat noch eine andere Seite. Das läuft bei mir im Hintergrund als Parallelspur und hilft mir, seine Ausfälle nicht persönlich zu nehmen.

Die Wut der Patienten könnte sich körperlich gegen Sie richten. Wie schützen Sie sich davor?

Wir haben alle einen Pieper, mit dem wir Alarm auslösen können, auch einen stillen, den der Patient nicht mitbekommt. In den Büros sind außerdem noch Knöpfchen. In den letzten fünf Jahren gab es nur einmal eine Situation, wo ich kurz davor war, darauf zu drücken.

Was war da passiert?

Es kommt schon mal vor, wenn auch selten, dass sich ein Patient so in seine Wut hineinsteigert, dass er alles um sich herum vergisst und unberechenbar wird. In solchen Momenten kann man nur beruhigend auf ihn einwirken.

Wie tun Sie das?

Ich bespreche mit jedem Patienten in den ersten Therapiestunden, dass wir respektvoll miteinander umgehen, uns nicht anschreien und einander zuhören. Ich erkläre ihm, wenn Sie mich anschreien, bekomme ich vielleicht Angst vor Ihnen. Wenn ich Angst habe, kann ich mich nicht konzentrieren. Dann müssen wir das Gespräch abbrechen, damit sich jeder beruhigen kann. Danach sprechen wir noch einmal darüber. In der konkreten Situation erinnere ich den Patienten dann nur noch an unsere Vereinbarung.

Diese Vereinbarung wiederholen Sie wie ein Mantra?

Immer mal wieder, wenn Patienten unverschämt werden, weil sie sich vielleicht falsch behandelt fühlen. Dann muss man ihnen die Grenzen aufzeigen und sie daran erinnern, wo sie sich befinden. Hinzu kommt, dass die meisten Patienten ein Problem mit Frauen haben. Wenn ein Mann ihnen etwas sagt, ist das in Ordnung. Bei einer jungen Therapeutin testen sie erst mal, wie weit sie gehen können. Oder kann man vielleicht flirten?

Was macht man dann? Es gab ja mal eine Therapeutin in Hamburg, die sich in einen psychisch kranken Frauen-Serienmörder verliebt hat. Sie verhalf ihm zur Flucht aus dem Maßregelvollzug und heiratete ihn später ...

Ich finde so etwas völlig abwegig. Die Patienten sind Schutzbefohlene, das ist ein Abhängigkeitsverhältnis, da bin ich in der Verantwortung. Wenn ich merke, der hat irgendwelche Fantasien im Kopf, rede ich mit ihm über unsere Beziehung, und die ist therapeutisch und nicht sexuell. Ich sage das ganz offen. Damit können die meisten besser umgehen, als wenn ich darüber hinweggehe. Die Patienten können an diesem Thema auch lernen, Konflikte zu lösen. Wie lerne ich, etwas anzusprechen? Wie stelle ich Fragen? Wie gehe ich damit um, wenn ich mal nicht weiterweiß?

Ich habe gehört, dass die Geschlechter bei Ihnen in der Klinik gemischt untergebracht sind.

Das ist kein Standard. Wir haben eine Frauen-Aufnahmestation, dort sind auch männliche Psychotiker mit schweren Delikten untergebracht, die allerdings keine Frauenproblematik haben. Im Hofgarten lässt es sich ebenfalls nicht verhindern, dass Männer und Frauen miteinander Kontakt haben. So kommt es mal vor, dass sich eine Beziehung von unserer Station zu einer Frau von der Nachbarstation entwickelt. Das bedeutet nicht, dass die sich öfter sehen dürfen als andere Patienten. Manche wollen dann heiraten, um das zu erzwingen. Wir schauen, wie sich diese Beziehung entwickelt, und sprechen darüber in der Therapie. Das Paar kann sich im Hofgarten oder unter Aufsicht im Besucherraum sehen. Wir handhaben das ganz individuell, schließlich wollen wir keine Frau irgendeiner Gefahr aussetzen.

Wie läuft das mit den Lockerungen, wer vergibt die?

An dieser Entscheidung sind immer mehrere beteiligt. Um eine erste Lockerung zu bekommen, muss ein Patient mit Persönlichkeitsstörungen ein Bild von sich und seiner Tat haben und eine Idee davon, was er selbst tun kann, um seine Gefährlichkeit zu reduzieren. Er muss Kontrollmechanismen entwickelt haben. Die Deliktbearbeitung muss zumindest in den Anfängen begriffen sein. Diese hat immer das Urteil zur Grundlage.

Das Urteil muss nicht in allen Punkten der Wahrheit entsprechen.

Ich finde es wichtig, dass der Patient aus seiner Sicht erzählt, was passiert ist. Dann gucken wir uns das Urteil an und stellen diese beiden Sichtweisen quasi gegenüber. Der Patient soll überlegen, habe ich der Frau vielleicht Angst gemacht, indem ich unter den Autositz gefasst habe? Dort lag vielleicht kein Messer, aber ist es möglich, dass mein Verhalten auf sie bedrohlich gewirkt hat? Über solche Sachen soll er nachdenken. Dann guckt man weiter: Was war am Tag des Delikts? Wie ging es mir in der Zeit davor? Wie habe ich mich während meiner Tat gefühlt? Was war danach? Was macht mich für andere Menschen so gefährlich?

Das klingt nach einem mühseligen Prozess.

Die Therapie dauert sehr, sehr lange. Sie haben hier im Maßregelvollzug relativ wenig Erfolg im Sinne von Heilung. Dennoch gibt es einige Patienten, die sehr viel für sich erreichen. Das ist einfach schön, wenn Sie so jemanden begleiten und sehen, der macht Fortschritte. Da kann ich mich immer wieder freuen.

Was heißt »viel erreichen« konkret?

Ich habe zum Beispiel einen pädophilen Patienten. Dem sind Kontakte egal, der legt wenig Wert auf menschliches Miteinander. Anfangs war unsere Kommunikation unheimlich mühselig, ich habe erst einmal Übungen mit ihm dazu gemacht. Damals dachte ich, o Gott, wo soll ich da ansetzen? Jetzt arbeite ich mit diesem Patienten seit fünf Jahren. In dieser Zeit hat er tatsächlich zwischenmenschliche Beziehungen schätzen gelernt. Im Kontakt zu mir wurde er weicher, wurde generell ein bisschen entspannter und traute sich öfter mal was. Er hat Vertrauen geschöpft, konnte dadurch sein Delikt bearbeiten und sich auf ein soziales Kompetenztraining einlassen. Er hat auch glaubhaft was über seine Gefährlichkeit gelernt, also wirklich große Fortschritte gemacht. Das hatte am Anfang niemand für möglich gehalten.

Man muss sich hier auch über sehr kleine Erfolge freuen können.

Ja, man muss gucken, was ist realistisch? Welche Ziele kann man mit dem Patienten erarbeiten? Das kann ein begleiteter Ausgang sein oder dass der Patient sein Leben in einer geschlossenen Einrichtung verbringt, wo er einmal in der Woche mit jemandem einkaufen geht. Eine Entlassung ist oft unrealistisch, zumindest nicht in eine völlige Selbstständigkeit. Die meisten Patienten aus dem Maßregelvollzug sind auch nach ihrer Entlassung auf einen strukturierenden Rahmen und ein gewisses Maß an Kontrolle von außen angewiesen.

Werden Patienten, die eine Familie haben, in diese entlassen?

Ich persönlich kenne keinen solchen Fall. Das liegt daran, dass wir bei den Patienten mit Persönlichkeitsstörungen schwere Delikte und nur selten Entlassungen haben. Und wenn die Tat innerhalb der Familie geschah, setzt das natürlich Spannungen zu den Angehörigen frei. Das wäre nicht förderlich, dorthin zurückzukehren.

In der Regel werden die Patienten in betreute Wohnprojekte entlassen und stehen in den ersten fünf Jahren unter Führungsaufsicht.

Haben Sie schon mal erlebt, dass ein Patient aufgrund einer falschen Diagnose im Maßregelvollzug saß?

Ich muss schmunzeln, denn das behaupten Patienten sehr oft. Sie sagen, eigentlich bin ich psychisch gesund und gehöre gar nicht hierher, doch wo ich nun schon mal im Maßregelvollzug bin, habe ich dem Gutachter erzählt, was er hören wollte. Damit versuchen die Patienten, den eigenen Selbstwert zu erhöhen. Ich will nicht behaupten, dass es keine Simulanten gibt, aber es gibt viele Patienten, die den Simulanten simulieren.

Für wie manipulierbar halten Sie sich selbst?

Man kann das natürlich nicht ausschließen. Jeder hat natürlich eine Vorstellung von sich und seiner Professionalität. Ich dokumentiere immer, was mir ein Patient erzählt. Das Gehirn ist so programmiert, dass echte Erinnerungen abrufbar bleiben und Lügengeschichten nicht so fest sind. Wenn mich ein Patient anlügt, verstrickt er sich irgendwann – zumal wir über wichtige Punkte nicht nur einmal sprechen. Die werden von allen Seiten beleuchtet, um wirklich Greifbares zu erarbeiten. Da sind die Gefühle beteiligt. Und wenn ich glaube, ein Patient erzählt mir Märchen, dann sag ich ganz offen: »Das ist nicht echt, da kommt überhaupt nichts rüber.«

Haben Sie manchmal ein ungutes Gefühl, wenn Sie Lockerungen genehmigen?

Wir besprechen das immer im Team mit den Pflegekräften. Ganz oft sind wir ähnlicher Meinung. Es kommt nur selten vor, dass einer sagt, das klappt, und ein anderer sagt, nie und nimmer. Es gibt natürlich Fälle, wo wir ein bisschen unsicher sind, aber irgendwann müssen wir es versuchen.

Haben Sie schon mal einen Rückfall erlebt?

Das gehört leider dazu. Meist passiert nichts Schlimmes, die Patienten betrinken sich im Ausgang und kommen nicht pünktlich zurück.

Das ist ein eklatanter Regelverstoß.

Genau. Ein Patient sollte absprachefähig sein, das ist die Voraussetzung für Lockerungen. Natürlich hat so ein Rückfall Konsequenzen. Allerdings stellen wir uns vor einer Erstlockerung immer die Frage, was würde passieren, wenn der abhaut oder Drogen nimmt? Wir müssen uns darüber einig sein, dass der Patient therapeutisch und medikamentös so weit behandelt ist, dass das Risiko vertretbar bleibt.

Gibt es etwas an Ihrer Arbeit, das Sie nervt?

Nervige Momente gibt es jeden Tag. Meist im Patientenkontakt, wenn in der Therapie etwas aus der Trickkiste geholt wird, von dem ich dachte, das hätten wir schon geklärt. Irgendwelche Vorwürfe und Anspruchshaltungen: »Sie sind schuld!« Oder: »Sie müssen das und das für mich tun!« Oder wenn man mit Patienten in Streit gerät. Die können schon massiv Stimmung machen. Das ist nicht schön, gehört aber dazu.

Was lieben Sie an Ihrer Arbeit?

Ich mag die Therapie mit den Patienten.

Die aus vielen einzelnen, zuweilen sehr mühseligen Schritten besteht.

Man darf nicht zu anspruchsvoll sein und nicht zu viel erwarten. Andererseits wird dieser Job garantiert nicht langweilig.

Ödipussi

Die Drogennutte sollte sterben. Sie hatte mitbekommen, dass bei ihm nichts lief, weder auf die französische Tour noch im Handbetrieb. Vor drei Tagen hatte er sie laufen lassen. Eigentlich wollte er sie vorgestern in seiner Wohnung erdrosseln, als sie ihm einen Moment lang den Rücken zugedreht hatte. Zu früh bemerkte sie den Gürtel in seiner Hand. Er konnte sich herausreden: Er würde den beim Hosenablegen immer herausziehen. Glücklicherweise hatte sie ihm geglaubt, aber weitere Versuche hatte er nicht gewagt. Heute würde sie ihm nicht entkommen. Er war auf alles vorbereitet, hatte eine Plastiktüte und einen Hammer eingesteckt, außerdem ein Messer. Heute sollte nichts schiefgehen.

Er sah die Hure schon auf dem Weg zu ihrem Arbeitsplatz. Sie trug sogar eine Lederhose, das Einzige, was ihn beim Sex überhaupt erregen konnte. Sie stieg in sein Auto. Diesmal fuhr er mit ihr zu einem Parkplatz. Seinen Wagen stellte er ganz dicht neben einem Container ab – selbst wenn sie fliehen wollte, könnte sie die Beifahrertür nicht aufmachen. Er öffnete seinen Hosenschlitz, Französisch war ausgemacht. Natürlich klappte es nicht. Einen Versuch gab er sich noch. Er klappte den Beifahrersitz herunter. Brav legte sie sich auf den Bauch, dann setzte er sich rittlings auf ihre Oberschenkel. In dieser Position wollte er sich einen runterholen. Die Aktion war sinnlos, er konnte einfach keinen Orgasmus bekommen. Wut stieg in ihm auf. Wie er dieses kleine Dreckstück hasste! Er griff zum Hammer und schlug zu. Zehnmal, zwanzigmal, immer auf den Hinterkopf. Aber sie verlor einfach nicht das Bewusstsein. Er griff zum Messer und stach auf ihren Kopf ein, dann – nachdem es ihr gelungen war, sich umzudrehen – auf ihre Stirn, die Schläfe, vor und hinters Ohr, einmal traf er die Unterlippe. Ein Stich in den Hals sollte eigentlich ihre Schlagader treffen. Er musste das Gefäß verfehlt haben, die typische pulsierende Blutung blieb aus, die Nutte wehrte sich noch immer. Dafür war da dieser höllische Schmerz, und das Blut am kleinen Finger seiner rechten Hand. Im Gerangel musste er am Messer abgerutscht sein. Was, wenn er sich eine Sehne durchtrennt hatte? Was, wenn er mit seiner Hand nicht mehr zufassen, seinen Beruf nicht mehr ausüben könnte? Panik befiel ihn. Er musste sich sofort um seine Verletzung kümmern. Wohin nur mit der blutüberströmten Nutte, die jetzt matt vor sich hinplapperte, irgendwas davon faselte, sie würde ihn nicht anzeigen, sie liebe ihn doch? Er beschloss, die Frau in seine Wohnung mitzunehmen.

Dort angekommen, befahl er ihr, sich auf den Toilettendeckel zu setzen – während er sich duschte, frische Klamotten anzog und seinen verletzten Finger versorgte. Anschließend sollte sie sich auf den Dielenboden legen. Er setzte sich zu ihr und schwieg. Vielleicht eine Stunde lang dachte er darüber nach, was er tun sollte. Wenn sie nicht starb, war er verloren. Er musste es noch einmal probieren! Er warf der Liegenden ein Geschirrtuch über den Kopf und schlang ihr einen Trageriemen um den Hals. Mit beiden Händen zog er fest zu. Doch sie hatte es noch geschafft, die Finger unter den Riemen zu bekommen. Markus M. zog mit aller Kraft, bis sein kleiner Finger wieder heftig blutete. »Es geht nicht! Es geht nicht!«, wütete er. Er musste von ihr ablassen, um erneut seine Wunde zu verbinden. Dann bettelte er um Gnade und bot ihr an, sie in ein Krankenhaus zu fahren. Sie solle nur nicht die Polizei informieren! Vielleicht hatte sie Mitleid mit ihm? Vielleicht würde sie ihn nicht anzeigen? Vielleicht glaubte niemand einer Junkie-Hure? Vielleicht würde es gut gehen – so wie es bislang noch immer gut gegangen war? Sollten sie doch in seine Wohnung kommen, sie würden nichts finden! Sein Bad war geputzt, Messer und Hammer hatte er bereits entsorgt. Jetzt konnte er sich behandeln lassen.

Am nächsten Tag durchsuchte die Kriminalpolizei das 35-Quadratmeter-Apartment von Dr. Markus M. Die neunundzwanzigjährige Heike H., die in einem Krankenhaus operiert worden war, hatte nicht verschwiegen, wer sie so zugerichtet hatte. Beim Eintreffen der Polizisten befand sich Markus M. noch auf der chirurgischen Abteilung eines anderen Krankenhauses. Unaufgeräumt und schmutzig war es in seinem Apartment. In der Küche standen leere Konservenbüchsen mit schimmeligen Essensresten und benutztes Geschirr, unterm Bett lag ein Zwiebelring, in den offen stehenden Schränken herrschte Chaos – das passte nicht zu der blitzblank geputzten Badewanne. Einen gruseligen Fund machten die Polizisten hinter der Stereoanlage. Dort versteckt lagen sieben Polaroidfotos. Sie zeigten eine junge Frau, die in einer Babybadewanne saß. Ihr Kopf war nach vorn geneigt, die Haare verdeckten ihr Gesicht, ihre rechte Körperseite wurde von zwei übereinandergestellten Bierkästen gestützt. War die Misshandlung von Heike H. möglicherweise keine Einzeltat? Die Anschuldigungen seines Opfers schienen sich zu bestätigen, als die Beamten das Auto des Arztes inspizierten: Das Innere war blutverschmiert. Die Kriminalisten fanden einen goldenen Ohrring von Heike H. sowie eine Zahnbrücke, die er ihr herausgeschlagen hatte. Der sechsunddreißigjährige Arzt wurde verhaftet.

Wegen Mordes und vier Mordversuchen wird Markus M. der Prozess gemacht. Die Staatsanwaltschaft hat ermittelt, dass der Angeklagte vor acht Jahren im Sperrbezirk eine drogenabhängige Prostituierte angesprochen hatte und mit ihr zu einem Waldstück gefahren war. Er hatte eine Lederhose mitgebracht, diese musste die Achtundzwanzigjährige anziehen. Der Freier hatte unterdessen seine Hose geöffnet, sich ein Kondom übergestreift und den Hosenschlitz wieder geschlossen. Die Prostituierte sollte in seine Taschen fassen und sein Glied reiben. Mit den Worten: »So was ist mir auch noch nicht untergekommen«, machte sie sich ans Werk, bis sie erschöpft aufgab. Sie beugte sich nach vorn, um sich die Lederhose wieder auszuziehen, als sie plötzlich ein Seil vor ihrem Gesicht sah. Mit diesem übte Markus M. eigentlich Segelknoten, nun wollte er damit die Zeugin seiner Impotenz liquidieren. Es gelang Petra P., eine Hand zwischen Hals und Seil zu bekommen. Trotzdem geriet sie in Atemnot. »Er zog so fest zu, dass ich Sterne sah«, gab sie zu Protokoll. Ihrem Freier flüsterte sie damals mit letzter Luft zu: »Deine Autonummer ist notiert.« Dieser Satz rettete ihr das Leben. Der Täter ließ von ihr ab und änderte seine Strategie. Er verlangte sein Geld zurück, sie sollte denken, er habe sie nur deshalb angegriffen. Er fuhr sein Opfer wieder zum Sperrbezirk, wo das Anschaffen eigentlich verboten ist. Darum zeigte Petra P. den gewalttätigen Freier erst Monate später an, nachdem eine Drogentherapeutin sie dazu ermutigt hatte. Versehentlich nannte die Exprostituierte der Polizei einen falschen Autotyp, außerdem stimmte die letzte Ziffer des von ihr angegebenen Kennzeichens nicht. Markus M. trug auch nicht den von Petra P. beschriebenen Schnurrbart. Neun Monate später wurde das gegen den Arzt eingeleitete Ermittlungsverfahren »mangels hinreichenden Tatverdachts« eingestellt. Er durfte aufatmen. Fortan mied er den Straßenstrich.

Bald darauf ging er für einen Forschungsaufenthalt ins Ausland, von dem er drei Jahre vor der nächsten, ihm zuordenbaren Tat zurückkehrte.

Sechs Wochen vor der Attacke auf Heike H. traf Markus M. dann eine sechzehnjährige Gelegenheitsprostituierte. Simone S. war bereit, den Freier in seine Wohnung zu begleiten. Auch sie sollte eine Lederhose anziehen, die ihr jedoch zu klein war. Markus M. bot zusätzlich Geld, wenn sie trotzdem den oberen Knopf zubekäme. Das half. Nun hatte das Mädchen die richtige Hose an und lag bäuchlings vor ihm. An seiner Impotenz änderte das nichts. Wut stieg in ihm auf, er musste sich an der Zeugin seines sexuellen Versagens abreagieren. In letzter Sekunde bemerkte Simone S. den Gürtel, mit dem er sie töten wollte. Auch sie bekam ihre Hände zwischen Hals und Drosselwerkzeug und schrie um Hilfe. Wutentbrannt würgte Markus M. sie mit bloßen Händen. Irgendwann aber siegte seine Furcht vor den möglicherweise alarmierten Nachbarn. Er ließ von ihr ab, sagte: »Okay, ich tu dir nichts«, und entschuldigte sich. Dann gab er ihr alles Geld, das er bei sich hatte – insgesamt fast das Dreifache des vereinbarten Lohns –, und brachte sie zurück auf den Straßenstrich. »Vielleicht ist der bloß sadistisch veranlagt«, dachte Simone S. damals.

An die Polizei wandte sie sich erst, nachdem sie das Bild von Dr. Markus M. in der Zeitung gesehen hatte. In dem Bericht stand etwas über den Mord an der achtzehnjährigen Christina C. – der Frau auf den Polaroidfotos, die die Kriminalbeamten in der Wohnung des Arztes gefunden hatten. Sie war nach der versuchten Erdrosselung von Simone S. und vor der Attacke gegen Heike H. spurlos verschwunden – nachdem sie einer Freundin mitgeteilt hatte, dass sie einen Freier bedienen wolle, um etwas Geld für einen netten Abend mit Freunden zu haben. Auf den Polaroidfotos ist nach Meinung der Rechtsmediziner eine Tote zu sehen. Darum geht der Staatsanwalt davon aus, dass Markus M. mindestens diese Prostituierte tötete und ihre Leiche verschwinden ließ. Zusätzlich hat der Ankläger nach weiteren ungeklärten Prostituiertenmorden recherchiert – sogar in der Gegend, in der der Arzt drei Jahre lang als Forschungsstipendiat gelebt hatte. In keinem der Fälle ließ sich seine Täterschaft nachweisen.

Trotz der schockierenden Ermittlungsergebnisse gibt sich der Angeklagte selbstbewusst. In Hemd und Sakko, die Beine übereinandergeschlagen, die Hände ordentlich auf die Tischplatte gelegt, vor sich eine schwarze Ledermappe mit Stift und Papier, sitzt er geradezu aristokratisch vor seinen Richtern. Beharrlich bestreitet er alle Vorwürfe. Die versuchte Erdrosselung mit einem Seil? »Petra P. muss sich irren.« Mit einem Gürtel bei Simone S.? »Diesen Vorfall gab es nicht.« Der Angriff mit Hammer und Messer? »Das war Notwehr. Heike H. verlangte ein Drogenersatzmittel gegen ihre Entzugserscheinungen. Sie war es, die mich mit einem Messer bedrohte.« Beim Versuch, es ihr zu entwinden, hätten sich beide verletzt. Er habe Heike H. mit seinem Auto ins Krankenhaus gebracht. Sie sei noch immer bewaffnet gewesen, vorsichtshalber habe er einen Hammer mitgenommen. Als sie erneut auf ihn einzustechen versuchte, musste er ihn einsetzen, »damit sie endlich das Messer fallen lässt«. Darauf habe sie ihn mit bloßen Händen angegriffen. Erst jetzt habe er das Messer an sich genommen und zugestochen. Das Messer habe er dann in eine Milchtüte gesteckt, in der sich ein Rest Milch befand. Damit sei er in einen Bus eingestiegen. »Die Milch tropfte heraus, der Fahrer hat geschimpft. Da habe ich das Ganze an einer Haltestelle in den Abfalleimer geschmissen.«

Und wie erklärt sich Dr. Markus M. den Fund der Fotos, auf denen die Mutter und zwei Freundinnen von Christina C. ein-

163

deutig die Vermisste wiedererkennen – an Figur und Frisur, an ihren Ringen und Schuhen?

Hier muss der Angeklagte ein wenig ausholen. Er habe damals mit Kollegen bei sich zu Hause Geburtstag gefeiert. Irgendwann sei er im Treppenhaus gestolpert, habe sich heftig den Kopf an der Wand gestoßen. Als seine Gäste gegen Mitternacht gingen, habe er Übelkeit und Kopfschmerzen verspürt und eine starke Schlaftablette genommen, die ihre Wirkung verfehlt, aber gleichwohl seine Wahrnehmung getrübt habe. Plötzlich habe er sich auf der Autobahn und dann auf einer Raststätte befunden. Dort sei er dieser Frau begegnet, die sich ihm als »Maike« vorgestellt habe. Sie habe geweint – ihr Freund habe sie verlassen, weil sie als Prostituierte arbeite. Er, Markus M., habe sie dann in seinem Auto mitgenommen. »Sie wollte Sex, sie hatte keine Skrupel.« Die Idee mit den Polaroids habe »Maike« gehabt, nachdem sie die Sofortbildkamera im Auto entdeckt habe. In seiner Wohnung habe sie dann eine Lederhose angezogen, sich in die Babybadewanne gesetzt und gewünscht, dass er sie anpinkeln solle. Das habe er getan. Zugegeben, ihr Körper wirke schlaff. Sie sei damals eben »sternhagelvoll« gewesen. Ebenfalls zugeben müsse er, dass man den Rand einer Tüte auf einer der Aufnahmen erkenne. Die habe »Maike« sich vors Gesicht gehalten, als sie sich übergeben musste. Keinesfalls habe er die Tüte über ihren Kopf gezogen. Am nächsten Morgen habe er sie in der Nähe des Bahnhofs abgesetzt. Der Rechtsmediziner irre sich, wenn er meine, die grauvioletten Flecken auf »Maikes« Hals, Nacken und Daumen seien Totenflecken. »Ich bin vom Fach, ich sehe hier höchstens Schatten.«

Auf anderen Fotos ist die rücklings auf einer Luftmatratze liegende »Maike« mit hochgerutschtem Pullover zu sehen. Der Rechtsmediziner deutet die grünlich verfärbte Haut an Bauch

164

und Nabel als Zeichen für Fäulnis. Diese würde von Bakterien aus dem Darmbereich und deren Abbauprodukten hervorgerufen und sei im Bauchbereich bereits zwölf bis vierundzwanzig Stunden nach dem Tod sichtbar. Dr. Markus M. behauptet, für ihn sehe das eher wie »Waldmeistersirup« aus.

Die Maske der Unerschütterlichkeit bröckelt erst, als das Faser-Gutachten vorgetragen wird. Die Textilexperten des Landeskriminalamtes begannen ihre Suche im Auto des Arztes. Dort wurde die auf den Fotos abgebildete Luftmatratze gefunden. Diese klebten sie mit Folien ab und sicherten mehr als einhundert rotviolette Polyacrylfasern. Sie stammten von einem Pullover, wie ihn Christina C. kurz vor ihrem Tod von ihren Eltern geschenkt bekommen hatte. Die gleichen Fasern wurden im Auto und in der Wohnung von Markus M. gefunden, auch im Siphon seiner Badewanne sowie in der Haarbürste von Christina C. Nun beweise eine übereinstimmende Faserart nicht, dass Christina C. diese Spuren hinterlassen haben muss. Theoretisch könnte auch eine andere Person mit einem Pullover derselben Marke bei dem Arzt zu Besuch gewesen sein, erläutert eine Mitarbeiterin des LKA. Darum sei man den umgekehrten Weg gegangen und habe in der Wohnung von Christina C. nach einer häufig auftretenden Faserart gesucht. Man fand eine solche aus rotbrauner Baumwolle. Diese Faserart befand sich ebenfalls an der Luftmatratze von Markus M. Somit müssen »Maike« und Christina C. identisch sein.

Trotz dieser starken Beweise kämpft der Angeklagte um seine Version. Er springt auf, fuchtelt fahrig mit seinen langen, schlanken Fingern in der Luft, und ruft: »Die Person auf dem Bild ist Maike! Ich werde sie dem Gericht lebend präsentieren!« Er inszeniert sich als Opfer des Staatsanwalts, den er verbal attackiert und immer wieder vergeblich als befangen abzulehnen versucht.

So vergehen vier Monate, dann legt der Gerichtspsychiater sein Gutachten vor. Markus M. hat ihm von seinen Eltern berichtet, insbesondere von seiner Mutter, die ihren Beruf aufgab, um sich ganz der Erziehung ihres einzigen Kindes zu widmen. Sie sei streng katholisch und sehr dominant, sie habe ihren Sohn »wie unter einer Glocke gehalten«. Sie vergötterte Markus: Er sei etwas Besseres als die anderen Kinder, trichterte ihm die Mutter ein. Er wiederum gehorchte ihr, machte keine Dummheiten und lernte fleißig. Sein Abitur bestand er mit einem Notendurchschnitt von 1,3. Hemmungslos weinte er, weil zwei seiner Mitschüler besser waren als er. Eine emotionale Bindung empfand Markus M. nur zu seinen Eltern, sonst vertraute er niemandem. Seine Altersgenossen mieden den verklemmten Einzelgänger, der altmodische Stoffhosen trug und nie aufbegehrte. Er selbst habe seine Einsamkeit akzeptiert: »Die Familie, die Schule – da war nichts zu vermissen«, sagte er im Gespräch mit dem Psychiater. Auch während seines Studiums, seines Wehrdienstes und seiner Tätigkeit als Assistenzarzt schloss er keine engeren Freundschaften, schon gar nicht zu Frauen. Von seiner Mutter übernahm er seine Ansichten zu Sexualität und Partnerschaft, die entsprechend konservativ ausfallen. Demnach muss man erst beruflich etabliert sein, bevor man heiraten und Sex haben kann. Frauen, die sich für ihn interessierten, habe er stets auf »Halbdistanz« gehalten, wie es der Gutachter formuliert. Eine Kollegin des Angeklagten bestätigt das im Zeugenstand. Sie hatte sich in Dr. M. verliebt und mit ihm eine Nacht in einem Hotelzimmer verbracht, ohne dass es zum Sex gekommen wäre. Sie zitiert Markus M. mit einem Satz, den er äußerte, als sie ihn in die Arme nahm: »Wenn du willst, dass ich wiederkomme, musst du mich loslassen!«

Die Vorstellungen seiner Mutter – »keine Frauengeschichten, erst lernst du einen ordentlichen Beruf!« – trieben Markus M. zu Besuchen bei Prostituierten, Frauen, die er verachtete, die er für krank und unsauber hielt. Diese Kontakte bestätigten ihm endgültig seinen seit der Pubertät gehegten Verdacht, dass er nicht in der Lage ist, eine Erektion zu halten. Wie sollte er unter dieser Voraussetzung eine Familie gründen? Unfähig, sich einem Fremden gegenüber zu öffnen, bemühte er sich nicht um professionellen Rat, sondern versuchte sich selbst zu therapieren – bei den Prostituierten auf dem Straßenstrich, einem »Umfeld, an das man sich wendet, wenn man sich sonst nirgendwohin wenden kann«, so Markus M.

Es ist nicht die Aufgabe des psychiatrischen Gutachters zu beurteilen, ob jemand eine Tat begangen hat oder nicht. Er soll lediglich die psychische Verfassung eines Angeklagten beurteilen und hypothetisch ermitteln, was ihn geleitet haben könnte, wenn er die Tat begangen hätte. Im Fall von Markus M. ergäbe sich eine schizoide Persönlichkeitsstörung, so der Psychiater. Obwohl sich sein Proband oberflächlich betrachtet gegenüber Kollegen und Patienten freundlich und hilfsbereit verhielt, wahrte er stets Distanz. Er könne seine Gefühle nicht zeigen, spalte seine Affekte ab. Der Gutachter klassifiziert Markus M. als Sadisten, allerdings keinen, der sexuelles Vergnügen dabei empfindet, seine Opfer zu quälen. Vielmehr reagiere er auf sexuelle Frustration aggressiv. »Er ist gehemmt gegenüber Frauen, die ihn einerseits faszinieren, andererseits einen tiefen Hass in ihm hervorrufen. Schon als Kind hat er im Verhältnis zu seiner allgegenwärtigen Mutter gelernt, dass er gegen Frauen nicht ankommt. Er entwickelt destruktive Fantasien, ein Gemisch aus Faszination und Hass auf Frauen, das in Situationen explodiert, in denen er sich ihnen gegenüber überlegen fühlt, etwa auf dem Straßenstrich. Er attackiert diese Frauen als sexuell fordernde Wesen und will sich an ihnen rächen, weil sie sich vermeintlich über seine Impotenz lustig machen.« Sollte der Angeklagte Christina C. getötet haben, dann sei es ihm bei der Beschäftigung mit ihrer Leiche um Macht und Überlegenheit gegangen. Der Psychiater: »Er benimmt sich infantil, spielt mit ihr wie mit einer Puppe. Der Körper dieser Frau ist für ihn ein Objekt, beliebig verfügbar, stundenlang kann er über ihn herrschen. Ihm fehlt jedes Mitleid, jede Reue nach der Tat. Das hat ihn nicht belastet, nur fasziniert. Darum konserviert er das für ihn erregende Erlebnis, indem er ihren Körper fotografiert. Selbst das Beseitigen ihrer Leiche ist für ihn ein Machtspiel. Solange er nicht entdeckt wird, fühlt er sich überlegen.«

Falls also Markus M. der Täter sei, so der Psychiater, sei er psychisch krank und vermindert schuldfähig. Ihm war zwar klar, dass er Unrecht begeht, er habe die Kontakte zu Prostituierten als riskant erkennen und meiden können, innerhalb der Situation aber war er nur sehr eingeschränkt in der Lage, seine Aggressionen zu steuern. Immer wieder würde der Angeklagte so handeln, meint der Gutachter. Eine Therapie beurteilt er als wenig Erfolg versprechend. »Ich kann mir kaum vorstellen, dass er zu Lebzeiten seiner Eltern die Taten zugeben würde.«

An dieser Stelle irrt der Sachverständige. Nachdem ihn die Eltern im Gefängnis besucht haben, möchte Markus M. tatsächlich ein Geständnis ablegen – wenn auch nur ein kleines. »Ich halte es für möglich, dass es mit Petra P. und Simone S. in etwa so abgelaufen ist, wie es die Zeuginnen geschildert haben«, erklärt er den verdutzten Richtern. »Ich erinnere mich nicht an das Gesicht von Frau S. Aber es kann sein, dass sie bei mir in der Wohnung war. Es gab auch so einen Vorfall im Auto, wie Frau P. ausgesagt hat. Es ist lange her, ich will es nicht bestreiten.«

Am nächsten Verhandlungstag wird das Geständnis noch umfassender. Markus M. erklärt: »Ich möchte über vieles sprechen. Über Sachen, die ich noch nicht gesagt habe.« Im Gerichtssaal herrscht gespenstische Stille. Wie gebannt starren die Zuhörer auf den Mann, dessen Ellbogen auf den Seitenlehnen seines Stuhles ruhen, während seine Hände beschwörende Gesten vollführen. Leise und scheinbar emotionslos spricht der Angeklagte über den »puren Affekt«, aus dem heraus er Petra P., Simone S. und Heike H. angegriffen habe. Sie hätten ihn »gehänselt«. Niemals habe er versucht, jemanden umzubringen, auch nicht Christina C. Ihr Tod sei ein Unfall gewesen. Er habe sie nicht, wie er vorher behauptet hatte, auf einer Raststätte, sondern auf dem Straßenstrich getroffen. Bereits auf der Fahrt zu seiner Wohnung habe sie ihm diverse sadomasochistische Spiele vorgeschlagen. So sollte er sie peitschen, anpinkeln und mit einem Gürtel drosseln. Er habe von hinten einen Gürtel um ihren Hals gelegt und die Enden über Kreuz zugezogen. »Ich habe wieder losgelassen.« Die Prostituierte habe sich vom Bett rutschen lassen, sei auf allen vieren gelandet. »Plötzlich wollte sie ›Gassigehen‹ mit mir spielen. Ein Gürtel war die Leine, sie war der Hund. Sie lief durch die Wohnung. Ich ritt auf ihr. Irgendwann bekam ich starke Kopfschmerzen, es ging mir gar nicht gut.« Sie habe ihn wie ein Hund angesprungen, er sei hingefallen. Sie hätte aus der Nase geblutet, wahrscheinlich wegen des Drosselns. Er habe ihr ein Taschentuch gegeben. Nun habe er sich übergeben müssen und das Bad aufgesucht. Dreißig Minuten später sei er zurückgekommen. Er habe »Maike« so vorgefunden, wie er es später fotografisch dokumentierte: »Sie saß in der Babybadewanne, sie wollte ja angepinkelt werden. Sie rührte sich nicht und hatte so eine merkwürdige Haltung. Den Kopf hatte sie nach hinten in den Nacken gelegt. Die Pupillen waren starr, der Mund stand weit offen, darin sah ich Erbrochenes. Sie war offensichtlich tot.«

»Warum starb das Mädchen«, fragt die Vorsitzende Richterin.

»Vielleicht eine allergische Reaktion? Ich glaube, ich hatte ihr ein, zwei Kopfschmerztabletten gegeben. Oder ein Herzinfarkt? Eine Überdosis Rauschgift? Möglicherweise erstickte sie an dem Erbrochenen oder an dem Gürtel, der noch immer um ihren Hals geschnallt war?«

Dem Arzt scheint keine Erklärung zu absurd. Statt zu seinen Taten zu stehen, bestätigt er einmal mehr seine schizoide Persönlichkeitsstörung, die nicht nur mit emotionalen Blockaden, innerer Zerrissenheit und sozialem Rückzug verbunden ist, sondern auch mit einer Vorliebe für Fantasiegeschichten.

Die Richterin bohrt weiter: »Warum haben Sie nicht die Polizei gerufen? Ein Gerichtsmediziner hätte klären können, ob Sie das Mädchen umgebracht haben.«

»Dann hätten meine Nachbarn erfahren, dass ich zu Prostituierten gehe. Das mit meinen Sexualpraktiken ist mir so peinlich.«

Also habe er der Toten eine Tüte über den Kopf gestülpt, ihren Kopf nach vorn gebeugt und so das Erbrochene aufgefangen. Er habe ein Foto von der Szene gemacht. Dann ein weiteres, für das er ihr eine Bierflasche in die Hand geschoben habe. Ein anderes Motiv zeigt seinen Penis, der auf die Tote gerichtet ist: Er habe ihren Wunsch nach dem »Golden Shower« erfüllen wollen.

»Wollten Sie sich später mit Hilfe der Fotos stimulieren?«, will die Richterin wissen.

»Ich bin nicht nekrophil«, empört sich der Befragte. »Ich wollte mich absichern. Falls später jemand kommt und nach ihr fragt, wollte ich beweisen, dass sie lebt.«

Nach seinem perversen Fotoshooting kippte er den Leichnam aus der Badewanne auf eine Luftmatratze. Zwei Tage später habe er ihn aus der Wohnung geschafft.

»Ich musste sie zerteilen, ihre Unterarme und Unterschenkel abnehmen, die Details erspare ich Ihnen.« Die Leichenteile habe er in eine große Sporttasche gesteckt und diese in diversen Müllcontainern geleert.

»Wieso erzählen Sie das erst jetzt?«, fragt die Richterin.

»Nach dem Gespräch mit meinen Eltern habe ich gedacht, dass sie ein Recht darauf haben, zu erfahren, was passiert ist.« An dieser Stelle weint Markus M. – das erste Mal. Die emotionale Regung fällt kurz aus, er ist noch nicht fertig. Das Gericht soll von seiner Tablettensucht erfahren: »Ich war damals durchgeknallt.« Fast täglich habe er Schlaftabletten zu sich genommen, außerdem Schilddrüsenhormone in Überdosis – um abzunehmen. Das habe geklappt, nur sei er durch die Tabletten auch rastlos, erregbar und nervös geworden. Nach dem Überfall auf Simone S. habe er sich selber »präventieren« wollen, mit Hilfe der Antibabypille, die enthalte nämlich einen triebdämpfenden Wirkstoff. »Und noch ein Hormonpräparat habe ich eingenommen ...« Er spricht von Melantonin, einem Mittel, das den Alterungsprozess aufhalten soll.

Das Gericht muss diese Angaben prüfen, auch wenn die Strategie leicht zu durchschauen ist: Der Angeklagte will im Medikamentenrausch gehandelt haben, will strafrechtlich nicht verantwortlich sein. Neben dem Gerichtspsychiater stufen ein Pharmakologe und ein Endokrinologe – also ein Fachmann für Hormone – die Angaben als stark übertrieben ein. Andernfalls wäre Dr. Markus M. als geistig verwirrt oder körperlich krank aufgefallen, möglicherweise sogar gestorben.

Das Ende des Prozesses verzögert sich. Der Angeklagte nutzt jede Gelegenheit, ausführlich spricht er von seinen sexuellen Problemen und dass er sich jahrzehntelang an niemanden habe wenden können. Er mache den Prozess zur öffentlichen Therapie, wirft ihm der Gerichtspsychiater vor. Markus M.

hält dagegen: »Es kommt mir eben ständig etwas Neues in den Sinn.« Immer wieder bittet er um Gehör und bestätigt damit nur die Einschätzung des Gutachters.

»Kennen Sie den Pawlow'schen Reflex?«, fragt er die Richterin. Markus M. spielt auf die bekannte Tatsache an, dass ein Hund, der regelmäßig eine Glocke hört, wenn er Futter bekommt, bald schon beim bloßen Klingeln mit vermehrtem Speichelfluss reagiert. In ähnlicher Weise wollte Markus M. sein Ziel erreichen: »Mich erregen Lederhosen, darum mussten die Prostituierten Lederhosen anziehen. Ich wollte mich selbst therapieren. Ich glaubte, wenn Erektion und Orgasmus mit Prostituierten in Lederhosen klappen, dann bekomme ich das Schritt für Schritt auch ohne Lederhosen hin.«

Der Angeklagte veröffentlicht nicht nur seine intimsten Gedanken. Auch äußerlich legt er alle Förmlichkeit ab: Sein Haar ist jetzt kurz geschoren, er trägt einen Bart und statt eines gebügelten Hemdes ein ungebügeltes T-Shirt. Gleichgeblieben sind die beschwörenden Gesten, mit denen er seine wortreichen Ausführungen begleitet, die mit »irgendwie« und »ich weiß nicht« gespickt sind, gern auch im Nebulösen enden. Während des Prozesses hat er stark abgenommen – er versetze sich »durch Diät in Trance, um die Tatzeit noch einmal zu erleben und um mich selber aufzubrechen«. Er schreibt Gedichte, die der psychiatrische Gutachter analysieren soll, und vergleicht sich mit Käpt'n Ahab aus dem Roman Moby Dick. Wie dieser habe er alles riskiert, indem er zu den Prostituierten gegangen sei und mit ihnen versucht habe, die Leere in seinem Leben zu überwinden. Er gibt jetzt sogar zu, bereits als Kind auf Zurücksetzung mit Gewalt reagiert zu haben, so habe er andere Kinder gewürgt, wenn sie ihm beispielsweise ein Spielzeug weggenommen hatten. »Bei mir stimmt etwas nicht – das weiß ich schon seit meiner Schulzeit.«

Sichtbar und unsichtbar durchläuft Markus M. eine Entwicklung, die nicht immer linear zu verlaufen scheint. Mal begründet er sein Geständnis mit »prozessualer Taktik«. Die habe er angewandt, weil er nicht ins Gefängnis möchte. »Ich will lieber eine Therapie.« Drei Monate später bittet er darum, lieber ins Gefängnis zu kommen. »Ich will nicht in der Psychiatrie als Irrer enden. Es stimmt nicht, dass ich gefährlich bin. Ich hätte sie alle ermorden können, wenn ich gewollt hätte. Ich wollte nicht!« Am nächsten Verhandlungstag will er doch lieber in die Psychiatrie: »Ich denke, ich bin krank, und das ist mir peinlich. Ich will behandelt werden.«

Neun Monate dauert der Prozess. Am Ende verurteilt das Gericht Markus M. als kranken und gefährlichen Serientäter, der in den Maßregelvollzug gehört. »Herr Dr. M., Sie fuhren zum Strich, um zu töten«, sagt die Richterin. »Wer ein Seil um den Hals eines Menschen schlingt und kräftig zuzieht, der will töten.« Auch der Tod von Christina C. war ein Mord, kein Unfall. Nach der Beweisaufnahme ist sich die Vorsitzende Richterin sicher, dass die Achtzehnjährige auf dem Bauch lag, als sie angegriffen wurde. Diesmal benutzte der Täter eine Tüte – damit sein Opfer weniger Luft bekam, sich nicht so lange wehren und schreien konnte wie die anderen Frauen. Anschließend würgte er Christina C. mit einem Gürtel zu Tode. »Makaber« und »absurd« seien die vom Angeklagten vorgetragenen Versionen.

Auf Mord stehen für vermindert Schuldfähige maximal fünfzehn Jahre Haft. Nach zwei Dritteln dieser Zeit, also nach zehn Jahren, könnte der Verurteilte seine Freilassung aus der Forensischen Psychiatrie beantragen – vorausgesetzt, man würde ihn zu diesem Zeitpunkt nicht mehr für rückfallgefährdet halten. Da er aber zum Straßenstrich fuhr – obwohl er längst wusste, dass er sich an diesem Ort nicht unter Kontrolle hatte –, verwirkte er jeden Strafrabatt, und die Richter entscheiden auf eine lebenslange Freiheitsstrafe. So kann Markus M. erst frühestens nach fünfzehn Jahren seine Entlassung beantragen.

Für die Zeit danach soll seine Mutter bereits einen Plan haben: »Die Weibergeschichten werde ich ihm schon noch austreiben!«

Der Pfleger: »Das müssen meine Jungs lernen«

Thomas Haynes arbeitet seit 1979 im Pflegebereich, zum Zeitpunkt unseres Interviews sind das vierunddreißig Jahre. Achtzehn Jahre lang leitet er verschiedene Stationen im Krankenhaus des Maßregelvollzugs Berlin, zunächst eine Station für suchtkranke Straftäter, später eine Station mit psychotischen Patienten und nun eine mit persönlichkeitsgestörten Patienten. Dabei hatte er ursprünglich eine Ausbildung zum Stahl- und Betonbauer absolviert und sogar ein Jahr als Geselle gearbeitet, bis ihn das Gefühl beschlich, auf dem Bau falsch zu sein. Seine Schwiegermutter, die Ende der siebziger Jahre als Krankenschwester im geriatrischen Bereich der Karl-Bonhoeffer-Nervenklinik tätig war, gab dem jungen Familienvater mit sozialer und kommunikativer Ader damals den Tipp: »Bei uns werden immer Leute gesucht!«

Es waren also eher praktische Aspekte, die Sie in die Psychiatrie geführt haben?
Ich wollte eine sichere Arbeitsstelle im öffentlichen Dienst haben und mit Menschen zusammenarbeiten. Alles andere hat sich im Lauf der Zeit ergeben. Zunächst habe ich als Pflegehelfer geistig Behinderte gepflegt. Drei Jahre später begann ich eine berufsbegleitende Ausbildung zum Krankenpfleger. Anschließend wurde ich stellvertretender Stationsleiter in einer forensischen Abteilung. In der Psychiatrie hatten damals nur sehr wenige Pflegekräfte eine Ausbildung, nicht mal zwanzig Prozent. Somit konnte man mit einem Examen schnell in eine Leitungsfunktion kommen.

Als Pfleger in der Psychiatrie, ist man da der Muskelprotz, der die Kranken mit Psychopharmaka und Zwangsjacken in Schach hält?

Bevor ich in die Forensische Psychiatrie gewechselt bin, wollte ich erst mal eine Woche auf der Station arbeiten und schauen, wie das ist. Ich war schockiert: eine Riesenstation mit achtzig Patienten, große Schlafsäle mit vierzehn Betten. Eine Patientin fraß Kakerlaken und versuchte einer anderen, den Kaffee zu klauen. Da habe ich gedacht: »Donnerwetter, wo bist du gelandet? Hier ist ja richtig was los!« Mit der Zeit bekommt man ein Gefühl dafür. Außerdem haben sich die Zustände in der Psychiatrie inzwischen sehr verändert. Nach zwei, drei Jahren sind die Einheiten verkleinert worden, die Patienten machen so bessere Fortschritte. Es kamen Psychologen mit guten Ideen. So wurde man Teil eines Veränderungsprozesses, das hat mich sehr motiviert. Vor dreißig Jahren war die Psychiatrie für die Bevölkerung draußen das Allerletzte, sie ist es teilweise immer noch. Aber wenn mich die Verwandten und Bekannten nach Gummizellen und Zwangsjacken fragen, kann ich mittlerweile sagen: Was glaubt ihr denn, was in der Psychiatrie läuft?

Zwangsjacken gibt es nicht mehr?

Ich habe sie anfangs noch bei autoaggressiven Patienten kennengelernt. Die bekamen Zwangsjacken, damit sie sich nicht selbst verletzten, sich Haare ausrissen, sich blutig kratzten. Das war damals ein übliches Mittel.

Ist das heute anders?

Ja. Damals gab es nur fünf, sechs verschiedene Medikamente, die meist nur plattgemacht haben. Dank »Ritalin« und besserer Betreuung gibt es inzwischen nicht mehr so viele autoaggressive Patienten. Früher waren sie in einer Riesenstation eingepfercht, jetzt leben sechs bis acht Patienten zusammen in heiltherapeutischen Wohngruppen und werden von ausgebildeten Erziehern betreut. Von den älteren Kollegen habe ich noch gehört, wie brutal manche ungelernten Pflegehelfer in den sechziger Jahren mit solchen Patienten umgegangen sind. Die waren vollkommen überfordert, einige lebten auch ihren Sadismus aus.

Sie arbeiten auf einer Station, in der Patienten mit Persönlichkeitsstörungen untergebracht sind. Denen sieht man ihre Krankheit nicht unbedingt an, oder?

Diese Patienten sind vergleichbar mit ehemals Süchtigen. Sie brauchen viel Ansprache und fordern diese vehement ein. Sie sind schnell gekränkt und versuchen, ihre Vorstellungen durchzusetzen. Viele von ihnen sind sehr intelligent, die meisten haben einen Beruf erlernt, haben eine gewisse Lebenserfahrung.

Sie sind ein Team von sechzehn Pflegern und kümmern sich rund um die Uhr um zweiunddreißig Patienten. Wie ist das organisiert?

Für jeden Patienten gibt es einen Bezugspfleger und einen Ersatzbezugspfleger. Jeder Pfleger ist Ansprechpartner für drei Patienten, wie ein Vertrauenslehrer in der Schule. Wir schauen natürlich, wer zu wem passt, und ändern die Konstellationen, wenn die Chemie nicht stimmt. Gegenüber ihrem Bezugspfleger trauen sich die Patienten schon mal was zu sagen, was sie einem anderen Pfleger nicht sagen würden.

Was gehört zu den Aufgaben des Pflegepersonals?

Wir sind für die hauswirtschaftlichen Angelegenheiten zuständig, für das Essen und die Medikamente. Wir kümmern uns um das Morgenplenum mit den Patienten und um die wöchentliche Patientenversammlung. Zudem begleiten wir die gruppentherapeutischen Angebote. Drei unserer Mitarbeiter sind ausgebildete Psychiatriepfleger und leiten zusammen mit einer Psychologin die Gruppe für soziales Kompetenztraining.

Was wird da trainiert?

Ganz banale Dinge, etwa, wie man sich verhält, wenn man an der Kasse steht und jemand drängelt vor. Wie klärt man das ohne Aggressionen? Beim ersten Mal wird das im Rollenspiel und ohne Schulung gespielt. Anschließend sollen die Teilnehmer über ihr Verhalten nachdenken und wie sie es verbessern können. Nach sechs bis acht Stunden Kompetenztraining wird das Rollenspiel wiederholt und geguckt, wie sich die Teilnehmer nun verhalten. Manchmal bekommen sie Hausaufgaben, dann sehe ich sie mit ihren Übungsblättern. Ich bemerke schon Unterschiede, wenn die Patienten ein halbes Jahr in der Kompetenzgruppe waren. Sie können sich im Alltag besser verhalten, ihre Aggressionen herunterfahren, sie finden Ventile dafür oder lernen, sich erst gar nicht in so eine Situation zu begeben.

Durchsuchen Sie die Zimmer der Patienten?

Ja, die suchen wir regelmäßig ab, ebenso die Nebenräume. Zusätzlich gibt es stichpunktartige Kontrollen. Wenn wir vermuten, dass ein Handy oder eine Waffe versteckt wurde, durchsuchen wir die ganze Station. Dann kommen wir mit zehn Mitarbeitern, auf jedem Flur drei Pfleger gleichzeitig, damit die Patienten keine Möglichkeit haben, irgendwelche Sachen verschwinden zu lassen. Wir haben aber noch nie etwas wirklich Schlimmes gefunden, ab und zu ein Handy oder eine SIM-Karte.

Warum dürfen die Patienten kein Handy haben?

Mit einem Handy kann man eine Internetverbindung herstellen. Wir haben viele sexualdelinquente Patienten und müssen ver-

hindern, dass die im Netz Kontakte knüpfen oder Kinderporno-
seiten aufrufen. Unsere Patienten dürfen telefonieren, wir wollen
nur wissen, mit wem. Sie müssen uns die Nummern geben, und
wir verbinden sie dann.

Was ist mit Drogen?

Drogen sind ein großes Thema. Wir machen in unregelmäßigen
Abständen Urinkontrollen. Die sind freiwillig, doch die Patienten
bekommen nur Lockerungen, wenn sie negative Befunde haben. Wenn sie ihren Urin nicht abgeben, werten wir das als positiven Befund.

Was passiert, wenn Patienten körperlich krank werden?

Kleinere Sachen kurieren wir im Hause. Muss ein Patient in ein
anderes Krankenhaus verlegt werden, bewachen wir ihn dort
rund um die Uhr, falls er – wie die meisten – nicht allein raus darf.
Manche gelten als so gefährlich, dass zwei Leute bei ihm sitzen
müssen, dann kommt noch ein Mitarbeiter vom Wachschutz mit.
Das passiert bei neuen Patienten, die wir noch nicht einschätzen
können. Natürlich verlassen wir unsere Einrichtung mit solchen
Patienten nur in dringenden Fällen. Die einzige Ausnahme ist der
Tod eines nahen Angehörigen. Dann begleitet man denjenigen
zur Beerdigung: Er bekommt einen Bauchgurt umgeschnallt, der
hat vorn eine Stahlschlaufe für die Handfesseln.

Wie sind die Patienten auf Ihrer Station untergebracht?

Jeder hat ein Einzelzimmer. Diese sind in vier Gruppen unterteilt.
Zu jeder Achtergruppe gehört ein Tagesraum, dort wird auch
gekocht. Wenn die Patienten um 22 Uhr eingeschlossen werden, betrifft das nur die Schiebetüren. Hinter einer Schiebetür
sind vier Zimmer mit einem gemeinsamen Duschraum, Toilet-
te und Waschbecken. Deren vier Bewohner können sich nachts

zusammensetzen und eine rauchen, sie kommen aber aus dem Bereich nicht heraus. Jedes Zimmer hat einen Schwesternruf, innerhalb von dreißig Sekunden ist jemand von uns da, selbst in der Nacht. Um fünf Uhr wird wieder aufgeschlossen, bis halb acht gibt es Frühstück.

Ihre Patienten haben jeder ein eigenes Zimmer?

Das ist ein Privileg, das muss man einigen erst bewusst machen. Die anderen Stationen haben nur Zwei- und Dreibettzimmer. Unsere Zimmer sind zwar nur elf Quadratmeter groß, aber es ist ein eigener Bereich mit einer Tür, die man verriegeln kann – wir Pfleger können dann trotzdem noch hineingehen, die Patienten untereinander nicht. Diese Rückzugsmöglichkeit ist wichtig, wenn so viele Leute über Jahre auf engstem Raum zusammenleben. Da gibt es immer mal Probleme zwischen Einzelnen oder Gruppen.

Die psychotischen Patienten sind dagegen in Zwei- und Dreibettzimmern untergebracht?

Das ist nicht optimal, da sich diese Patienten ziemlich extrem verhalten können. Sie halluzinieren und sehen in ihren Mitpatienten den Teufel, sie schreien laut oder schmeißen mit Fäkalien durch die Gegend.

Wie schützt man die Patienten voreinander?

Man kann das Chaos nur minimieren. Bei jeder Dienstübergabe überlegt man: »Wo lege ich den jetzt hin? Mit wem könnte der zusammenpassen, damit nichts passiert? Die drei Zimmer dahinten gehen überhaupt nicht. Der kann mit dem nicht aus den und den Gründen.« Dann haben wir sie alle untergebracht und nach drei Tagen geht die Diskussion wieder von vorn los. Ich wünschte mir überall Einzelzimmer, das ist ein finanzielles Problem.

Wie ist der Alltag der Patienten strukturiert?

Die Arbeitstherapie bestimmt einen großen Teil des Tages. Sie ist eine wichtige Etappe auf dem Weg nach draußen, die Patienten müssen etwas zu tun haben. Fast alle nehmen daran teil, bis auf die, die körperlich nicht dazu in der Lage sind. Die Arbeitstherapie läuft bis zu fünf Stunden täglich. Angefangen wird mit einer Einzel-Beschäftigungstherapie, um zu sehen, was der Patient kann. In der Gruppen-Beschäftigungstherapie wird eingeschätzt, ob der Patient fähig ist, mit anderen zusammenzuarbeiten. Falls dem so ist, schauen wir, wo wir ihn einsetzen können. Wer einen Beruf hat, muss natürlich nicht durch die Beschäftigungstherapie. Vielleicht mal für zwei, drei Stunden, wo geguckt wird, ob er sich mit den anderen Patienten verträgt.

In welchen Bereichen arbeiten die Patienten?

Wenn sich ein Patient gerne mit Holz beschäftigt, kann er sich für die Tischlerei bewerben. Allerdings gibt es dort eine Warteliste. Wir haben eine Polsterei, eine Malerei und Arbeitsplätze, an denen alte Computer und Radiogeräte auseinandergeschraubt und nach Werkstoffen sortiert werden. Manchmal bekommen wir von einer Firma den Auftrag, hunderttausend Kugelschreiber zusammenzusetzen. In einer anderen Werkstatt reparieren wir Fahrräder, auch diese Arbeitsplätze sind begehrt. Wir haben zu wenig Ergotherapeuten. Sind die mal krank oder im Urlaub, bleiben die Werkstätten geschlossen.

Als Stationsleiter sind Sie auch die erste Beschwerdeinstanz für die Patienten. Woran hakt es dann?

Oft sind die Patienten in ihrem Stolz gekränkt. Zum Beispiel müssen sie sich zwanzig Minuten vor Arbeitsbeginn versammeln, dann bringen wir sie zu den Werkstätten. Kommt jemand ein-, zweimal zu spät, machen wir »du, du!« und bringen ihn einzeln hinterher. Beim dritten Mal sagen wir: »Tut uns leid, Sie verdienen heute kein Geld! Wir haben Sie zweimal aufgefordert, pünktlich zu erscheinen.« Vielleicht formuliert das ein Pfleger mal nicht so korrekt, der sagt vielleicht: »Jetzt reicht es mir aber, geh in dein Bett! Ich lauf nicht schon wieder extra für dich!« Das trifft den Patienten, dann grübelt er und ist persönlich beleidigt. Er weiß zwar, dass er aus eigenem Verschulden seinen Arbeitstag versäumt, trotzdem versucht er, die Schuld auf den anderen zu schieben: »Ich wollte ja arbeiten!« Dabei vergisst er, dass er schon zweimal aufgefordert wurde, sich einen Wecker zu besorgen oder sich notfalls vom Nachbarn wecken zu lassen. Wir sind schließlich kein Weckdienst.

Es gibt keinen zentralen Weckdienst?
Wir versuchen, die Patienten zur Selbstständigkeit zu erziehen. Ein Wecker kostet zwei Euro. Den besorgt ihm ein Pfleger, oder er lässt ihn sich von seiner Mutter mitbringen.

Auf Ihrer Station leben nur Männer. Arbeiten bei Ihnen auch weibliche Pflegekräfte?
Unser Frauenanteil liegt bei zwanzig bis dreißig Prozent. Für unsere Klientel brauche ich gestandene Krankenschwestern, die sich nichts gefallen lassen, wenn Patienten irgendwelche blöden Anspielungen machen. Darum nehme ich keine Krankenpflegeschülerinnen, ich möchte nicht, dass Patienten sabbernd über den Flur rennen. Seit zweieinhalb Jahren habe ich auch einen männlichen Putzmann. Der ist dunkelhäutig und musste sich so allerhand von den Patienten anhören – viele Narzissten haben eine Tendenz in dieser Richtung – Hauptsache sie finden einen, den sie knechten können. Immer wieder haben sich welche über den Putzmann beschwert, angeblich macht er nicht richtig sauber oder morgens extra viel Krach, damit sie wach werden. Die

182

Patienten wollten den loswerden, wollten lieber eine Frau haben. Das ist für die Männer vielleicht ein schönerer Anblick. Dieser Wunsch ist legitim, nur nicht für meine Jungs. Die müssen lernen, dass da jemand ist, der sich nicht unterbuttern lässt und ein bisschen anders ist. Ich musste viele Gespräche führen. Jetzt ist endlich Ruhe eingekehrt.

Ich dachte, das Putzen gehört zu den Aufgaben der Patienten?
Die Nassräume werden von einer Firma geputzt. Für ihre Zimmer sind die Patienten selbst verantwortlich, das ist das Mindeste, was wir von ihnen erwarten. Falls es gar nicht klappt, machen wir den Raum leer, damit eine Grundreinigung erfolgen kann. Die meisten Patienten bekommen das hin.

Reden die Patienten mit dem Pflegepersonal über ihre Taten?
Wir sprechen sie darauf an. Ich persönlich lese nicht gleich die Krankengeschichte von Neuzugängen. Ich weiß grob, er hat eine Parallelstrafe von zehn Jahren und einen Totschlag begangen. Dann lerne ich erst einmal den Menschen kennen. Wenn sie nicht von alleine kommen, fange ich an zu piken: »Und, was haben Sie gemacht? Warum sind Sie hier?« Irgendwann schnappe ich mir die Akte mit dem Gutachten und dem Urteil. Dort lese ich, was er seinem Opfer angetan hat. Vorher versuche ich, viele Sachen von dem Patienten selbst herauszubekommen. So habe ich einen Vergleich und kann sehen, was ich daraus mache.

Kann Sie noch irgendetwas schockieren?
Nein, die Tat steht auf dem Papier, und denjenigen, den er umgebracht hat, kannte ich nicht. Das lasse ich nicht so nahe an mich ran. Sonst könnte ich hier nicht arbeiten.

Verharmlosen die Patienten ihre Straftaten?

Die meisten schon. Diejenigen, die Kinder missbraucht haben, schieben oft ein schlechtes Gewissen. Mit denen kann man nur schwer reden. Sie wissen, dass sie von der Bevölkerung für ihre Taten massiv abgelehnt werden, und wir Pfleger sind ein Teil der Bevölkerung. Die anderen Patienten, deren Straftaten vielleicht nicht weniger schwerwiegend waren, sagen: »Mit dem Kinderficker rede ich nicht!« Die Pädophilen haben einen schweren Stand, meistens ziehen sie sich zurück oder suchen sich einen Mitpatienten, mit dem sie gut können. Das muss nicht unbedingt ein Pädophiler sein, das läuft lediglich über Sympathie. Wenn sie so einen Kumpel haben, kann man sie möglicherweise in die Gemeinschaft integrieren. Aber zunächst ziehen sie sich zurück. Erst schämen sie sich, dann hassen sie sich: Ich bin ein Kinderficker, ich bin der letzte Dreck! So etwas äußern sie zwar nur gegenüber dem Bezugspfleger und ihrem Therapeuten, doch es ist ein erster Schritt. Dann reflektieren sie wenigstens, was sie angerichtet haben. Auf dieser Basis kann man mit denen in tausend kleinen Schritten weiterarbeiten.

Auf Ihrer Station gibt es etliche Sexualstraftäter. Werden die chemisch kastriert?

Es wird immer häufiger versucht, mit den Patienten so zu arbeiten. Bei uns sind es vielleicht sieben, acht, neun Patienten, die solche triebdämpfenden Medikamente nehmen. Damit sinkt der Testosteronspiegel, der Druck wird geringer, die perversen Gedanken werden weniger. Es ist schwierig, den Patienten davon zu überzeugen. Die meisten lassen sich zunächst nicht darauf ein, sie wissen, mit ihrer Sexualität wäre es vorbei. Niemand wird dazu gezwungen, das Medikament kann schließlich auch zu Depressionen, Abnahme der Knochendichte oder zur Vergrößerung der Brustdrüsen führen, manche bekommen anfangs

Schwitzattacken. Aber wenn die Patienten nach vier, fünf Jahren merken, sie kommen nicht vorwärts, ihre perversen Gedanken verschwinden nicht, dann probieren es einige. Wenn sie die Medikamente eine Weile nehmen und bekommen dadurch Lockerungen, sind sie sogar dankbar. Sie haben sich für das Leben entschieden und gegen die Sexualität. Bei einigen gibt es nur diese Konsequenz.

Und wenn sie sich heimlich wieder Testosteron applizieren?

Wir überprüfen alle Vierteljahre den Testosteronspiegel, damit sie uns nicht bescheißen und sich selbst auch nicht. Bei denen, die sich darauf eingelassen haben, sind eine Menge schon nicht mehr hier. Sie sind nicht rückfällig geworden und scheinen ohne Sexualität leben zu können. Jahrelang haben sie sich mit ihrer Straftat auseinandergesetzt, sie wollen diese perversen Gedanken aus ihrem Kopf bekommen. Sie merken, mit diesem Medikament funktioniert das. Zu neunundneunzig Prozent nehmen sie es ein Leben lang. Sonst könnte man die Jungs nie wieder rauslassen.

Die perversen Gedanken nehmen ab, sie sind aber nicht weg, oder?

Sie sind beherrschbarer. Die Patienten versuchen auch zu onanieren, so ist es nicht. Doch irgendwann hören sie damit auf. Sie merken, das hat keinen Sinn.

Wann bekommen die Patienten Lockerungen?

Patienten, die sich mit sich und ihrer Straftat auseinandersetzen, bekommen irgendwann Lockerungen. Bei unseren Patienten mit den Persönlichkeitsstörungen dauert es lange, ehe das erste Mal gelockert wird. Neben der Unterbringung im Maßregelvollzug wurden sie oft noch zu einer Parallelstrafe verurteilt, das ist eine zeitlich begrenzte Freiheitstrafe. Die wird bei Tätern mit verminderter Schuldfähigkeit verhängt. Bei Schuldunfähigkeit gibt es so was nicht. Bis die Hälfte dieser Parallelstrafe nicht um ist, werden die Patienten überhaupt nicht gelockert. Das würde die Staatsanwaltschaft gar nicht genehmigen, dafür war die Straftat zu massiv, da muss man schon ein paar Jahre daran arbeiten. Es kommt natürlich darauf an, wie der Patient mit seiner Straftat umgeht. Wenn er nicht darüber spricht, warum er zwei Menschen umgelegt hat, und sich nur über Kochrezepte und Fußball unterhalten will, bekommt er keine Lockerung. Die wird nicht nach Gutdünken vergeben, dafür gibt es Konferenzen, auf denen alle Mitarbeiter über den Patienten sprechen. Mit der Lockerung müssen alle einverstanden sein, auch die Pflegekräfte.

Wie läuft so eine Lockerungskonferenz ab?
Der Patient spricht zunächst mit seiner Therapeutin, erst dann darf er den Antrag auf Lockerung stellen. Der geht in die große Runde aus Sozialarbeitern, Psychologen, Bereichsleiter, Oberarzt, Ergotherapeut und einem Mitarbeiter von der Pflege. Vor diesen sechs, sieben Leuten muss der Patient Fragen beantworten. Das ist wichtig, um zu sehen, ob er das wirklich meint oder nur gelernt hat, zu sagen, was wir hören wollen. Die Patienten wissen, was sie machen müssen, damit es hier vorwärtsgeht – das sehen sie bei ihren Mitpatienten. Manche versuchen, uns was vorzuspielen. Wir merken, wenn sie hinter der Fassade ganz andere Gedanken haben. Da sind wir erfahren genug.

Welche Lockerungsstufen gibt es?
Bei uns geht es von null bis vier. Null ist Niente, die erste Stufe ist die 1a, da geht der Patient in Begleitung eines Mitarbeiters einmal im Monat entweder einkaufen, eine Runde U-Bahn fah-

ren oder ins Kino. Wenn einer zehn Jahre lang die Stadt nicht mehr gesehen hat, ist das schon ein Riesending. Die ersten drei, vier Ausgänge werden mit dem zuständigen Therapeuten gemacht oder mit mir. Wir schreiben hinterher einen differenzierten Bericht darüber, wie sich der Patient verhalten hat. Bis zum nächsten Schritt vergeht unterschiedlich viel Zeit. Es kann sein, dass die 1a ein paar Jahre läuft. Die nächste Stufe ist die 1b, das heißt, ein Mitarbeiter begleitet drei Leute mit diesem Status bei einer Fahrradtour oder einem Einkaufsbummel. Oft macht so eine Dreiergruppe den Stationseinkauf: Die Gelockerten fragen vorher die anderen Patienten, was sie ihnen mitbringen können. Sie schreiben einen Einkaufszettel, sammeln das Geld ein und rechnen hinterher mit den Bons ab. Da haben sie etwas zu tun, da mischen wir uns nicht ein.

Wie geht es weiter?
Mit der 2a kann der Patient eine Stunde allein ins Klinikgelände, zum Beispiel in die Kantine gehen. Die 2b beinhaltet einen Wochenendurlaub, sofern es eine Zieladresse gibt – bei den Eltern, beim Bruder, beim eventuell noch vorhandenen Ehepartner oder bei einer Freundin. Die haben wir vorher zum Dreier-Gespräch geladen, wir müssen schließlich wissen, wo sich die Patienten aufhalten. In der Stufe 4 sind die Patienten Dauerurlauber, sie leben im betreuten Wohnen oder in einer Wohngemeinschaft und kommen nur noch einmal in der Woche zum Gespräch mit dem zuständigen Therapeuten oder holen sich ihr Medikamentendepot ab. Manche leben in einer eigenen Wohnung – das schaffen sie über soziale Kontakte. Wenn ein Patient vielleicht vier, fünf, sechs Jahre mit einer Freundin zusammen war, die die ganze Zeit zu ihm gestanden hat, die Beziehung konstant ist, dann haben wir schon mal jemanden dorthin entlassen.

Bis dahin ist es ein schwerer Weg.

Er muss schwer sein. Wir testen und prüfen die Patienten, um die Sicherheit zu haben, dass sie nicht mehr straffällig werden. Nach der Entlassung auf Bewährung stehen sie für fünf Jahre unter Führungsaufsicht. Da melden sie sich nur drei Mal nicht beim Bewährungshelfer, schon sind sie wieder hier drin.

Ist Ihnen mulmig, wenn Sie das erste Mal mit einem Patienten rausgehen?

Ich muss schon so viel Vertrauen zu demjenigen haben, dass ich denke, ich probiere es wenigstens, ich will, dass er vorwärtskommt. Wenn jemand unsicher ist, ob er sich auf diesen Patienten verlassen kann, soll er nicht mit ihm nach draußen gehen. Ich zwinge keinen Mitarbeiter dazu, wir haben alle Sympathien und Antipathien. Selbst wenn auf der Konferenz beschlossen wurde, dass ein Patient das erste Mal gelockert wird, heißt das nicht, dass keiner der Pflegemitarbeiter Bedenken hat. Da suchen wir jemanden aus, von dem wir wissen, mit dem kann der Patient gut, er wird sich sicherer fühlen und besser verhalten, wenn er von diesem Pfleger begleitet wird.

Angst beschleicht Sie hier nicht ständig?

Mich persönlich nicht, obwohl ich 1987 schon mal im Nachtdienst als Geisel durch die Klinik gelaufen bin. Das war noch in der Entziehungsanstalt. Da hat es nachts geklopft: »Ich hab solche Kopfschmerzen!« Ich drehe mich um, stehe auf und gehe an den Medizinschrank, da steht der hinter mir, hält mir ein Messer an den Hals und sagt: »Ich möchte jetzt gehen!« Ich hatte noch einen zweiten Kollegen, der reagierte ganz besonnen: »Ja, Herr Soundso, wir schließen die Tür auf. Alles in Ordnung. Machen Sie sich keine Sorgen.« Wir sind dann ans Tor gelaufen und haben dem Pförtner gesagt: »Lass ihn bitte raus!« Der Patient hat das Messer weggeworfen und ist losgerannt. Am nächsten Tag bin ich wieder zum Nachtdienst erschienen, ich hatte keine Albträume oder ähnliches.

Weil Sie wussten, was mit Ihrem Geiselnehmer los war?
Er hatte sich zusammen mit einem anderen irgendwas Alkoholisches gebraut und hatte plötzlich Saufdruck. Das passiert, wenn jemand eine Zeit lang trocken ist und rückfällig wird: Plötzlich ist der Stoff alle und man hat nur 0,7 Promille intus. Dann kommen solche Gedanken: »Egal wie, ich muss raus!« Ich kannte den Patienten gut und war mir relativ sicher, wenn ich ruhig mit ihm spreche, passiert mir nichts. Man hat ihn noch in derselben Nacht gefunden, in der nächsten Kneipe. Vor Gericht war es eine Nötigung, es gab ein Jahr Haftstrafe oben drauf. Er kam wieder in unsere Klinik, natürlich nicht mehr auf meine Station.

Wie oft betätigt das Personal den Notruf-Pieper?
Das kommt immer mal wieder vor, aber in der Regel sind es Fehlalarme – jemand bleibt beim Aufstehen mit dem Pieper hängen. Selten hat ein Patient einen Mitarbeiter angegriffen, der vielleicht gerade noch so den Alarm ziehen konnte. So ein spontanes Ausklinken passiert eher bei Psychotikern. Meist erkennen wir vorher die Gefahr: Hast du gesehen, wie der drauf ist? Den müssen wir beobachten! Der fängt schon an zu schreien! Kuck mal, was der mit seinem Nachbarn macht! Dann gehen wir zu zweit, zu dritt raus und fragen, was los ist. Wenn man merkt, der will uns angreifen, ziehen wir uns zurück und kommen mit zehn, zwanzig Leuten wieder. Wenn der uns so sieht – viele sind ein bisschen breiter gebaut –, da reicht die bloße Präsenz. Man sagt ihm noch mal: »Ihnen geht es jetzt nicht gut. Wir möchten, dass Sie in diesen Raum gehen. Sie bekommen gleich ein Beruhigungsmittel von unserem Arzt.« Das klappt oft. Falls nicht, sprechen wir uns ab: »Du nimmst den rechten Arm, du den linken, du nimmst das

rechte Bein, du das linke und du nimmst den Kopf!« Manchmal geht es nicht anders. Der Patient wird im Bett fixiert, und weil er eine akute Fremdgefährdung darstellt, bekommt er ein Medikament. Hinterher entschuldigen sich die meisten und sagen: »Gut, dass Sie das so gemacht haben!«

Rasten die Patienten mit den Persönlichkeitsstörungen nicht in dieser Form aus?

Da gibt es eher Krach, wenn sich zwei Narzissten gegenseitig hochschaukeln und jeder seine Meinung durchdrücken will. Wenn es zum Handgemenge kommt, greifen wir ein. Körperliche Gewalt ist tabu. Der Schläger wandert zum Abkühlen in den intensivmedizinischen Bereich. Er bekommt ein Bett, auf dem er nicht unbedingt fixiert wird. Dort bleibt er für ein paar Stunden oder eine Nacht, während draußen ein Mitarbeiter vor der Glasscheibe sitzt.

Werden Patienten häufig rückfällig?

Auf meiner Station hält es sich mit den Rückfällen in Grenzen. Es dauert ewig, bis die Patienten mit den Persönlichkeitsstörungen überhaupt gelockert werden. Sie wissen also, was sie verlieren, wenn sie trinken und damit gegen die Hausordnung verstoßen. Ab und zu bekommen wir von der Polizei einen Anruf, dass sie einen unserer Patienten irgendwo hilflos aufgegriffen haben und wir ihn abholen können. In den vergangenen fünf Jahren hatten wir aber keinen Rückfall in Verbindung mit einer Straftat. Rückfälle mit Alkohol gibt es eher bei den Nullern. Die versuchen ab und an mal, Alkohol anzusetzen, das ist auch ein Grund für die regelmäßigen Zimmerkontrollen. Vor vierzehn Tagen haben wir zwei Seltersflaschen mit Selbstgebrautem gefunden. So etwas herzustellen, das ist keine große Aktion. Die Patienten dürfen Früchte essen, irgendjemand bringt ein Tütchen Hefe mit, im schlimmsten Fall nehmen sie das Weißbrot, das hier angeboten wird und kochen sich ein Süppchen. Irgendwann haben sie ihre fünfzehn, sechzehn Prozent Alkohol zusammen.

Nuller heißt Lockerungsstufe null?

Ja, diese Patienten sehen keine Perspektive für sich, sie wissen, die nächsten zehn, fünfzehn Jahre läuft nichts mit Lockerungen. Sie wollen sich mal den Kopf zuballern, einfach mal abtauchen. Das hat nichts mit Sucht zu tun. So ein Absturz kann mal passieren, selbst bei einem Patienten, der sich über Jahre gut verhält und möglicherweise schon außerhalb der Klinik einen 400-Euro-Job hat. Irgendwann ist er mal mit seinen Problemen überfordert und bespricht das nicht gleich mit seiner Therapeutin, oder er trifft einen guten Kumpel und denkt: »Ach, ein Bier könnten wir doch mal …« Wenn der Patient keine Straftat begeht, wird so ein Absturz nicht so hoch bewertet. Wenn das der einzige Rückfall seit ewigen Zeiten war, behält er auch seine Arbeitsstelle. Wir besprechen mit ihm, was geschehen muss, damit das nicht wieder passiert. Dann soll er vielleicht seinen Ausgang dafür nutzen, um sich draußen eine Gruppe zu suchen und über Alkohol zu informieren. Bei uns in der Klinik wird das ebenfalls angeboten. Nach dem ersten Rückfall versuchen wir, den Patienten möglichst schnell wieder dahin zu bringen, wo er vorher war. Da soll er weitermachen. Es ist schon unheimlich schwer, über einen langen Zeitraum immer die Hausordnung einzuhalten. Da kommen ein Alkoholabsturz oder eine Haschzigarette schon mal vor.

Alle fünf Jahre werden die Patienten von einem Psychiater begutachtet, der nicht in der Klinik arbeitet. Wie gründlich beschäftigt der sich mit dem Probanden?

Das ist von Gutachter zu Gutachter unterschiedlich. Wenn ein Patient schon zwanzig Jahre hier untergebracht ist und die fünf Jahre sind um, dann kommt jemand, schaut sich die Akten an, unterhält sich zehn Minuten mit dem Probanden, dreht sich dreimal im Kreis, und das war's. Aber die erste externe Überprüfung nach fünf Jahren ist ziemlich intensiv: Da wird mit dem Patienten gesprochen und geschaut, wie er sich entwickelt hat. Dann werden die Akten durchforstet, manchmal mit dem Probanden zusammen. Aber das hängt vom Gutachter ab, es gibt in jedem Bereich gute und schlechte Leute.

Kommt es oft vor, dass sich Patienten das Leben nehmen?
Suizid kommt eher bei schizophrenen Menschen vor. Wenn man Stimmen hört, die einen ängstigen oder einem Befehle erteilen, wer hält das schon aus? Viele dieser Fälle sind schlecht zu behandeln, man kann die Krankheit nur dämpfen. Dazu kommt bei manchem das Bewusstsein, einen nahen Angehörigen umgebracht zu haben. Wenn die Patienten akut psychotisch sind, bekommen sie das nicht so mit. Wenn sie medikamentös gut eingestellt sind, können sie ihre Tat verdrängen, und wenn sie sich damit auseinandersetzen, verarbeiten sie das irgendwann. Aber manche können damit nicht leben. Sie fragen sich irgendwann, was habe ich in meinem Leben erreicht und kommen zu dem Schluss: »Ich bin es nicht wert, jetzt hänge ich mich weg.«

Alle drei, vier Jahre hört man in der Klinik von einem Suizid. Wenn wir Pfleger Anzeichen dafür bemerken, können wir einwirken. Es ist aber nicht immer zu verhindern.

Was ist mit den alten Patienten, die bis an ihr Lebensende nicht entlassen werden dürfen – sterben die hier?
Bei uns sterben nur wenige Patienten. Die werden in der Regel vorher in Pflegeeinrichtungen verlegt – wenn man sie zwar nicht entlassen kann, sie aber aufgrund ihrer körperlichen Konstitution nicht mehr so gefährlich sind. Dann beschließen die Richter, dass eine weitere Unterbringung im Maßregelvollzug nicht mehr im Verhält-

nis zu der Straftat vor dreißig Jahren steht, und der Patient kommt in ein Heim, wo die Tür zugezogen und darauf geachtet wird, dass der Rollstuhl nur wenig Luft in den Reifen hat. Nach Jahren hört man von dort, sie sind verstorben. Doch die meisten unserer Patienten werden recht alt. Das liegt an den guten Lebensbedingungen: Sie haben keinen Stress, müssen sich keine Sorgen machen, wie sie den Kühlschrank voll kriegen und ihre Miete zahlen. Wer einen zum Quatschen braucht, findet jemanden. Wer einen Freund sucht, findet jemanden, wer eine sexuelle Beziehung sucht, findet die – auch gleichgeschlechtlich. Wir haben sogar einige verheiratete gleichgeschlechtliche Paare hier. Die Patienten müssen sich nur damit arrangieren, in diesem Mikrokosmos zu leben.

Die Forensische Psychiatrie platzt aus allen Nähten, wie kommt das?

Wir müssen immer mehr Psychotiker aufnehmen. Früher hatten wir Großkliniken, dort wurden solche Patienten behandelt und nach einem Vierteljahr in andere Einrichtungen oder nach Hause entlassen. Nun haben wir seit Jahren die Gemeindepsychiatrie, da hat jedes Krankenhaus, jeder Bezirk die Auflage, eine bestimmte Anzahl psychiatrische Betten bereitzustellen. Die Patienten kommen in einem schlechten Zustand, die Krankenkasse finanziert die Behandlung höchstens vier bis sechs Wochen. Viele Patienten werden viel zu früh entlassen und an einen niedergelassenen Psychiater überwiesen. Der kann manche Medikamente, die der Patient bislang bekommen hat, nicht bei der Krankenkasse abrechnen. So ein Wechsel tut dem Kranken nicht immer gut.

Der niedergelassene Arzt verschreibt dem Patienten andere Medikamente als die Klinikärzte?

Eine stationäre Einrichtung behandelt so, wie es der jeweilige Patient braucht, ganz individuell. Die niedergelassenen Psychiater dagegen dürfen ein gewisses Budget nicht überschreiten. So züchtet man sich langfristig forensische Patienten heran. Wir hatten früher nie Achtzehn- oder Neunzehnjährige, die in den Maßregelvollzug eingeliefert wurden. Das war die Ausnahme, und jetzt ist es die Regel. Da läuft was verkehrt. Die ambulante Behandlung reicht nicht. Ein längerer Krankenhausaufenthalt bringt gerade Schizophrene eher wieder auf den Weg als eine kurze Behandlung mit dem finanziellen Druck, wir müssen den schnellstmöglich wieder entlassen.

Kann es sein, dass die Patienten in dieser kurzen Zeit nicht begreifen, was ihnen blüht, wenn sie die Medikamente nicht nehmen?

Klar, bei einer stationären Behandlung kann man einen Patienten längere Zeit beobachten und mit ihm psychoedukativ arbeiten. Da lernt er seine Krankheit kennen und setzt sich damit auseinander. Er soll einsehen, ich muss die Medikamente nehmen, sonst geht es mir schlecht. Nur wie bläut man das jemandem innerhalb von vier bis sechs Wochen ein? Der Kranke bekommt die Medikamente und fühlt, es geht ihm besser, und denkt: »Warum soll ich den Mist noch nehmen? Ich zittere, ich habe einen trockenen Mund, ich will das nicht mehr!« Kaum wird er nicht mehr kontrolliert, setzt er das ab. Dann geht die Psychose wieder los, irgendwann begeht er Dummheiten, aus Dummheiten werden Straftaten. Bei uns kommen schätzungsweise auf eine Entlassung drei Einweisungen. Um Betten für die Neuen freizubekommen, beurlauben wir unsere nicht mehr so gefährlichen Patienten – das sind meist Menschen mit chronischen Psychosen. Die haben etwa dreißig bis vierzig Jahre nach Ausbruch ihrer Krankheit nicht mehr so viele Defizite, sodass sie in anderen Einrichtungen auch etwas lockerer untergebracht werden können. Es betrifft etwa hundertfünfzig Patienten, die im ganzen Bundesgebiet leben, für die wir aber weiterhin verantwortlich sind. Wenn sie also in ihrer Einrichtung Mist bauen, sich etwa betrinken, fährt bei nächster Gelegenheit einer unserer Therapeuten dorthin und liest dem die Leviten. Nach dem zweiten oder dritten Vergehen müssen wir den Patienten zurückholen. Das passiert öfter.

Was treibt Sie bei Ihrer Arbeit an, was bereitet Ihnen Freude?

Eine Entlassung hat man hier selten, so anspruchsvoll darf man nicht sein. Ich freue mich schon, wenn wir einen Patienten irgendwohin verlegen können und ich eines Tages höre, der ist entlassen worden. Das ist eine gute Rückmeldung für die eigene Arbeit – vielleicht hat man sich gerade mit diesem Menschen besonders viel Mühe gegeben, obwohl alle gesagt haben: »Das klappt nie!« Nach zehn Jahren hört man, der lebt jetzt irgendwo mit einer Familie. Das ist ein Moment, den ich persönlich befriedigend finde. Ansonsten freue ich mich jeden Tag auf meine Arbeit. Das liegt wahrscheinlich am Team, wir sind eine gute Clique, machen auch mal am Wochenende was zusammen, gehen eine Runde Kegeln oder trinken ein Bier. Das ist unsere Art von Supervision, die es für das Pflegepersonal seit zwanzig Jahren nicht mehr gibt.

Sind Sie frustriert wegen den vielen finanziellen Engpässen?

Es nervt, aber es frustriert mich nicht. Als unser Haus vor fünfundzwanzig Jahren entstand, wurden die Zimmer mit einfachen Pressspanmöbeln ausgestattet. Die sind inzwischen kaputt. Es können aber keine neuen Möbel gekauft werden, von der Senatsverwaltung für Finanzen fehlen angeblich fünf Millionen Euro für unsere Einrichtung. Hätten wir und die Verwandten der Patienten nicht Stühle und Schränke von zu Hause mitgebracht, hätte das

Haus gar keine Ausstattung mehr. Allein die 6000 Euro rauszu-
leiern, um unser Dienstzimmer zu renovieren, hat mich drei Jahre
Geduld und Kraft gekostet. Das ist nicht nur bei uns ein Problem.

Herrscht bei Ihnen Personalmangel?
Engpässe gibt es eher aus Krankheitsgründen. Das Durch-
schnittsalter der Pfleger ist über fünfzig, mein jüngster Mitarbeiter ist dreiundzwanzig, der zweitjüngste wird in diesem Monat
vierzig. Uns fehlen die ganzen Endzwanziger und Dreißiger, weil
in den vergangenen zehn, fünfzehn Jahren im öffentlichen Dienst
keiner eingestellt wurde. In zehn Jahren sind siebzig Prozent unserer Mitarbeiter nicht mehr da. Es wäre schlimm, wenn erst dann
überlegt würde, wie man das Problem löst. Gerade bei diesen
Patienten. Das lernt man nicht in sechs Monaten, mit diesem Klientel umzugehen. Dafür braucht man Jahre.

Fantasie und Praxis

Seit Jahren träumte Jens J. von herausquellenden Därmen, von abgetrennten Beinen und zerstückelten Unterleibern. Schlachtungsfantasien begleiteten seine Orgasmen. Dann hörte er die Geschichte von Armin Meiwes, dem »Kannibalen von Rotenburg«, der im Internet gefunden hatte, was er suchte: einen Mann, der damit einverstanden war, dass man ihm bei lebendigem Leibe den Penis amputiert, ihn anschließend tötet und seinen Körper verspeist. Das war der Auslöser: Wie Meiwes wollte Jens J. seine Fantasien Wirklichkeit werden lassen. Der Einundvierzigjährige tat sich nun im Netz nach Kandidaten um, die sich von ihm schlachten lassen wollten. Als »Metzgay« suchte er im »Verspeist-Forum« nach einem »Mann um die 30, schlank, der sich als Festbraten zur Verfügung stellt«. Interessenten sollten ihr Bild mailen. Mehrere Forumsmitglieder antworteten ihm, doch waren sie ihm nicht attraktiv genug. Einer, der infrage kam, erschien nicht zum verabredeten Treffen. So entschied sich Jens J. schließlich für einen Mann, den er vor zwei Monaten in einem Homosexuellenforum kennengelernt hatte.

Der dreiunddreißigjährige Fabian F. wollte beim Sex gefesselt werden, sterben wollte er nicht. Zweimal trafen sie sich in der Wohnung von Jens J., zweimal kam es zum einvernehmlichen Geschlechtsverkehr. Beim dritten Mal bat Fabian F., dass der Gastgeber ihm nicht nur Arme und Beine ans Bettgestell fesselte, wie bei ihren vorherigen Treffen, diesmal sollte er ihm außerdem die Augen verbinden. Jens J. war am Ziel: Das kleine Stück Stoff verhinderte, dass er seinem Opfer beim Töten in die Augen schauen musste.

Die beiden Männer stimulierten sich gegenseitig oral, als Jens J. einen bereitgelegten Schraubendreher ergriff. Mit voller Wucht stieß er siebenmal in den Oberkörper seines wehrlosen Opfers und zweimal in dessen Kopf. Fabian schrie um Hilfe und flehte seinen Mörder an, er möge einen Krankenwagen rufen. Jens J. hielt ihm den Mund zu. Als ihn der Sterbende in den kleinen Finger biss, drückte er ihm ein Kissen aufs Gesicht, bis er nicht mehr atmete. Jens J. löste daraufhin die Fesseln, legte den Toten neben das Bett und baute seine Schlachtbank auf: einen Tisch mit Kippmechanismus und Schlaufen, um das Opfer zu fixieren, während es ausblutete. Aber seine Kräfte reichten nicht, um die Leiche auf den Tisch zu heben. Dann musste eben der aufgeklappte Bettkasten diesen Dienst tun. Jens J. stülpte dem Toten einen Kissenbezug über den Kopf und begann, den Hals vom Oberkörper zu trennen. Orgiastische Gefühle wollten sich nicht einstellen, stattdessen zitterten ihm die Hände, Jens J. musste eine Pause einlegen. Er trank Kaffee, rauchte Zigaretten. Sechs Stunden später schnitt er schließlich ein Dreieck in die Genitalregion seines Opfers und trennte den Penis samt Hodensack ab. Er bestreute das Ganze mit Salz, verpackte es in eine Plastiktüte und legte es in den Kühlschrank. Jens J. hatte erreicht, was er wollte. Doch nach wie vor fühlte er nur eine leichte sexuelle Erregung. Angesichts der real gewordenen Möglichkeit, Menschenfleisch zu essen, überwog letztlich der Ekel. »Die reale Schlachtsituation hat der Fantasie des Angeklagten nicht entsprochen«, glaubt der psychiatrische Gutachter.

Jens J. war enttäuscht. Trotzdem fuhr er mit dem Zerteilen fort, durchtrennte dem Toten die Rippen und entnahm ihm die inneren Organe, die er in einen Müllsack warf. Nur ein Stück

Lunge legte er zerkleinert in den Futternapf seiner Katzen. Elf Stunden waren seit dem Mord vergangen, als Jens J. keinen erotischen Kick mehr erwartete. Er begann, sich am Leichengeruch zu stören, und beschloss, mit Fabian F.s Auto herumzufahren. Während er etwa vierhundert Kilometer zurücklegte, beschloss er, den Toten zu vergraben. Um ihn besser transportieren zu können, trennte er die Beine ab und steckte sie in einen Müllsack. Als er gerade mit einer Gehrungssäge die Wirbelsäule durchtrennt hatte, klingelte das Telefon. Auf der Suche nach Fabian F. hatte sein Lebensgefährte die gesamte Anrufliste von Fabians Telefon durchtelefoniert. So hatte er zunächst mit Fabians Mutter gesprochen, dann mit dessen Kollegin und schließlich mit dessen Mörder. Der beteuerte, er sei wohl mit einem Fabian verabredet gewesen, der sei aber nicht gekommen. Der Lebensgefährte kündigte an, die Telefonnummer an die Polizei weiterzugeben – und trieb damit Jens J. in die Flucht. Bevor er sich erneut ins Auto seines Opfers setzte, sprühte er seine Wohnung mit Raumspray ein und dichtete die Tür zum Schlafzimmer mit einem Handtuch ab. Nach dreihundert Kilometern fuhr er zurück und begab sich direkt zu einer Polizeiwache. Dort erklärte der übernächtigte Mann, er wolle ein Geständnis ablegen, er müsse unbedingt reden. Die Beamten nahmen ihn zunächst nicht ernst. »Ich dachte, da kommt wieder so ein Spinner, der sich wichtig machen will«, erinnert sich einer von ihnen. Die Inspektion des Tatortes belehrte ihn eines Besseren.

Sieben Monate später findet der Prozess gegen Fabians Mörder statt. Jens J. wirkt jungenhaft mit seinen blauen Augen und der Stupsnase. Er schämt sich, seine Tat nochmals zu schildern. Sein Verteidiger versucht, diese Lücke zu füllen, formuliert für seinen Mandanten eine Erklärung, in der es heißt: »Ich selbst stehe den Vorwürfen fassungslos gegenüber und finde nur unzureichende Erklärungen, wie es so weit kommen konnte. Für die von mir begangene Tat schäme ich mich. Ich wage es nicht, mich bei den Familienangehörigen und Freunden des Opfers zu entschuldigen. Mir ist bewusst, welch schwere Schuld ich auf mich geladen habe. Ich bedaure insbesondere, viel zu lange damit gewartet zu haben, mich wegen meiner Neigungen in therapeutische Behandlung zu begeben. Bis zu der Tat habe ich irrig geglaubt, meine Fantasien im Griff zu haben. Mir ist bewusst, dass dieser Teil meines Ichs in den nächsten Jahren unter gesicherten Bedingungen behandelt werden muss. Ich hoffe, mit Hilfe von Ärzten irgendwann einmal wieder ein normales Leben führen zu können.«

Der psychiatrische Gutachter sieht das ähnlich. Er berichtet dem Gericht von der Familie des Angeklagten: Jens J. sei als mittlerer von drei Brüdern in einer ländlichen Umgebung aufgewachsen. Äußerlich sei es eine intakte Familie gewesen, diesen Eindruck zu erwecken, sei der dominanten, kühlen Mutter sehr wichtig gewesen. Geradezu zwanghaft achtete sie auf Sauberkeit, um das emotionale Wohlergehen ihrer Kinder kümmerte sie sich nicht. Es war ihr egal, wenn ihr Ältester den ein Jahr jüngeren Jens quälte, ihn mit Messern zum sadistischen »Schweineschlachten-Spiel« nötigte, für das sich der Jüngere nackt ausziehen und als »Schlachtschwein« umhertreiben lassen musste. Auch der Vater, der in der Familie offenbar nicht viel zu sagen hatte, griff nicht ein. Jens J. nutzte jede Möglichkeit, der bedrückenden Atmosphäre im Elternhaus zu entfliehen. Bis heute hat er seine damalige Hilflosigkeit und Verunsicherung nicht vergessen. »Immer wenn er von seinem großen Bruder sprach, erfasste ihn eine erhebliche Unruhe«, so die Beobachtung des Gutachters.

Als er vierundzwanzig war, hatte der introvertierte Außenseiter das erste Mal Geschlechtsverkehr mit einem Mann. Während er seinen Höhepunkt erlebte, fantasierte er von verstümmelten Leibern. Diese Vorstellungen traten immer häufiger auf, sie drängten sich immer mehr in den Vordergrund. Jens J. reagierte mit Angstzuständen, er befürchtete einen plötzlichen Herzstillstand. Der Gutachter spricht von einer »Herzneurose«. Als der Angeklagte die Geschichte des »Kannibalen von Rotenburg« hörte, fantasierte er erstmals von menschlichen Innereien. Drängend wurde sein Wunsch, es Armin Meiwes gleichzutun. »Er geriet immer tiefer in seine Perversion hinein und zog sich aus dem sozialen Leben zurück«, sagt der Psychiater. Jens J. hatte sich von seinem Freund getrennt, er ging keiner geregelten Arbeit mehr nach, aß kaum noch etwas, verließ nur noch selten seine Wohnung. Dafür saß er tage- und nächtelang vor dem Computer, chattete mit Gleichgesinnten und diskutierte in einschlägigen Foren über Kannibalismus. Voller Vorfreude simulierte er mittels Fotomontagen, wie er einem Sexpartner auf der Schlachtbank den Kopf abtrennen würde. Doch die Suche nach einem geeigneten Kandidaten gestaltete sich schwieriger als die nach Sklaven für Fesselspiele, da meldete sich immer jemand, so wie Fabian F. Der schien ihm für die Realisierung seiner perversen Gelüste geeignet.

»Es ist nicht zu unterschätzen, welche Gewalt diese Fantasien über einen Menschen haben können«, sagt der Gutachter. Er hält den Angeklagten für einsichtsfähig, aber vermindert steuerungsfähig – er leide an einer Persönlichkeitsstörung mit kannibalistischer Paraphilie. Als »schizotypisch« klassifiziert der Psychiater die Persönlichkeitsstörung, die von schrulligen Verhaltensweisen, der mangelnden Fähigkeit, enge Beziehungen einzugehen, sowie Verzerrungen beim Denken und Wahrnehmen geprägt ist. Dementsprechend habe er Jens J. als verschlossen, gefühlskühl und hypochondrisch erlebt, der Proband denke vage und umständlich, könne seine Gefühle schlecht ausdrücken, neige zu Angstzuständen und paranoiden Ideen.

Dreizehn Jahre Haft wegen heimtückischen Mordes zur Befriedigung seines Geschlechtstriebes, verhängt das Landgericht über den gescheiterten Kannibalen, der in einer forensischen Klinik untergebracht wird. »Er ist krank und allgemeingefährlich, er gehört behandelt und weggeschlossen, das erfordert die öffentliche Sicherheit«, begründet der Vorsitzende Richter diese Entscheidung. »Die Behandlungsaussichten sind eher trübe, wegen seines vorgerückten Alters und des abartigen Krankheitsbildes.«

Der Anwalt hatte in der Verhandlung von der »dunklen Seite« des Angeklagten gesprochen, vor der dieser sich fürchte, die ihn aber auch fasziniere, und auch der psychiatrische Gutachter befürchtet: »Es besteht eine erhebliche Gefahr, dass es weitergeht.« Jens J. hatte ihm gestanden: Beim Masturbieren denke er nach wie vor an Menschenfleisch.

Der Patient: »Dann brauchst du jemanden, der dich schubst«

Das Leben von Hans-Joachim Hermann* ist schnell erzählt: Er war vierzehn Jahre alt, als er mit Nikotin und Alkohol in Berührung kam, mit sechzehn wurde er zur Entgiftung eingeliefert, nach vier Wochen trank er wieder. Mit zwanzig saß er das erste Mal in Untersuchungshaft, zwei Jahre später musste er erneut ins Gefängnis. Nach seiner Entlassung verbrachte er drei Jahre in Freiheit, dann beging er eine schwere Vergewaltigung. Da war er neunundzwanzig. Er wurde zu acht Jahren Haft und zehn Jahren Sicherungsverwahrung verurteilt, die nachträglich verlängert wurde. Hermann war zu diesem Zeitpunkt bereits eine dissoziale Persönlichkeitsstörung bescheinigt worden. Eine Strafvollstreckungskammer hatte beschlossen, ihn zur Therapie und Entlassungsvorbereitung in eine forensische Klinik zu überstellen. Offiziell als Sicherungsverwahrter, praktisch jedoch als Patient. Nach über elfjähriger Therapie in Verbindung mit aggressionshemmenden Medikamenten war es dann so weit: Hermann bekam den ersten Stadtausgang, ein halbes Jahr später durfte er sich eine eigene Wohnung suchen. Zurzeit ist der Achtundfünfzigjährige nur noch einmal in der Woche in der Anstalt – zum Therapiegespräch und um seine Medikamente abzuholen. Seine Entlassung ist ebenfalls beantragt.

Sie leben seit fast dreißig Jahren ununterbrochen unter den Fittichen der Justiz und sind, was die Sicherungsverwahrung betrifft, ein sogenannter Altfall. Was bedeutet das für Sie?

Ich könnte darauf bestehen, dass ich sofort entlassen werde, aber das tue ich nicht. Ich will meine Therapie fertig machen, meine Führungsaufsicht haben, ich will den ganz normalen Weg gehen und dann meine Ruhe haben.

Vor dreizehn Jahren kamen Sie erstmals in eine forensische Klinik. Wie war Ihr erster Eindruck?

Es war ein Schock. Ich wurde von einer Schwester herumgeführt, die mir alles zeigte, auch einen Saal, in dem ein kleiner, dicker Mann saß. Die Schwester meinte: »Hier können Sie rauchen.« Da plärrte dieser kleine Dicke: »Und ich?« Die Schwester beachtete ihn gar nicht. Sie sagte zu mir: »Und da ist ein Zigarettenanzünder.« Darauf der kleine Dicke: »Und ich?« Während der gesamten Führung lief er hinter uns her, und bei allem, was die Schwester sagte, rief er: »Und ich?« Da ist man schon leicht irritiert. Doch das hat sich schnell gegeben, ich habe mich später sehr gut mit ihm verstanden. Man gewöhnt sich an solche extrem Kranken. Und wenn man das geschafft hat, kann man mit allem anderen gelassener umgehen. Aber am Anfang fiel es mir schwer.

Warum?

Mein Leben hat immer nur aus Gewalt bestanden: Als Kind habe ich Gewalt in meiner Familie erlebt, durch meinen Vater und meine älteren Geschwister. Später war es Gewalt in der Rockergang, Gewalt auf der Straße und dann im Gefängnis. Das legt man nicht so einfach ab. Das ist ein langer Lernprozess. Nach zwölf oder dreizehn Jahren liegt er nun endlich hinter mir.

Sie haben sich hier zum ersten Mal in einer gewaltfreien Zone befunden?

Es ist das größte Verdienst der Klinik, dass ich hier endlich gelernt habe, meine Probleme und Konflikte ohne Gewalt zu lösen. Natürlich nicht von Anfang an: Als ich acht Wochen hier war, hat mich in der Arbeitstherapie ein Mitpatient genervt und beleidigt. Ich habe ihn geschlagen, einfach mit der Faust ins Gesicht.

Mit welchem Ergebnis?

Ich bekam vier Wochen Arbeitsverbot und durfte mich nur im Tagessaal beziehungsweise abends im Schlafsaal aufhalten. Das war nicht so angenehm. Ich hockte den ganzen Tag da und langweilte mich. Es gab nichts zu tun, außer Rommé zu spielen.

Einem, der immer die Faust benutzt hat, fällt es schwer, über seine Gefühle zu reden. Wie wurden Sie dazu motiviert?

Wenn man es negativ ausdrücken will, kann man es Erpressung nennen: Entweder du arbeitest mit oder du kommst hier nicht weiter und kriegst keine Lockerung.

Aber man will doch nicht nachgeben?

Auf keinen Fall. Nach relativ kurzer Zeit bemerkt man aber, dass die Therapeuten die besseren Argumente haben. Ich erreiche mit Warten und Diskutieren viel mehr als mit der Faust.

Mit der Faust kann man sich Respekt verschaffen.

Das ist ein Respekt, den ich nicht will – nicht mehr will.

Als Patient wird man vom Klinikpersonal ständig beobachtet. Wie geht man damit um?

Ich bemerke und ignoriere es. Da halte ich mich an den Wahlspruch der anonymen Alkoholiker: »Gott gebe mir die Gelassenheit, Dinge hinzunehmen, die ich nicht ändern kann, den Mut, Dinge zu ändern, die ich ändern kann und die Weisheit, das eine vom anderen zu unterscheiden.« Und das ist eines der Dinge, die ich nicht ändern kann.

Von den Patienten wird viel Disziplin verlangt. Hält man sich immer an die Regeln?

Selbstverständlich nicht, nur meistens wird man dabei erwischt. Dann gibt es wieder Repressalien. Entweder sieht man ein, dass die Regeln, die hier aufgestellt werden, vernünftig sind, oder man sieht es nicht ein, dann wird man ewig gegen den Strom schwimmen und nicht weiterkommen. Nur wenn man wirklich einsieht, dass es sinnvoll ist, kann man sich daran halten.

Gibt es Regeln, die Sie für unsinnig halten?

Klar gibt es die. In dem Haus, in dem ich bis zum Schluss untergebracht war, wird wochentags um Mitternacht der Raucherbalkon abgesperrt. Das halte ich für Blödsinn. Wenn ich in der Nacht um zwei aufwache und nicht wieder einschlafen kann, rauche ich, dann bin ich wieder ruhig und kann weiterschlafen. Es gibt aber andere, die würden sonst jeden Tag von elf Uhr abends bis vier Uhr früh auf dem Raucherbalkon kiffen und dann nicht aus dem Bett kommen. Also muss ich diese Regel akzeptieren.

Sie können sich Ihre Mitpatienten eben nicht aussuchen.

Nein, es ist eine Zwangsgemeinschaft. Mit den allermeisten von denen will ich, wenn ich draußen bin, nichts mehr zu tun haben. Nur mit zwei, drei Leuten aus der Klinik kommuniziere ich regelmäßig, mit denen möchte ich weiter Kontakt haben und die mit mir offensichtlich auch. Den ganzen Rest will ich nicht mehr sehen. Das ist wie im Knast. Auch da gibt es Freundschaften. Und wenn einer entlassen wird, fragt man: »Schreibst du mir mal?« –

»Ja, klar, ich schreib dir.« Der Brief kommt nie. Knastfreundschaften halten genau bis zum Gefängnistor und keinen Meter weiter. Nur bei kriminellen Seilschaften bleibt der Kontakt bestehen. Das weiß die Justiz. Wenn ich entlassen werde und schreibe einem Häftling, registrieren die das, und ich werde genau beobachtet. Wird dann der andere entlassen, werden wir noch genauer beobachtet. Die Wahrscheinlichkeit, dass wir ein Ding drehen können, ohne erwischt zu werden, ist gleich null. Das wissen die meisten Knackis. Aber das ist ein Thema, mit dem ich zum Glück nichts mehr zu tun habe. Genauso wenig wie mit dem Saufen. Mittlerweile kann ich in jedes Lokal gehen, neben mir kann jemand sein Bier und seinen Whiskey trinken, ich kann den Whiskey riechen, es belastet mich nicht.

Wie schaffen Sie das?

Für Alkoholiker ist die Standortbeschreibung verdammt wichtig. Also die Antwort auf die Fragen: Wo komm ich her, wo stehe ich heute, und wo will ich noch hin? Ich will in die Zukunft und nicht wieder in den Dreck, aus dem ich komme – mit der Sauferei, dem Knast, der Psychiatrie.

Diese Standortbestimmung ist Ihr Mantra gegen Versuchungen?

Wenn ich einen schlechten Tag habe, sage ich mir: »Heute saufe ich nicht, bloß heute nicht.« Wenn ich morgen immer noch saufen will, überlege ich neu. Am nächsten Tag, wenn ich darüber geschlafen habe, sage ich mir: »Heute brauchst du auch nicht zu saufen!« Das hilft. Heute nicht – das gilt immer nur für vierundzwanzig Stunden, das kann man leicht durchhalten. Mein ganzes Leben nicht mehr trinken? Diesen Zeitraum kann ich nicht überblicken.

Sind Sie im Maßregelvollzug trocken geworden?

Nein, das ist einundzwanzig Jahre her. Ich war besoffen und hätte beinahe einen Mitgefangenen umgebracht. Der hing im dritten Stock – mit den Kniekehlen überm Geländer, nur sein Hemdkragen war in meiner Hand. »Zieh den zurück«, schrie mich ein Kumpel an. Zu zweit haben wir es geschafft. Damals fing ich an, zu überlegen. Ich sagte mir, entweder säufst du weiter, kannst dich wieder nicht beherrschen und lässt den diesmal los. Dann kommst du überhaupt nicht mehr raus. Oder du säufst weiter und verreckst irgendwann daran. Oder du hörst schlagartig auf und kannst dich etwas besser beherrschen. Dann haust du ihm zwar aufs Maul, hängst ihn aber wenigstens nicht mehr übers Geländer.

Welche Perspektive haben Sie heute? Sie haben eine eigene Wohnung …

… und einen Job. Ich arbeite vierunddreißig Stunden in der Woche in der Küche eines öffentlichen Betriebsrestaurants.

Das ist eine harte Arbeit.

Es geht, ich schaffe es. Wir sind vier Mann, plus eine Praktikantin und eine Spülkraft. Ich fange um sechs Uhr an. Wir beliefern sieben Schulen, bis halb zehn Uhr müssen zweihundert Mahlzeiten fertig sein, anschließend noch hundert bis hundertzwanzig Mahlzeiten für den Restaurantbetrieb. Das klappt. Manchmal klemmt es ein bisschen, dann wird es hektisch und es wird ein bisschen rumgemotzt. Hinterher stehen wir da und sagen: »Hat ja doch wieder funktioniert.«

Für eine Ausbildung sind Sie nun zu alt.

Das ist nicht mehr machbar, also bleibe ich bei meinem Job als Küchengehilfe. Eigentlich bin ich ja gar kein Küchengehilfe mehr, sondern Salatier. Es ist eine schöne Arbeit, sich um die Salate und Salatsaucen zu kümmern.

Sie haben bereits in der Klinik gekocht?
Ich habe die Gruppe der Selbstversorger geleitet. Da ist immer einer von den Leuten, die begleiteten Stadtausgang hatten, zum Einkaufen gefahren. Ich war für die Bestellungen zuständig, für die Abrechnung und das Kochen.

Sie halten sich also gerne in der Küche auf?
Als Kind habe ich meiner Mutter immer gern beim Kochen geholfen, habe Kartoffeln geschält oder beim Backen irgendetwas abgewogen. Im Gefängnis habe ich dann das Pizzabacken gelernt – von einem Mafioso. Der hatte vier Leute umgebracht. Aber er konnte super Pizza backen. Ein guter Teig braucht ein wenig Olivenöl und ein paar Kräuter, Basilikum und Majoran. Bloß ein bisschen – für eine große Pizza nur so viel, wie man zwischen zwei Finger kriegt. Das lässt man während der gesamten Ziehzeit drin, der Teig schmeckt dann viel besser.

Sie können kochen, und Sie waren während der Arbeitstherapie in der Schlosserei …
… und dann in der Handwerkergruppe. Die machen alles, was im Haus anfällt: Malerarbeiten, Schreinerarbeiten. Und in der Beschäftigungstherapie habe ich noch gelernt, mit der Nähmaschine umzugehen.

Sie können inzwischen vieles, was sich Frauen an Männern wünschen. Wie sieht es bei Ihnen mit dem Thema Partnerschaft aus?
Vor etwa vier Jahren habe ich im Klinik-Café eine Frau kennengelernt. Mit der war ich drei Jahre zusammen. Sie war in der All-

gemeinen Psychiatrie und ist dann entlassen worden, sie hat in der Stadt gewohnt. Irgendwann hat sie offensichtlich einen anderen kennengelernt, und ich war immer noch hier. Aber zurzeit bin ich gerade wieder am Flirten.

Da Sie die Gewaltlosigkeit erst hier erlernt haben, muss diese Beziehung für Sie eine ganz neue Erfahrung gewesen sein.

Das war wie das erste Mal, etwas, was ich überhaupt nicht kannte. Okay, Zärtlichkeit hatte ich vorher auch erlebt, aber nicht diese Nähe, diese Gesprächs- und Kompromissbereitschaft. Ich habe nicht mehr so egoistisch gedacht. Ich bin viel mehr auf die Frau eingegangen, als das früher möglich gewesen wäre.

Haben Sie viel Zeit mit ihr verbringen können?

Immer wenn ich Ausgang hatte, waren wir zusammen. Das waren täglich zwei Stunden und am Wochenende sechs. Und abends haben wir telefoniert.

In den ersten drei Jahren ist die Liebe meist sehr groß, bevor sie im Alltag eine andere Qualität bekommt. War es bei Ihnen ähnlich?

Zu einem Alltag ist es nie gekommen. Ich war ja die ganze Zeit hier. Jetzt könnte es mein Alltag werden, wenn ich mit meinem Flirt erfolgreich bin. Ich bin ein großer Rock- und Bluesfan, und ich habe eine Sängerin von einer Band kennengelernt. Ich singe selbst sehr gerne. Jedenfalls ist sie sympathisch, und anscheinend findet sie mich auch nett.

Die Suche nach einem guten Anwalt ist ein großes Thema für Gefangene. Waren Sie mit Ihrem Rechtsbeistand zufrieden?

Vor meiner letzten Verurteilung wurde mir vom Gericht ein Anwalt gestellt. Ich hasse ihn heute noch. Der kam zur Verhandlung und hat das Gericht gebeten, den Prozess möglichst schnell durchzuziehen, er müsse noch zu einer Beerdigung. Nach einer Stunde hatte ich meine acht Jahre und die Sicherungsverwahrung, das war's.

In so kurzer Zeit kann man doch keinen Landgerichtsprozess durchführen.

Wenn die wollen, geht das. Und weil der Vorsitzende Richter während seiner ganzen Laufbahn nur ein einziges Mal ein Urteil geschrieben hat, das vom Bundesgerichtshof gerügt wurde, war meine Revision chancenlos.

Als Sicherungsverwahrter hat man alle zwei Jahre eine Anhörung bei der Strafvollstreckungskammer. Auch dafür wird einem ein Anwalt zur Seite gestellt. Haben Sie dem nächsten mehr Vertrauen schenken können?

Ich habe mehrere Anwälte im Laufe der Zeit durchprobiert. Wirklich zufrieden war ich nur mit zweien. Der eine hat es wenigstens geschafft, dass das erste psychiatrische Gutachten von der Strafvollstreckungskammer insofern gerügt wurde, als es nicht sein kann, dass ein Professor ein 56-Seiten-Gutachten schreibt, nachdem er den Betreffenden eine Minute gesehen hat.

Das war offensichtlich ein Gutachten nach Aktenlage. Und der zweite Rechtsanwalt, mit dem Sie zufrieden waren?

Der hat dafür gesorgt, dass ich hierherkam. Ich wäre aber nicht zu ihm gegangen, wenn der erste Anwalt nicht verstorben wäre.

Was würden Sie am Maßregelvollzug ändern wollen?

Das Essen in der Kantine ist furchtbar. Okay, in den ersten Wochen stört es einen nicht besonders. Aber der Speiseplan wiederholt sich mit leichten Variationen alle vier Wochen. Nach einem Jahr geht dir das Essen nur noch auf den Keks, nach drei Jahren kannst du es nicht mehr sehen. Das müsste wenigstens für den Maßregelvollzug geändert werden. Die Leute sind ja sehr lange hier. Aber ich kenne Kliniken, wo das Essen noch schlimmer ist. Als ich nach meinem Herzinfarkt eine Woche in einem anderen Krankenhaus lag, habe ich vier Kilo abgenommen. Ich habe so gut wie gar nichts gegessen, einen Löffel, und dann »bäh«. Ein Essen ohne Gewürze schmeckt nicht.

Was würden Sie noch ändern?

Es müsste mehr Möglichkeiten geben, sich nach den Therapiezeiten zu beschäftigen, oft bleibt einem nur fernsehen. Es gibt zwar Bastel- und Spielangebote, die werden aber nicht genutzt, weil die Leute nicht dazu animiert werden.

Muss man zum Spielen erst aufgefordert werden?

Das liegt an der allgemeinen Motivationslosigkeit. Die erfasst jeden, das bleibt nicht aus. Wenn du jahrelang hier festsitzt und kein Ende siehst, hast du keine große Lust, irgendetwas zu machen. Dann brauchst du einfach jemanden, der dich schubst: Komm jetzt, mach da mal mit! Und wenn ich diesen Schubser fünfmal bekommen habe, macht das vielleicht wieder Spaß, und dann frage ich von mir aus mal: »Hey, was ist? Spielen wir?« Auf der Station, wo ich zuletzt war, haben wir mit ein paar Schwestern und Pflegern drei, vier Stunden Karten gespielt. Aber im Großen und Ganzen findet so etwas nicht statt.

Woher kommt diese Motivationslosigkeit? Liegt es an dem straff durchgeregelten Tagesablauf oder an der allgemeinen Perspektivlosigkeit, weil man nicht weiß, ob man je wieder rauskommt?

An beidem, vor allem aber am eintönigen Tagesablauf. Jeder Tag ist wie der andere: aufstehen, waschen, Frühstück, Arbeitstherapie, Mittagsessen, Pause, Arbeitstherapie. Dann kommst du um 16 Uhr zurück und dann ist bis 22 Uhr gar nichts mehr, nur die Glotze.

Und am Wochenende?

Den ganzen Tag. Ich habe mir das in dieser krassen Form nie angetan, ich habe viel gelesen oder mich mit Sudoku und Kreuzworträtseln beschäftigt. Doch auch das hat wieder so eine Struktur. Lesen, Rätseln, Lesen, Rätseln, immer das Gleiche. Wenn ich jeden Tag »Mensch ärgere Dich nicht« spiele, gewinnt wenigstens jeden Tag ein anderer!

Es gibt ein Überraschungsmoment.

Spielen ist Interaktion, man hat Kommunikation, man ist mit anderen zusammen. Beim Lesen und beim Rätseln bin ich allein. Das ist ein Rückzug, bei vielen ist es auch eine Abwehrhaltung. Man will das Elend und die Spinner da draußen nicht mehr sehen.

Ihre Entlassung rückt immer näher. Zurzeit kommen Sie nur noch einmal wöchentlich zum Therapiegespräch hierher?

Ja. Außerdem werde ich noch medikamentös behandelt, ich habe zwei Herzinfarkte hinter mir. Ein weiteres Medikament nivelliert meine Aggressionen und Depressionen.

Sie haben unter Depressionen gelitten?

Zeitweise. Einmal stand ich im Gefängnis im dritten Stock auf dem Geländer.

Aber Sie sind nicht gesprungen.

Offensichtlich. Aber in dem Gefängnis sind wirklich einige gesprungen. Jetzt kann man das nicht mehr, nachdem dort Netze gespannt wurden – übrigens nicht, weil sich da gelegentlich ein Gefangener in den Tod gestürzt hat, sondern weil ein Gefangener versucht hat, einen Beamten runterzuschmeißen.

Können Sie sich vorstellen, irgendwann nichts mehr mit dieser Anstalt zu tun zu haben?

Das dauert noch eine Weile. Wenn ich entlassen werde, bekomme ich fünf Jahre Führungsaufsicht, die theoretisch auf sieben Jahre verlängert werden kann. So lange werde ich an die Ambulanz angebunden bleiben.

Die Nachbarin im Ehebett

René R. ist ein smarter Siegertyp, ein Verkaufstalent, ein Top-verdiener mit einem fünfstelligen Monatseinkommen, bis seine Nachbarin Sabine S. schleichend an paranoider Schizophrenie erkrankt und er zur Projektionsfläche ihres damit einhergehenden Liebeswahns wird. Während seiner Zeugenaussage kämpft der Achtundvierzigjährige mit den Tränen: »Nebenan hat sich das Tor zur Hölle aufgetan.«

Über zehn Jahre lebten René R. und die zwölf Jahre jüngere Pädagogin Wand an Wand auf einer Etage. Der Kontakt war gut, im Treppenhaus wechselte man freundliche Worte, und hatte sich Sabine S. ausgesperrt, kletterte sie schon mal über den Nachbarbalkon, der von dem ihren nur durch einen Sichtschutz getrennt war.

Dann aber veränderte sich Sabine S. Die schmale, stupsnasige Frau mit dem Schmollmund verwahrloste zusehends, sie vernachlässigte ihre Garderobe, ihr dunkles Haar wirkte ungewaschen und zerzaust. Das war das äußerlich Sichtbare. Innerlich litt sie an Konzentrationsstörungen und unter akustischen Halluzinationen. Häufig beschwerte sie sich bei der Polizei über Lärm, einmal sogar über den Krach vorbeifahrender Autos, die sie in dem ruhigen Hinterhaus gar nicht hören konnte. Zudem beschuldigte sie ihren Etagennachbarn. Laute Musik würde aus der Wohnung von René R. dringen, die dieser sich inzwischen mit seiner Frau Renata teilte. Kurz darauf fand das Paar einen Zettel in seinem Briefkasten: »Hallo René«, schrieb Sabine S. »Schade, dass Dame Nr. 2 alles kaputt macht. Die hängt sich gedanklich in alles rein. Das nervt voll. Ich will in meiner Wohnung meinen Frieden.« Manchmal klingelte die Briefschreiberin bei ihnen und sagte zu René R.: »Ich will dich nur mal sehen.« Fast jede Nacht klopfte sie nun an die Wand, hinter der sich das Schlafzimmer der Eheleute befand und schrie: »Ich mach dich fertig, ich bring dich um!« Um Ruhe zu finden, schliefen die R.s fortan im Bad. Doch es blieb nicht bei Verbalattacken: René R. befand sich auf dem Balkon, als die psychisch Kranke plötzlich mit einer Stange nach ihm schlug. Sie herrschte ihn an, er solle herkommen, damit sie ihn erschlagen könne. Anschließend stieß sie seine Balkonpflanzen von der Brüstung.

Um dem Terror zu entfliehen, verreisten die R.s. Während des Urlaubs schickte Sabine S. Dutzende von Kurzmitteilungen per Handy, deren wirre Botschaften vor allem an Renata R. gerichtet waren: »Warum verhinderst du nicht, dass sie mir übel mitspielen? Du hast mich gemocht! Selbst wenn ich aggressiv war, das ist nicht meine Grundhaltung! Ich hätte mich sowieso entschuldigt. Was ist mit euch? Dir traue ich noch etwas Durchblick zu. Bitte biete ihnen Einhalt und hilf ihnen, der Gerechtigkeit wegen! Ich weiß, dass du ein guter Mensch bist. Natürlich bist du meine Schwester! Warum lässt du das zu? René schickt dich ohnehin in die Wüste, das ist sein Charakter. So viel Weitsicht habe ich medial. Ich mein ja nur. Erfahrung. Ich wünsch euch das Beste. Dir mehr Frauensolidarität.«

Als die R.s aus dem Urlaub zurückkehrten, bemerkten sie als Erstes das klemmende Türschloss. Als René R. die Flurbeleuchtung anschaltete, traute das Ehepaar seinen Augen nicht: Der Boden war mit Kleidungsstücken übersät. In ihre Wohnung war offensichtlich eingebrochen worden. Licht drang aus ihrem Schlafzimmer. Vorsichtig schlich sich René R. zur geöffneten Tür, fassungslos starrte er auf die von Kerzen beleuchtete Szenerie: Da lag Sabine S., nur mit Slip und T-Shirt bekleidet, im Ehebett der R.s. Die Matratze war nicht bezogen und ganz offensichtlich von der Nachbarin eingenässt worden. »Ich habe mich wie in Schockstarre befunden«, sagt der Zeuge vor Gericht. »Raus, sofort raus!«, habe er geschrien, so lange, bis seine Nachbarin an ihm vorbei geflüchtet war.

Sabine S. hatte die Wohnung nicht nur verwüstet. Sie und ihre – wie das Gericht vermutet – Komplizen hatten etliche Dinge gestohlen: Elektrogeräte, Kleidung, Parfüm, Uhren, Schmuck, Bargeld – der Schaden betrug insgesamt über 30 000 Euro.

Polizeibeamte durchsuchten die verdreckte Wohnung von Sabine S. Zur Identifizierung seiner Sachen war der Bestohlene dabei: »Zwischen ihrer schmutzigen Unterwäsche lagen Fotos von uns, daneben ein Vibrator«, sagt er dem Gericht und schlägt die Hände vors Gesicht. In der Wohnung befand sich noch ein weiteres Bild: Es zeigte einen Racheengel mit Schwert. Das Gesicht des Engels hatte Sabine S. durch ihr eigenes Konterfei ersetzt.

Sie wurde für ein Vierteljahr in ein psychiatrisches Krankenhaus eingewiesen. Dort verweigerte sie sich jeglicher Behandlung und entwich, sobald sich die Möglichkeit dazu bot. Dreimal wurde sie von der Polizei wieder zurückgebracht. Beim letzten Einsatz fanden die Beamten sie versteckt in ihrem Kleiderschrank, bewaffnet mit drei Dosen Pfefferspray und einem langen Küchenmesser.

Unterdessen erwirkten ihre Opfer einen gerichtlichen Beschluss: Der Stalkerin wurde jeder Kontakt zu den R.s untersagt. Trotzdem rief sie weiterhin bei René R. an, mal beschimpfte sie ihn, mal forderte sie ein Treffen unter vier Augen und die Rücknahme der Strafanzeigen – sonst gebe es ein »Finale«. Zu diesem Zeitpunkt hatte ein anderer Nachbar den R.s gesteckt, er habe drei Flaschen flüssigen Grillanzünder auf dem Dachboden, direkt über der Wohnung von Sabine S. gefunden. Wollte sie womöglich einen Brand legen? Die Eheleute hatten Angst um ihr Leben, zwei Wochen später zogen sie aus. In der alten Nachbarschaft verrieten sie niemandem ihre neue Adresse. Doch Sabine S. ließ nicht locker. Die Liebeswahnsinnige fuhr zum Büro von René R. und gab sich gegenüber seiner Sekretärin als Kundin aus. Als sie auf diese Weise nichts erreichte, postierte sie sich vor dem Gebäude und überredete wildfremde Menschen, sich nach der Anwesenheit des Freiberuflers zu erkundigen: Sie sei seine Lebensgefährtin, habe sich mit ihm gestritten und traue sich darum nicht in sein Büro. Auch als »Frau vom Finanzamt« versuchte sie, die neue Adresse der R.s zu ermitteln. Sie setzte sogar Detektive auf René R. an. Denen gegenüber behauptete sie, der Verzogene schulde ihr mehrere Tausend Euro, darum müsse sie wissen, wo er wohne. Einer von ihnen befestigte einen Peilsender am Auto von René R. Weil ihn seine Auftraggeberin nicht entlohnte, wechselte er auf die Gegenseite und warnte den ohnehin völlig verstörten Mann.

Ein Vierteljahr brauchte die Stalkerin, bis sie die neue Adresse der R.s herausbekommen hatte. Sie überredete einen drogenabhängigen Araber, ihr beim Eintreiben von vermeintlichen Schulden zu helfen. Gemeinsam lauerten sie den R.s auf. Als diese das Haus verließen, kam es zur Konfrontation. Sabine S. forderte ihren Begleiter auf, die »Scheiß R.s« zu schlagen und trat René R. ans Schienbein. Der wehrte sich, wurde von dem Araber festgehalten, riss sich wieder los, als er plötzlich ein Messer erblickte, das sein Gegner aus dem Hosenbund gezogen hatte. Beherzt griff René R. in die Klinge und zerschnitt sich die Finger. »Gott sei Dank hat jemand die Polizei gerufen«, berichtet der Zeuge, »sonst säße ich jetzt nicht hier.« Noch immer habe er sich nicht von den psychischen und auch wirtschaftlichen Folgen erholt – er, der potenziellen Kunden früher das Gefühl vermitteln konnte, genau das Richtige im Angebot zu haben, verlor sein wichtigstes Arbeitsinstrument: seine positive Ausstrahlung.

Sabine S. streitet alle Vorwürfe ab: »Ich bin nicht psychisch krank. Ich bin eine ganz normale Frau.« Sie sei das Opfer einer Intrige. Mit gewählten Worten erklärt sie, damals zufällig am neuen Wohnort der Eheleute vorbeigekommen und von diesen verprügelt worden zu sein. Ein Bekannter habe sie gerettet. »Ich hatte das Gefühl, die wollten, dass ich das nicht überlebe«, erzählte sie dem psychiatrischen Gutachter. René R. habe Spaß daran, ein junges Leben zu zerstören, behauptet sie in einem fort – ob die Richterin ihr das Wort erteilt oder nicht. Nicht nur damit strapaziert sie die Geduld des Gerichts, auch durch demonstrative Gesten kommentiert sie pausenlos den Prozessverlauf. So zeigt sie ihrem Opfer einen Vogel oder hebt anerkennend beide Daumen, als die Richterin den Zeugen auf Widersprüche hinweist. »Blasphemische Verleumdung!«, schreit sie, als ein Polizist vom verwahrlosten Zustand ihrer Wohnung spricht. Als sie dann noch von ihrer Bank aufspringt und hysterisch kreischt, ist das Maß voll. Sie wird von der Verhandlung ausgeschlossen.

In ihrer Abwesenheit berichtet der psychiatrische Gutachter von den akustischen Halluzinationen, unter denen Sabine S. seit mindestens drei Jahren leidet. Diese hätten zu ihrem Liebeswahn geführt. Auch ihre ständigen Beschwerden bei der Polizei und andere sonderbare Verhaltensweisen ließen sich darauf zurückführen. Außenstehende nahmen sie als verrückt wahr. »Die tickt nicht mehr ganz sauber«, gab ein Nachbar an, den die psychisch Kranke gebeten hatte, Renata R. »eine reinzuhauen«. Sie war zunehmend sozial isoliert, insbesondere, als sie nicht mehr arbeiten konnte. Ihr blieb nur noch ihre Wahnwelt, in der sie und ihr geliebter Nachbar die Hauptrolle spielten. Der Psychiater berichtet davon, dass Sabine S. bislang, »den Ärzten zuliebe«, lediglich ein Milligramm eines Medikaments nehme, dessen therapeutisch wirksame Dosis bei einem Vielfachen dieser Menge liege. »Je länger diese Krankheit unbehandelt bleibt, desto schwieriger ist die Heilung.« Ohnehin sei es kaum wahrscheinlich, dass Sabine S. jemals wieder zurück in die Realität finde. Zu lange lebe sie schon mit ihrem chronischen Wahn, an den sich das Gehirn mittlerweile angepasst hätte.

Dennoch solle sich die Kranke anhören, warum man sie in den Maßregelvollzug einweist, empfiehlt der Gutachter: »Der Richterspruch hat oft eine ernüchternde Wirkung.« Das Gericht folgt diesem Vorschlag, und Sabine S. nimmt hinter ihrer Verteidigerin Platz.

Geduldig beginnt die Vorsitzende Richterin ihren Vortrag: »Dieses Verfahren und diese Taten haben fast alle Beteiligten auf extreme Weise belastet.« Sie verliest gerade den Zettel, der im Briefkasten der R.s lag: »Schade, dass Dame Nr. 2 alles kaputt macht«, zitiert sie. »Wer die Frau war, die damit gemeint war …«

»Die Hausfreundin«, unterbricht die vor ihr Sitzende. »Hätten Sie mich gefragt, hätte ich es Ihnen gesagt!«

»Sie sind jetzt nicht dran«, verweisen die Richterin und der Staatsanwalt sie gleichzeitig.

»Ich kann mir das nicht alles merken«, verteidigt sich Sabine S. »Später kann kein Mensch mehr reagieren!«

Der Staatsanwalt fordert erneut ihren Ausschluss. Doch die Richterin entscheidet dagegen. »Ich mache noch einen Versuch«, sagt sie und spricht nun über den Wohnungseinbruch.

»Ich war nie in der Wohnung drin«, behauptet die Kranke. »Und es ist mein Recht dazwischenzureden!«

»Ich rede jetzt!«, ruft die Richterin aus.

»Beeilen Sie sich! Ich will diese Lügen nicht mehr hören!«

Wieder beantragt der Staatsanwalt, Sabine S. aus dem Sitzungssaal zu entfernen.

Die entgegnet: »Ich bleibe hier! Mir passt nur dieses steife Prozedere nicht. Ich bin das erste Mal vor Gericht. Ich muss mich daran erst gewöhnen!«

»Schön, aber das ist wirklich der letzte Versuch«, mahnt die Richterin und kommt nahezu unkommentiert bis zum Schluss, an dem sie verkündet, dass Sabine S. in eine forensische Klinik eingewiesen wird.

»Ich habe den Paragrafen 63 nicht verdient«, empört sich die Kranke. »Es ist ein Skandal, ich habe nichts gemacht!«

Dabei hatte noch kurz vor der Urteilsverkündung ihre behandelnde Ärztin als Zeugin ausgesagt: Mitarbeiter zweier Sicherheitsfirmen hätten ihr berichtet, dass Sabine S. sie aus dem Maßregelvollzug heraus beauftragen wollte, »einen Herrn aus dem Verkehr zu ziehen – egal, was es koste«.

Meine Tage mit Schmidt

Schmidt, Schmidt, immer wieder Schmidt! Er will, dass ich leide. Er will, dass ich mich umbringe. Ich werde Lehmann umbringen. Schmidt lacht und sagt, dann soll ich das eben tun. Ich halte dagegen, wenn er das will, werde ich es umso schlimmer machen. Und Schmidt antwortet: Dann mach es eben schlimmer! Ich sage Schmidt, dass er verantwortlich ist für das Morden. Er will es so. Nun kann ich es kaum noch abwarten. Es gibt kein Zurück. Ich will endlich Blut sehen. Ich will offenliegende Gehirne und ausgeschlagene Augen. Ich liebe die Katastrophe. Ich liebe das Entsetzen. Ich liebe das Leid. Ich will, dass es so schlimm wie möglich wird!

Ein Spaziergänger sitzt auf einer Parkbank, sein Hund hat sich zu seinen Füßen niedergelassen. Herrchen hört die rauschenden Bäume, die zwitschernden Vögel und Kinderlachen in der Ferne, als er unmittelbar neben der Bank etwas bemerkt – eine Plastiktüte, die etwas Kastenförmiges enthält. »Ich war neugierig und wollte wissen, um was es sich handelt. Ich habe etwas Graues gesehen. Dann gab es einen Blitz«, so beschreibt Rudolf R. jenen Moment, der ihn in die Dunkelheit katapultierte. Der große, sportlich wirkende Neunundfünfzigjährige hatte eine Rohrbombe in die Hand genommen, die über einen Neigungsschalter verfügte. Solch ein Schalter enthält eine Kugel. Wird er bewegt, rollt die Kugel in die Position, in der sie eine Stromverbindung schließt. Auf diese Weise war das in der Bombe befindliche Schwarzpulver gezündet worden, die

Endkappen ihres Gehäuses hatten dem Explosionsdruck nachgegeben und Hunderte kleiner Schrauben entlassen, die dem Opfer wie Schrapnelle in Gesicht, Hände und Oberschenkel drangen. Das erfuhr Rudolf R. erst im Krankenhaus. Auch, dass es sich bereits um die dritte Rohrbombe handelte, die innerhalb von vier Jahren in den Grünanlagen seines Kiezes hochgegangen war.

Bombe Nummer eins detonierte ebenfalls neben einer Parkbank – kurz vor Mitternacht, so wie es der Täter per Zeitschaltuhr programmiert hatte. Verletzt wurde niemand. Ein Gartenarbeiter bemerkte den zerfetzten Kasten mit den Batterien. Er hielt ihn für Abfall und warf den Kasten, ein Metallrohr und weitere herumliegende Einzelteile, darunter auch die Überreste einer Plastiktüte, auf die Ladefläche seines Fahrzeugs. Seine Kollegen wunderten sich über den komischen Geruch nach Schwarzpulver, über die Kugeln und Nägel, die Drähte und Schalter in dem Kasten. »Das könnte eine Bombe gewesen sein«, mutmaßte einer. Die herbeigerufenen Polizeibeamten sammelten die Fragmente ein, befragten die Anwohner, die tatsächlich einen lauten Knall gehört hatten. Eine heiße Spur ergab sich nicht. Der Fall wurde zu denjenigen gelegt, die ebenfalls einer Klärung harrten.

Vier Jahre später wurden die Ermittlungen wieder aufgenommen. Passanten hatten eine »ordentliche, saubere« Plastiktüte entdeckt, die in der mit Müll übersähten Gegend deplatziert wirkte. Einer von ihnen hatte die Tüte aufgerissen und einen Holzrahmen mit diversen Kabeln erblickt, an dem sich ein Schalter mit der Aufschrift »On« befand. Glücklicherweise hob der Passant seinen Fund nicht hoch, sondern rief sofort die Polizei. Das Gelände wurde weiträumig abgesperrt und Bombe Nummer zwei mit einer Wasserkanone beschossen. Das, was von ihr übrig blieb, gelangte ins Landeskriminalamt. Dort waren die Ermittlungen noch nicht abgeschlossen, als drei Monate später die nächste Bombe explodierte. Erstmals wurde ein Mensch schwer verletzt – der »Tüten-Bomber« musste schnellstens gefunden werden. Doch es gab nach wie vor weder Zeugen noch ein Bekennerschreiben. Die Kriminalpolizei hatte nur die Überreste der Bomben. Diese führten die Ermittler zu einem Elektronikfachmarkt, einem Bastler-Eldorado. Nur hier konnte man unter anderem solche Neigungsschalter kaufen, wie sie in Bombe zwei und drei verwandt worden waren. Mehrere Kunden hatten solche Schalter dort erworben, aber nur einer wohnte so nah an allen drei Tatorten wie Andreas A. – 1300 Meter trennten ihn vom ersten Tatort, 350 Meter vom zweiten und 1500 Meter von der Stelle, an der die Explosion Rudolf R. von der Parkbank gerissen hatte. Und wie viel der sechsundvierzigjährige Schlosser in den letzten sieben Jahren bestellt hatte – mehr als siebenhundert Elektronikteile im Wert von über 7000 Euro! Beamte beschatteten den Mann, um Hinweise auf mögliche Mittäter zu erhalten. »Aber die Observation war unergiebig«, so der Ermittlungsführer vor Gericht. Der Verdächtige unterhielt überhaupt keine sozialen Kontakte, nicht einmal zu seinen Eltern oder zu seiner Schwester. Als die Ermittler später das Handy von Andreas A. überprüften, fanden sie darin nur eine gespeicherte Telefonnummer: die seiner Arbeitsstelle. Dort verhaftete man ihn sechs Wochen nach seiner letzten Tat. Er leistete keinen Widerstand. Die Beamten durchsuchten die Wohnung des Verdächtigen. Schon im Flur fanden sie etliche Plastiktüten, die jenen glichen, mit denen die Bomben umhüllt worden waren. Ein Raum war als Werkstatt eingerichtet worden. Die Beamten fanden dort nicht nur Kunststoffrohre, Countdown-Timer, Neigungs- und Schiebeschalter, sondern auch Optokoppler und Thyristoren, wie sie ebenfalls in den abgelegten

Bomben verbaut worden waren. Letztere waren sogar in derselben Produktionswoche gefertigt worden wie die Teile, die man in den Grünanlagen gefunden hatte.

Die Schlinge zog sich weiter zu, als die Beamten in einem Schrank auf vorbereitete Platinen mit Leiterbahnen aus Kupfer stießen. Auf solche Platinen montiert man elektronische Bauteile. Normalerweise trennt man die überflüssigen Kupferbahnen mit einem feinen Schnitt von den übrigen. Dieser Bastler aber verpasste den Platinen eine individuelle Handschrift, indem er die nicht benötigten Bahnen säuberlich abgekratzt hatte – genau wie bei den Platinen, die bereits im Landeskriminalamt lagerten. Als wäre dies noch nicht genug, fanden die Beamten in der Arbeitslatzhose des Schlossers noch einen Notizblock. »Mein Schwur zu morden bleibt absolut bekräftigt«, stand dort, und: »Meine Lust zu morden wird immer größer.«

Andreas A. wurde verhaftet, die Staatsanwaltschaft schrieb eine Anklage wegen dreifachen Herbeiführens einer Sprengstoffexplosion. Dabei ging sie in zwei Fällen von einem heimtückischen versuchten Mord aus. Der Verteidiger riet seinem Mandanten, mit niemandem über seine Taten zu sprechen. Dennoch empfahl der psychiatrische Gutachter kurz vor Beginn des Prozesses, den Angeklagten von der Untersuchungshaft in den Maßregelvollzug zu verlegen.

Vor Gericht trifft das Opfer erstmals auf den Täter. Rudolf R. will wissen, wer so etwas tut, wer billigend in Kauf nimmt, dass Menschen sterben oder so stark verletzt werden, wie er, der auf dem linken Auge nur noch Hell und Dunkel unterscheiden und die linke Hand nicht mehr richtig bewegen kann. Der behandelnde Augenarzt befürchtet, dass sich eines Tages auch auf dem rechten Auge die Netzhaut lösen könnte – als Spätfolge der Erschütterung.

»Warum hat der Angeklagte das getan?«, fragt sich nicht nur

Rudolf R. Die früheren Arbeitskollegen von Andreas A. können nur wenig zur Lösung dieses Rätsels beitragen. Einer von ihnen, ein geborener Herr Schmidt, hatte gehört, dass der Angeklagte früher anders war: »Ich kenne ihn nur als ruhig und verschlossen. Er war sehr für sich.« Zu Konflikten sei es nie gekommen. Er erinnert sich jedoch an eine Situation, in der Andreas A. an ihm vorbeigegangen sei und gemurmelt habe: »Du kriegst dein Fett noch weg!«

Ein Sachverständiger vom Bundeskriminalamt analysierte die Konstruktion der drei Bomben. Er stellte fest, dass sie das Ergebnis von auffällig vielen handwerklichen Schritten seien. »Detailverliebt« sei der Holzrahmen gebaut worden, in dem die Bombe bis zu ihrer Explosion ruhte. Für die Schaltung vergibt der Sachverständige die Prädikate »ordentlich« und »präzise«. Persönlicher Ehrgeiz müsse hinter dem ungewöhnlichen Perfektionismus stecken.

Diese Einschätzung bestärkt den Psychiater in seinem Gutachten. Das stützt sich insbesondere auf den Inhalt von Dateien, die sich auf dem Computer des Angeklagten fanden – vor allem auf die tagebuchartigen Notizen, die Andreas A. anderthalb Jahre vor seiner letzten Tat verfasst hatte: »Hallo, da bin ich mal wieder«, schrieb er, um im Folgenden durch die Themen zu springen, die ihm den Schlaf raubten. Seine Gedanken zum Kraftsporttraining und zu Fitnessdrinks, zum Kampf gegen seine Schokoladensucht und seine Unfähigkeit, seine Dateien zu ordnen werden jäh durchbrochen von Klagen über die Tage, die »blöde wie immer sind«, die Arbeit, die ihn »ankotzt« und dem Satz: »Das Einzige, was einigermaßen gut lief, ist, dass ich wieder mal meine Rohrbomben weitergebaut habe.« Kontinuierliche »Schmidt«-Verwünschungen durchziehen die wirren Monologe. »Schmidt« würde ihn nachäffen und gegen den Kopf schlagen. »Mein Entschluss, Schmidt umzubringen, ist unumstößlich. Sein Talent, mich in meinem Entschluss zu bekräftigen, ist beachtlich!«

Der erfahrene Gutachter interpretiert diese verstörenden Aufzeichnungen als Hinweis auf einen zwanghaften, getriebenen Menschen mit Denkstörungen: »Er bekommt es nicht so hin, wie er es will. Es verheddert sich in seinem Kopf. Er leidet an paranoider Schizophrenie und hat ein Wahnerleben mit ›Schmidt‹. Er halluziniert Schläge und kommentierende Stimmen imperativer Art.« Für den Psychiater passt die Erkrankung zu der extremen sozialen Isolation von Andreas A. Dies war nicht immer so, wie Arbeitskollegen berichten, die ihn bereits länger kennen. Vor etwa zwanzig Jahren sei er ein sehr zugänglicher Mensch gewesen. Damals habe er auch eine feste Freundin gehabt, bis er sich mehr und mehr zurückzog und seine Pausen lieber allein verbracht. »Soziale Kontakte mit Kommunikation muss er zunehmend als belastend empfunden haben, er fühlte sich bedrängt«, so der Gutachter. Lange schon lebe der Angeklagte mit seinem Wahn, der sich wohl nur zufällig an einen Kollegen namens Schmidt knüpfe und sich mittlerweile chronifiziert habe.

Andreas A. sieht das anders: »Ich bin nicht der Täter, ich habe keine Bomben gelegt. Ich bin nicht geistig krank und nicht psychisch gestört.« Dementsprechend plädiert sein Verteidiger auf Freispruch: »Weil man in seiner Wohnung Bauteile gefunden hat, wie sie auch in den Bomben verwendet wurden, heißt das nicht, dass mein Mandant die Bomben gebaut hat. Das sind Indizien, mehr nicht.« Falls die Richter den Angeklagten in den Maßregelvollzug einweisen wollen, beantrage er, die Psychotherapeuten zu hören, die Andreas A. derzeit in der forensischen Klinik betreuen. Die würden ihn nämlich als psychisch gesund einschätzen.

Liegt hier etwa eine krasse Fehleinschätzung des Gutachters vor? Tatsächlich haben die beiden Therapeuten keinerlei psychopathologische Auffälligkeiten bemerkt. Im Zeugenstand berichten sie, dass der Angeklagte konstruktiv mitarbeite, wenn sie den Patienten die Einrichtung des Maßregelvollzugs erklärten und was es bedeute, psychisch krank zu sein. Andreas A. wirke höflich, still, freundlich und konzentriert, nie verärgert. Er zeige grundsätzlich nur wenig Emotionen und Freude am sozialen Kontakt. »Das macht aber noch keine Geisteskrankheit aus«, so die Therapeuten.

Wie ist in dieser Situation zu entscheiden? Das Gericht lädt nun sämtliche Ärzte vor. Diejenigen mit einer psychiatrischen Facharztausbildung argumentieren aus Sicht der Richter am fundiertesten. Sie meinen, das Bild, das die Therapeuten entworfen haben, sei unzureichend: Falls Andreas A. die »sehr pathologischen Schriftstücke« verfasst habe, könne man nur von einer »doppelten Buchführung« ausgehen – so nennen die Psychiater diese Form der Bewusstseinsspaltung: Die Betroffenen leben ein normales Leben und parallel dazu – wie die Laufschrift bei Nachrichtensendern – laufen ihre wahnhaften Wahrnehmungen ab. Die Oberärztin, die Andreas A. behandelt, spricht von zwei Welten, in denen er gleichzeitig lebe, eine sei normal, die andere wahnhaft. Für die Therapeuten werde es nicht einfach sein, Zugang zu dieser kranken Welt zu bekommen. »Ob sich da jemals eine Tür öffnet?«

Der Patient:
»Man hat mir die Gesellschaft
wieder schmackhaft gemacht«

Sechseinhalb Jahre verbrachte Ulrich Unger* in bayerischen Maßregelkliniken. Vor dreieinhalb Jahren entließ man ihn auf Bewährung. Eigentlich wollte er studieren, doch er versäumte die Einschreibefrist. Statt Vorlesungen besuchte er seine alten Drogenfreunde. Er trank Alkohol, rauchte Haschisch und nahm LSD. Dann wollte einer seiner Kumpels nach Tschechien fahren, um Chrystal Meth zu besorgen. Ulrich Unger bekam Angst vor dem großen Rückfall in die paranoide Schizophrenie. Freiwillig bat er die Anstalt um Aufnahme zur Krisenintervention. Die ist auf drei Monate begrenzt.

Wie ist es für Sie, wieder hierher zurückzukommen?
Einerseits ist es das Beste, was mir passieren kann. Ich war kurz davor, mir harte Drogen zu besorgen. Ich hätte das erst einmal wochenlang genommen und mich wahrscheinlich versteckt, damit die in der forensischen Ambulanz nicht wissen, wo ich bin. Hundertprozentig wäre ich wieder in die Psychose gerutscht, hätte mein Wahngebäude wieder für real gehalten und vielleicht noch ausgebaut. Wer weiß, ob ich überhaupt wieder den Abstand bekommen hätte? Ich hätte mich jedenfalls total kaputt gemacht. Dann wäre das nicht mit einer Krisenintervention erledigt gewesen. Ich hätte Jahre gebraucht, um wieder einen klaren Kopf zu bekommen. Auf der Aufnahmestation habe ich ja solche Leute gesehen, die völlig abgedreht sind und irres

Zeug reden. So wollte ich nicht enden. Deshalb habe ich gesagt: »Okay, klarer Cut, ich will das nicht, und bin hierhergekommen.«

Und andererseits?

Ist es hier ziemlich öde. Ich schau mal, ob ich meine Gitarre und meine Bücher herbekommen kann. Zeit ist hier der größte Gegner, wenn man nicht weiß, was man mit ihr anfangen soll. Das ist ein extremer Stressfaktor, die Langeweile macht einen fertig.

Sie kennen das alles schon, Sie waren ja bereits entlassen …

Ich hatte mich schon wieder in die Gesellschaft eingefügt.

Hatten Sie auch eine eigene Wohnung?

Ich habe alles wieder selbst geregelt. Dann hat das mit dem Studium nicht geklappt, und ich habe die Struktur verloren. Momentan befinde ich mich in diesem Loch.

Wie kommen Sie da raus?

Mit meiner Therapeutin habe ich schon darüber gesprochen, dass ich jetzt über eine Reha-Maßnahme eine Ausbildung zum Fachinformatiker mache, damit ich ein Ziel habe und wieder meinen Weg finde. Vielleicht gehe ich noch für ein Jahr ins betreute Wohnen, damit ich mehr Halt habe. Ich muss wieder eine Struktur haben.

Dürfen Sie während der Krisenintervention die Klinik verlassen?

Heute ist Fallkonferenz, da wird entschieden, ob ich anfangs nur mit den Pflegern oder gleich allein aufs Gelände gehen darf.

Haben Sie jetzt viel Therapie?

Ich gehe zur Arbeitstherapie und einmal in der Woche habe ich ein Einzelgespräch. Ich mache Chigong, das ist gut zum Entspannen, außerdem noch Kunst- und Musiktherapie.

Das hört sich nett an. Hat sich viel verändert während Ihrer Abwesenheit?

Das Miteinander der Patienten ist besser als früher. Ich glaube, das liegt an den rauchfreien Kliniken. Früher traf man sich zum größten Teil im Raucherraum. Jetzt darf man nur noch draußen rauchen. Dadurch gibt es keine Gruppenbildung mehr, das war früher ganz extrem. Da gab es üble Intrigen. Das ist nun vorbei, die Leute sind mehr auf sich selbst fixiert, nicht im egozentrischen Sinne, eher so, dass jeder seinen Weg machen will.

Man beschäftigt sich mehr mit den eigenen Problemen?

Ja, ich finde das besser. Ich mache eine Therapie, weil ich raus will und nicht, weil ich einen Haufen Freunde haben oder der Superstar sein möchte. Wahre Freunde trifft man hier ohnehin nicht. Man ist unter Verbrechern, unter kranken Verbrechern.

Viele der Patienten verhalten sich dissozial?

Ja, das ist ein Problem. Wenn man wie ich mit neunzehn Jahren hier reinkommt, weiß man nicht, an wem man sich orientieren soll. Man ist von dissozialen und kranken Menschen umgeben. Es ist dann schwierig, den Anschluss an die Gesellschaft zu finden. Ich bin zwar auch als dissozial eingestuft worden, aber nach den drei Jahren, die ich draußen war, kann ich schon sagen, dass ich ein sozialer oder teilweise sozialer Mensch geworden bin. Ich versuche, mit meinen Mitpatienten zurechtzukommen. Man hilft sich mit Tabak und Kaffee aus. Nur gegenüber Schnorrern muss man sich hart abgrenzen.

Was haben Sie eigentlich angestellt, bevor Sie im Maßregelvollzug untergebracht wurden?

Raub mit Körperverletzung. Ich war in einem Handyladen und habe der Verkäuferin ein Paket aus der Hand gerissen, dabei hat sie sich in die Hand geschnitten. Außerdem habe ich sie geschubst, sie wäre fast in die Vitrine gefallen. Das nächste Delikt war eine versuchte räuberische Erpressung. Wir haben im Wald gewohnt und einen Hund gehabt. Der ging immer allein spazieren, bis er eingefangen und übers Tierheim vermittelt wurde. Ich habe herausgefunden, wo er ist und versucht, mit den neuen Besitzern zu reden. Die wollten ihn nicht hergeben. Ich habe denen die Tür eingetreten und gesagt, sie sollen ihn herausrücken. Ich wollte ihn mir wiederholen. Außerdem bin ich noch in Autos eingestiegen und habe irgendwas geklaut.

Inwiefern hatten Ihre Delikte mit Ihrer Psychose zu tun?

Ich war verwirrt, habe auf der Straße gelebt, Drogen gebraucht und versucht, an die heranzukommen. Mit der Psychose hatte das nichts zu tun, das war eher Beschaffungskriminalität.

Hätte man Sie nicht in die Entziehungsanstalt schicken können?

Da wäre ich untergegangen, ich bin ja psychotisch gewesen und musste behandelt werden. Das war schon der richtige Weg.

Hatten Sie eine drogeninduzierte Psychose?

Drogen waren der Auslöser. Ich habe mir eine eigene Realität aufgebaut, die ist immer noch vorhanden. Doch kann ich mittlerweile zwischen dieser erfundenen Realität und der Wirklichkeit unterscheiden und habe beschlossen, meine Fantasiewelt zur Seite zu schieben, um mich in die Gesellschaft einzufügen.

Kann man so etwas zur Seite schieben?

Ich möchte nicht angeben, aber ich besitze so viel Intelligenz, das zu unterscheiden; ich habe eingesehen, dass ich krank bin.

Wie sah Ihr Wahngebäude aus?

Ich habe an eine geheime Sprache geglaubt, die man zwischen den Zeilen spricht, so wie beim Flirten. Und ich habe gedacht, dass Leute, die sich unterhalten, über mich reden. Ich war sogar der Meinung, dass der Fernseher mit mir spricht, mir Botschaften sendet und dass ich das, was andere sagen, durch meine Gedankenkraft manipulieren kann. Ich habe geglaubt, dadurch Kontakt zu den Stars zu haben und dass ich in Fernsehserien mitspiele. Das war meine Welt. Für mich hat sie funktioniert, für andere Leute nicht. Das muss ich akzeptieren.

Diese Vorstellungen sind bei Ihnen nicht gelöscht?

Ich könnte mich wieder in diese Welt begeben, wenn ich mich intensiv damit beschäftigen würde.

Wie lange haben Sie sich in dieser Welt aufgehalten?

Etwa vier Jahre lang. Ich habe am Anfang nicht darüber gesprochen, ich habe mich wegen was anderem einliefern lassen.

In die Allgemeine Psychiatrie?

Ja, denen habe ich erzählt, ich höre Stimmen und leide unter Verfolgungswahn. Da war ich noch nicht bereit, über meine Psychose zu reden.

Wie haben Sie es geschafft, zwischen Ihrer Psychose-Welt und der Wirklichkeit zu unterscheiden?

Man hat mir schmackhaft gemacht, mich wieder in die Gesellschaft einzufügen. Ich habe damals eine neue Psychologin bekommen, die war gerade mit ihrem Studium fertig und hatte noch dieses Feuer, diesen Willen, etwas zu verändern. Sie hat sich sehr intensiv mit mir beschäftigt und mir gezeigt, dass ich mit meiner Welt nicht aus dem Maßregelvollzug rauskomme, dass ich in meiner Welt nichts bin und nichts habe, obwohl ich zuvor vom Gegenteil überzeugt war. Mir sind Perspektiven außerhalb meiner Welt aufgezeigt worden: Ich könnte draußen noch etwas werden, könnte die mittlere Reife und das Abitur nachholen. Das hat mir Antrieb gegeben. Wer will schon, wenn er in der Wirklichkeit noch alles haben kann, in eine erfundene Welt zurückgehen, wo er niemand ist?

Das war sicher ein langer Weg.
Anfangs war ich überhaupt nicht therapiewillig. Ich galt als hoffnungsloser Fall. In dieser Zeit hat sich niemand so richtig mit mir beschäftigt, es gab keine Einzelgespräche. Es gab schon eine Therapie, doch die kam bei mir nicht an. So vergingen die ersten drei Jahre quasi ohne Fortschritte. Ich habe den ganzen Tag im Bett gelegen. Einmal wurde ich geweckt und war darüber so sauer, dass ich mein Buch aus dem Fenster geworfen habe. Daraufhin wurde ich isoliert. Später konnte ich mich nicht mehr verkriechen, die Zimmer wurden zugesperrt. So versucht man, den Leuten einen Schubs zu geben. Man kommt ja nur raus, wenn man als therapiert gilt. Wie schnell das geht, liegt an einem selbst.

Haben Sie in diesen ersten drei Jahren nie die Hoffnung aufgegeben, jemals wieder in Freiheit zu kommen?
Doch. Irgendwann war ich hospitalisiert und wollte gar nicht mehr entlassen werden. Mir fehlte die Perspektive: Ich hatte keine Ausbildung und keine Freunde – das waren ja alles Drogenfreunde, die ich draußen gehabt hatte. Und wenn man kein Ziel hat, fin-

det man sich mit der Situation ab. Ich dachte mir, hier habe ich ja alles, was ich brauche, vor allem meine Bücher.

Und dann kam die junge Psychologin.
Ja, und da wollte ich mitarbeiten. Ab diesem Moment hat mich das Personal ganz anders behandelt. Das wurde ein Zusammen, davor war es ein Gegeneinander. Die meisten denken, wenn sie hierherkommen, man wird weggesperrt, und die Pfleger sagen, was man zu tun und zu lassen hat. Es ist schwierig, kein Feindbild aufzubauen und zu begreifen, dass das Personal nicht gegen einen ist. Man wird schon bevormundet, das gehört zur Gehirnwäsche – genannt Therapie. Im übertragenen Sinn muss man sich komplett ausziehen und nackt präsentieren. Dann bekommt man neue Kleider und darf sich wieder anziehen.

Ein schönes Bild.
Ich finde das schon in Ordnung. Ich habe gemerkt, dass man die Therapie mitmachen muss, damit man hier ein gutes Leben hat. Wenn man nur querschießt, wird es schwierig. Ich bekam dann bald Lockerungen. Als ich das erste Mal wieder zur Kirche gegangen bin und unterwegs den freien Sternenhimmel über mir sah, war das für mich ein totales Glückserlebnis. Diese Lockerungsstufen geben einem die Motivation, immer wieder an sich zu arbeiten.

Haben Sie niemals mehr gegen die Gehirnwäsche rebelliert?
Natürlich, bloß ändert das nichts. Entweder man arbeitet an sich oder man bleibt ewig hier. Man hat keine andere Wahl. Es gibt Leute, die sind schon zwanzig, dreißig Jahre hier und rebellieren immer noch. Man muss sich entscheiden: Will ich raus und ein eigenes Leben ohne Bevormundung führen oder eingesperrt bleiben?

Das nennt man Einsicht in die Notwendigkeit?

Es geht vor allem um die Einsicht, dass man krank ist. Ich musste begreifen, dass die Wirklichkeit, die ich erlebe, nicht der wahren Wirklichkeit entspricht. Das muss man erst einmal verarbeiten. Man hält ja das, was man vermeintlich erlebt, für real. Und wenn man merkt, man hat gar keinen Bezug zur Realität, bricht alles in einem zusammen. Man weiß nicht mehr, erlebe ich das hier oder bilde ich mir das nur ein? Diese Erkenntnis ist ziemlich hart. Irgendwann habe ich meine Medikamente gerne genommen. Mit ihrer Hilfe erlebe ich die Wirklichkeit.

Leiden Sie unter irgendwelchen Nebenwirkungen?

Von den Neuroleptika habe ich keine Nebenwirkungen. Es gibt ja verschiedenste Präparate, und man versucht, das Medikament mit den geringsten Nebenwirkungen zu finden. Gegen meine Soziophobie und meine Depressionen bekomme ich Antidepressiva. Die wirken sich auf meine Libido aus. Doch das ist mir lieber, als mit den Ängsten zu leben.

Wie haben Sie mit Ihrer Soziophobie die Visiten überstanden? Da muss man seine Probleme ja nicht nur vor einem Arzt, sondern vor diversen Therapeuten, Sozialarbeitern und Praktikanten ausbreiten …

Eine Zeit lang, wo ich viel mit meiner Angst vor Menschen zu tun hatte, bin ich da nicht reingegangen. Ich habe mich der Situation nicht gewachsen gefühlt. Die Therapeuten merken das irgendwann. Mittlerweile macht es mir nichts mehr aus. Ich geh rein, beantworte ein, zwei Fragen und bin wieder draußen.

Wieso hatten Sie vor Menschen Angst?

Ich dachte, ich habe das Riesengeheimnis entdeckt und müsste es bewahren.

Die Ängste gehörten zu Ihrem Wahngebäude?

Ja, als ich dachte, dass es diese geheime Sprache gibt.

Würden Sie am Maßregelvollzug etwas verändern wollen?

Mich stört, dass man hier keine Beziehung führen kann. Es sollte möglich sein, ein Sexualleben zu haben. Ich musste mehr als sechs Jahre lang unter lauter Männern leben, in einem Alter, in dem man normalerweise das andere Geschlecht und seine sexuellen Vorlieben kennenlernt.

Es sollte einen Raum geben, in den man sich zurückziehen kann?

Ja. Und es sollte die Möglichkeit geben, sich Pornofilme oder -hefte anzuschauen. Das wäre wenigstens eine Alternative. Leider kann man die Stationen nicht nach Straftaten aufteilen, es gibt zu wenig Platz für zu viele verschiedene Verbrecher, darunter Sexualstraftäter und Kinderschänder. Darum muss man allgemeine Regeln schaffen, die für alle gelten, und Pornos verbieten.

Sie werden in Sippenhaft genommen, weil andere ein Problem haben. Sind sexuelle Kontakte verboten oder gibt es dafür nur keine Möglichkeiten?

Man darf hier keinen Sex haben. Früher gab es nur reine Männer- und Frauenstationen, das hat sich inzwischen geändert. Meine Station ist jetzt gemischt.

Wird das Thema nun anders gehandhabt?

Man kann Kontakt aufbauen oder platonische Beziehungen führen. Aber ins Begegnungszimmer darf man nur, wenn man verheiratet ist.

Besteht für Sie an diesem Punkt Nachholbedarf?

Nachdem ich entlassen wurde, habe ich eine Beziehung geführt. Doch ich habe gemerkt, es liegt mir nicht. Es war eine ziemlich komische Beziehung, meine Partnerin war krankhaft eifersüchtig. Das hat mich noch mehr abgeschreckt. Mittlerweile möchte ich keine Beziehung mehr eingehen, ich bin ein Einzelgänger geworden.

Verlorener Sonnenschein

Ihr Exfreund erinnert sich noch an jenen unheilschwangeren Wortwechsel. Die Angeklagte sagte zu ihm: »Samstag ist mein letzter Tag, ich habe genug vom Leben. Danach wirst du mich nicht mehr sehen.«

»Willst du dir etwas tun?«, fragte er.

»Alles kann geschehen.«

»Und was wird aus deiner Tochter?«

»Der Staat kann sich um Montsho kümmern.«

Wenige Tage später findet eine Hundebesitzerin das achtjährige Mädchen. Es liegt mit durchschnittener Kehle vor einer Parkbank. Obwohl sich die Tat an einem Samstagvormittag in einer viel besuchten Grünanlage ereignete, hatte niemand etwas bemerkt. Und von der Mutter des Mädchens fehlte zunächst jede Spur. Am späten Sonntagabend tauchte Malaika M. schließlich im Heim für obdachlose Familien auf, in dem sie in den letzten Wochen mit ihrer Tochter gewohnt hatte. Als ein Polizeibeamter ihre Tasche durchsuchte, fand er Bahnfahrkarten sowie ein Teppichmesser. Am Boden der Tasche entdeckte er einen kleinen braunen Fleck, er sah aus wie Schmutz. Es war das Blut von Montsho.

Trotzdem fahndete die Staatsanwaltschaft nach einem Alternativtäter, ließ insgesamt 67 DNA-Spuren auswerten, ohne Erfolg. Im Gegenteil, die Mutter wurde immer verdächtiger: An Montshos Schultern und ihrer Hüfte, an Malaikas Tasche und Bekleidung sowie in der gemeinsamen Wohnung wurden brillantgrüne Fasern gefunden. Sie müssen kurz vor dem Tod des Mädchens an dessen Baumwollkleidung gelangt sein, sie hätten sonst nicht sehr lange an der geschlossenen Maschenware mit glatter Oberfläche gehalten. Die Fasern können nur von der Bekleidung einer Täterin stammen, die Montsho so vertraut war, dass sie sich eng hinter sie stellen und ohne größere Gegenwehr ihre Kehle von links nach rechts aufschneiden konnte. Zeugen erinnern sich an ein brillantgrünes Kleid, das Montshos Mutter besaß, es ist seit dem Tod ihres Kindes spurlos verschwunden. Malaika M., eine hübsche, rundliche Dreiunddreißigjährige, muss ihre Tochter getötet haben.

Wieso tat sie das? Und warum wirkt sie in der Verhandlung so ungerührt, ja, geradezu fröhlich? Immer wieder huscht ein verstörendes Lächeln über ihr Gesicht. Das kann nicht allein daran liegen, dass sie mit den Anklagevorwürfen nichts zu tun habe, wie es ihre Verteidigerin vorträgt: »Die Ermordung meiner Tochter ist für mich das schlimmste Verbrechen, das ich mir vorstellen kann. Ich habe keine Erklärung dafür, wer ihr das angetan haben könnte und warum. Da ich mich an den Tattag und den darauffolgenden Tag nicht erinnere, kann ich leider keine weiteren Hinweise geben. Ich bin mir absolut sicher, dass ich meine Tochter nicht getötet habe und nichts mit ihrer Tötung zu tun habe. Ich habe sie über alles geliebt und weiß nicht, wie ich mit dem Verlust fertigwerden soll. Für mich ist es unerträglich, dass es bis heute nicht gelungen ist, den wahren Täter zu finden. Dieser befindet sich in Freiheit, während ich in Haft sitze und nichts zu seiner Ergreifung beitragen kann.«

Malaika M. ist die Tochter eines Afrikaners und einer Deutschen. Sie wuchs in einer deutschen Großstadt auf, wo ihre Eltern ein Haus in einem gutbürgerlichen Viertel besaßen, damals, als ihr dominanter Vater noch nicht das Vermögen seiner Frau mit seinen geschäftlichen Flops durchgebracht hatte. »Als ich etwa dreizehn Jahre alt war, erlebte ich Schockierendes«, verliest die Anwältin von Malaika M. Ihr Vater, der in einem Archiv der alliierten Siegermächte arbeitete, wurde wegen Diebstahls zu achtundzwanzig Monaten Haft verurteilt. Er hatte etwa viertausend Dokumente aus der Zeit des Dritten Reichs entwendet und an deutsche Militariahändler verkauft. »Aus den Medien, die über einen langen Zeitraum ausführlich über den Fall berichteten, erfuhr ich, dass mein Vater offensichtlich über enge Kontakte zu kriminellen Kreisen verfügte. Ich konnte seine Tat nicht verstehen. Ich musste erkennen, dass mein Vater nicht die Person war, die er bis dahin zu sein schien. Auch wurden meine Beziehungen in Schule und Freundeskreis durch diesen Skandal, mit dem ich als Tochter des Verurteilten in Verbindung gebracht wurde, erheblich überschattet.« Nach dem Abitur begann Malaika M. ein Politikstudium. Sie war vierundzwanzig, als sie Mwaka M. kennenlernte und von ihm schwanger wurde. Das Paar heiratete und trennte sich ein Jahr später – »ohne Streit«, so Malaikas Exmann. »Es war so, als ob wir noch immer zusammen wären.«

Schon nach der Geburt veränderte sich die hübsche, immer adrett gekleidete, lebenslustige Frau. Sie fühlte sich erschöpft, oft war ihr übel, sie litt unter Kopfschmerzen. In dieser Zeit nahm sie extrem zu und hüllte sich nun in weite, exotisch anmutende Gewänder. »Ich bin von einer Stoffwechselerkrankung oder einer Vergiftung ausgegangen«, trägt die Verteidigerin weiter vor. »Die Symptome waren teilweise so stark, dass es mir nur unter größten Mühen gelang, mich um Montsho zu kümmern.« Sie ging zu Ärzten, die keine körperliche Ursache für ihre Beschwerden fanden. Längst hatte sie ihr Studium abgebrochen, zuweilen kam sie monatelang kaum aus ihrer Wohnung heraus. Kontakte zu anderen Menschen hatte sie nur noch über ihre Tochter. So lernte sie Dufu D. kennen,

der wie sie afrikanische Wurzeln hatte. Von ihm soll sie wenige Monate vor Montshos Tod schwanger geworden sein, jedoch eine Fehlgeburt erlitten haben. Kurz darauf wurde ihre
Wohnung zwangsgeräumt, Malaika M. hatte Mietschulden. Sie
habe nicht zahlen können, weil sie kein Konto besaß und das
Jobcenter den ihr zustehenden Unterhalt ihrem Vater überwiesen hatte. Der habe ihr aber nicht alles ausgezahlt, sie zeigte ihn wegen Unterschlagung an. Drei Wochen vor Montshos
Tod mussten Mutter und Tochter in ein Obdachlosenwohn-
heim ziehen. Der Tiefpunkt im Leben der einst so hübschen
jungen Frau aus behütetem Hause schien erreicht.

Dennoch sei sie der fröhlich aufgeweckten Montsho weiterhin eine liebevolle, geduldige Mutter gewesen, sagen mehrere
Zeugen. Ebenso einhellig berichten sie von den Veränderungen, die sie an Malaika M. in den letzten zwei, drei Jahren bemerkten. Sie habe sich beobachtet und verfolgt gefühlt, meint
ihr Exmann. Einmal bestellte sie ihn zu sich – sie habe in ihrer Wohnung ein Loch in der Wand entdeckt. Mwaka M. sollte
die Polizei rufen. Sie habe auch an Gedächtnisverlust gelitten,
fragte nach etwas, das man ihr bereits mehrfach erzählt hatte,
so der Zeuge. Ein enger Freund berichtet, Malaika M. habe ab-
surde Geschichten vorgetragen: Sie sei schon einmal als Mutter
ihres Vaters auf der Welt gewesen. Oder: Ihre Eltern hätten sie
verhext, darum sei sie so dick geworden. »Das wurde in letzter Zeit immer schlimmer«, sagt der Zeuge. Einem anderen
Freund wiederum berichtete sie, dass ihre Eltern Menschen
fräßen und ihr Vater beim Geheimdienst für Hitler gearbeitet
hätte. »Am Anfang war es, als ob man sich Gruselgeschichten
erzählt«, sagt ihre Freundin Eno, »aber es wurde immer ver-
rückter.« Malaika M. behauptete, jemand habe sich mit einem
Voodoo-Zauber an ihr gerächt. Nun sei sie so krank, dass sie
nicht mehr laufen könne. Sie sei dann zu einem Voodoo-Pries-

ter gegangen, der sie gewaschen habe. Obendrein habe die Angeklagte geglaubt, Montsho sei Opfer sexueller Übergriffe geworden, vielleicht durch Mitglieder eines Pädophilen-Rings. Sie stellte ihre Tochter einem Gynäkologen vor, der diesen Verdacht nicht bestätigte.

Malaika M. litt unter ihrer Situation. Regelmäßig trank sie Zuckerlösungen, Dufu D., ihr damaliger Freund, erinnert sich an »viele Tabletten«. Zu ihrer Freundin soll sie kurz vor dem Tod ihrer Tochter unter Tränen geäußert haben: »Mir ist das alles zu viel. Wieso bist du so stark, und ich schaffe das nicht?« Eno, die auf die wilden Horrorgeschichten anfangs belustigt reagiert hatte, bekam allmählich Angst und machte sich rar. »Das war nicht mehr die Malaika, die ich kannte. Sie war kaputt, am Ende, sie konnte nicht mehr.« Es gab Menschen, die Malaika M. empfahlen, einen Arzt aufzusuchen. Diesen Rat muss sie beherzigt haben: Einem engen Freund gegenüber erklärte die Angeklagte von sich aus, sie benötige eine Psychotherapie. Sie könne sich aber erst behandeln lassen, wenn Montsho groß sei.

Noch in der Gefangenensammelstelle wurde die Angeklagte von einer psychiatrischen Sachverständigen untersucht, die dann nahezu monatlich ihrer Probandin einen Besuch abstattete. Ein gutes halbes Jahr später begann der Prozess, musste aber wieder abgebrochen werden, weil ein Schöffe schwer erkrankt war. Als die Psychiaterin endlich ihr mündliches Gutachten vorträgt, ist Montsho bereits ein Jahr tot und die Sachverständige sich sicher: Malaika M. ist nicht schizophren, sonst hätte sie sich nicht stundenlang konzentriert mit ihr unterhalten können. Ihre Probandin leide vielmehr an einem reinen Verfolgungswahn, das sei während der Untersuchungshaft noch deutlicher geworden. Etwa, als sie darum bat, man möge den Giftnotdienst rufen: Die Luft in ihrer Zelle sei von Hormonen verätzt worden, ihr Essen verstrahlt, die Milch verseucht. Ein andermal warf sie Zettel aus ihrer Zelle, auf die sie geschrieben hatte: »NS-Verbrechen in der Neuzeit: In diesem Gefängnis werden Menschenversuche gemacht (Psychopharmaka, Genmanipulation) und Gefangene ohne rechtsstaatliches Verfahren widerrechtlich festgehalten – kein Witz!« Des Weiteren sandte sie Briefe an die Staatsanwaltschaft und bezichtigte ihren Vater, sie und ihre Tochter sexuell missbraucht zu haben. Außerdem sei ihr ehemaliger Vermieter daran schuld, dass Montsho ein Jahr vor ihrem Tod von einem Auto angefahren wurde. Zuletzt verdächtigte sie noch den Vorsitzenden Richter, Teil eines gegen sie gerichteten Komplotts zu sein.

»Der Wahn ist für den Kranken etwas Gesundes«, meint die Psychiaterin. Er liefere Erklärungen für das ansonsten Unerträgliche. Mit seiner Hilfe wehre der Kranke beschämende, nicht ins eigene Weltbild passende Vorstellungen ab. »Das vermeintliche Wissen wirkt erleichternd. Der Kranke weiß nun, was er zu tun und zu lassen hat. Nur wir Gesunden nehmen die Erklärungsmuster als gestört wahr.« Malaika M. überlege praktisch ständig, wer von ihrer Situation profitieren würde, und habe verschiedene Antworten gefunden: Pädophilen-Ringe, der Vater, der Vermieter, der Vorsitzende Richter.

Die Gutachterin vermutet, dass vor allem die Phase, in der Malaikas Vater sich vom idealisierten Vorbild zum verurteilten Verbrecher verwandelt, eine große affektive Kraft auf die Angeklagte ausgeübt hat – »selbst Jahre danach. Dass er gerade eine solche Tat begangen hat – ist eine schwere Enttäuschung für ein junges Mädchen mit liberaler Einstellung.« Der eigentliche Wahn entwickelte sich dann wahrscheinlich zeitgleich mit dem Scheitern ihrer Ehe. Ihre Fehlgeburt, die gescheiterte Beziehung zu Dufu D. und ihre Obdachlosigkeit beförderten ihn zusätzlich.

»Sie fühlt sich von ihrer Umwelt bedroht«, so die Psychiaterin. »Und ein Verfolgungswahn hat die Tendenz, sich selbst zu verstärken. Falls sie ihre Tochter getötet hat, ist die Angeklagte gefährlich. Jemand, der auf seine Störung schon mal so massiv reagiert hat, wird es weiterhin tun.« Man könne den Wahn mit Neuroleptika behandeln: »Aber wenn er lange besteht, spricht der Kranke nicht so schnell auf die Medikamente an.«

Die Sachverständige kann auch erklären, warum Malaika M. keine Trauer zeige: Sie habe den Tod ihres Kindes bislang gefühlsmäßig abgespalten und verdrängt. Möglicherweise breche diese Abspaltung einmal auf und führe zu einer schweren Depression, schließlich habe die psychisch Kranke ihre Tochter innig geliebt. Im Gespräch mit der Psychiaterin beschrieb sie Montsho als »ihren kleinen Sonnenschein«. »Sie sagte, das Einzige, was in meinem Leben gut gelaufen ist, war mein Kind. Mutter zu sein, das war ihre Vorstellung vom Leben.«

Das Gericht kommt zu der Auffassung, dass die Angeklagte heimtückisch, aber im schuldunfähigen Zustand mordete. »Wir wissen nicht, welches Motiv Frau M. hatte«, sagt der Vorsitzende Richter. Vielleicht habe sie das Mädchen als eine existenzielle Bedrohung wahrgenommen oder die Welt als derart feindselig, dass der Tod das Kind erlösen würde. »Die Ermordung von Montsho ist eine aktuelle Auswirkung des Verfolgungswahns.« Man habe nur wenige Beweise gehabt, die aber sprächen dafür, dass Malaika M. die Täterin sein muss. Am Tag, am dem die kleine Montsho starb, hätten Mutter und Tochter gemeinsam die Wohnung verlassen. Das Mädchen habe sich nie allein außerhalb des Obdachlosenheims bewegt. Es gab Zeugen, die Mutter und Tochter auf dem Weg zum Tatort gesehen hatten. Das Kind habe bei seiner Tötung keine Gegenwehr geleistet. Dies spräche für einen Täter, dem es vertraute. Auch mit ihrer unerklärbaren, fast zweitägigen Abwesenheit habe sich die Angeklagte nicht entlastet, schließlich hatte sie sich davor nicht um eine Betreuung ihrer Tochter gekümmert. »Sie wusste: Für Montsho brauche ich nicht mehr zu sorgen.«

Malaika M. wird in einer forensischen Klinik untergebracht. Sie gesundet allmählich, bald sollen ihr erste Lockerungen gewährt werden. Doch mit der Erkenntnis, was sie in ihrem Wahn angerichtet hat, dass sie sich des Liebsten in ihrem Leben beraubt hat, wächst ihre Hoffnungslosigkeit. Sie empfindet ihre Situation als unerträglich. Ihrer Mandantin sei alles egal, sagt ihre Anwältin. Drei Jahre sind nach der Urteilsverkündung vergangen, als sich die Befürchtungen der psychiatrischen Gutachterin bestätigen. Pfleger finden Malaika M. in ihrem Zimmer. Sie hat sich erhängt.

Kunstfehler

Den ersten Überfall beging Sven-Oliver S. während eines Haft-urlaubs. Er sah eine blonde Frau, die gerade aus dem Parkhaus fahren wollte. Er öffnete ihre Fahrertür und versuchte, sie zum Sex zu nötigen. Der massige Mann würgte sie, stach ihr mit einem Klappmesser zweimal in die Hüfte und griff ihr an die Brust. Sie wehrte sich heftig. Bevor er schließlich von der Frau abließ, raubte er 19 Euro aus ihrer Börse.

Ein halbes Jahr später schlug er wieder zu, wieder in einem Parkhaus, wieder während eines Hafturlaubes. Diese Frau zog er an den blonden Haaren aus ihrem Auto und drängte sie in ein Treppenhaus. Um sie gefügig zu machen, schlug er ihr zweimal mit der Faust ins Gesicht. Dann versuchte er vergeb-lich, sie zu vergewaltigen, schließlich befriedigte er sich selbst. Sein Opfer konnte sich losreißen und die Polizei alarmieren. Die im Treppenhaus gesicherten Spermaspuren wiesen den Weg zu dem damals achtundzwanzigjährigen Häftling, der sieben Jahre zuvor verurteilt worden war. Damals hatte er sei-ner fünf Wochen alten Tochter so heftig aufs Gesäß und ins Gesicht geschlagen, dass der Körper des Babys noch Tage spä-ter Striemen und Blutergüsse aufwies. Zur Verhandlung war damals auch seine Frau erschienen, die schlug er dann im Ge-richtsgebäude.

Für die beiden Überfälle und versuchten Vergewaltigun-gen kam Sven-Oliver S. nicht wieder ins Gefängnis, sondern in den Maßregelvollzug – ein psychiatrischer Gutachter hatte ihm verminderte Schuldfähigkeit wegen einer undifferenzierten Schizophrenie bescheinigt. Ins Urteil schrieben die Richter: »Mit hoher Wahrscheinlichkeit ist damit zu rechnen, dass der vielfach vorbestrafte Angeklagte aufgrund seines Krankheitsbildes weitere erhebliche Straftaten begehen wird.«

Nach sieben Jahren im niedersächsichen Maßregelvollzug genoss Sven-Oliver S. erstmals wieder ein bisschen Freiheit – er erhielt unbegleitete Ausgänge, zunächst zum Einkaufen, später sollte er allein zur Fahrschule gehen. Diese Chance nutzte er und überfiel wieder eine Frau. Er hatte sich eine schwarze Wollmaske übergezogen und passte Elisabeth E. ab, die abends in einer städtischen Einrichtung putzte. Sie öffnete gerade die Haustür, um einen Wischmopp und einen Putzeimer herauszustellen. Er drängte sie an die Flurwand und von dort ins Innere des Gebäudes, wo er ihr befahl, ruhig zu sein und sich »nackig« zu machen. Er schlang ihr einen Kabelbinder um den Hals, den er so fest zuzog, dass sie kaum atmen konnte. Dann injizierte er ihr mit einer Spritze Terpentin in den Arm, in den Oberschenkel und ins Gesäß. »Damit du ruhig wirst«, sagte er. Er stieß Elisabeth E. zu Boden, zog sich ein Kondom über, versuchte in sie einzudringen, es gelang ihm nicht. Schließlich zückte er ein Messer. Sie bettelte, er solle sie leben lassen, sie habe ein Kind. Tatsächlich schnitt er den Kabelbinder durch, wobei er sie, wenn auch nur leicht, an der Haut verletzte. Jetzt forderte er Geld. Sie habe keines, beteuerte Elisabeth E. Erfolglos durchsuchte Sven-Oliver S. ihre Tasche und diverse Schubladen in einem angrenzenden Büro, dann verließ er das Haus. Die Polizei hatte ihn schnell im Verdacht, die am Tatort gesicherten DNA-Spuren brachten Gewissheit: Sven-Oliver S. war wieder rückfällig geworden. Wie konnte das passieren?

Für den mittlerweile Siebenunddreißigjährigen, einen Brillenträger im schwarzen Anzug, dessen Jacke sich über dem dicken Bauch nicht mehr schließen lässt, ist die Antwort klar:

Die Klinik hat ihm Freiheiten gewährt, er hat sie genutzt. Mit regloser Miene sitzt er neben seiner Verteidigerin. Anzeichen von Betroffenheit, Scham oder gar Reue sucht man bei ihm vergebens. Das Lösungsmittel habe er sich aus der Malerwerkstatt der Anstalt besorgt, die Spritze habe ihm ein Pfleger gegeben: »Wenn man so was braucht, bekommt man es auch«, sagt Sven-Oliver S. dem Gericht. Statt zur Fahrschule sei er essen gegangen und habe »das Geschehen« gemacht. Und das Messer? »Das durften Sie doch wohl nicht mit rein- und rausnehmen«, fragt ein Richter. »Natürlich«, entgegnet der Angeklagte. Er habe es in seinem Zimmer aufbewahrt. »Wenn ich's gebraucht habe, habe ich's rausgenommen.« Zehn Tage vor der Tat will er seine Medikamente abgesetzt haben: »Ich war der Meinung, es geht auch ohne.« Er habe die Tabletten in den Ausguss gespült, die Einnahme sei nicht kontrolliert worden, erklärt Sven-Oliver S. Jetzt lebe er in einer anderen Anstalt. »Ich muss sagen, ich fühle mich da besser aufgehoben. Das ist therapiemäßig intensiver, es gibt Einzel- und Gruppengespräche.« – »In der vorigen Klinik hatten Sie das nicht?«, will der Anwalt von Elisabeth E. wissen. »Nein, gar nicht«, sagt der Angeklagte. Der psychiatrische Sachverständige bestätigt diese ungeheuerliche Behauptung: Bis zu seinem Rückfall habe niemand gezielt mit dem Sexualstraftäter über sein Delikt gesprochen – obwohl er die klinikinterne Anweisung befolgt und sich darum beworben habe. Anscheinend habe kein Therapeut mit diesem Patienten arbeiten wollen. »Natürlich ist was schiefgegangen«, sagt der Leiter der Klinik, in der Sven-Oliver S. damals untergebracht war. Das Gericht hat ihn nicht als Zeugen geladen, und so beteuert er außerhalb des Strafprozesses, er und seine Mitarbeiter hätten nicht leichtfertig gehandelt, als sie dem Sexualstraftäter Lockerungen gewährten. Als der Patient in ihre Obhut kam, habe man mit ihm zu kommunizieren versucht, man sei aber nicht zu ihm durchgedrungen. Möglicherweise lag das an den formalen Denkstörungen. Die diagnostizierte erst ein zweiter psychiatrischer Sachverständiger anlässlich des Gutachtens, das alle fünf Jahre über jeden Maßregelinsassen angefertigt werden muss. Zusätzlich bescheinigte er ihm eine dissoziale Persönlichkeitsstörung, die die Taten wesentlich bedingt habe. Auch eine Schizophrenie sei naheliegend. Doch der Sexualstraftäter war bis dahin nicht einmal medikamentös behandelt worden. »Kümmert euch darum‹, hat uns der Sachverständige geraten«, erinnert sich der Chefarzt. »Das haben wir getan.« Nach fünf Jahren habe man Sven-Oliver S. erstmals Tabletten gegeben – mit Erfolg. Das Verhalten des als Querulant bekannten Patienten änderte sich auffallend, er wurde umgänglicher und geselliger. Er konnte sich besser konzentrieren und ging Beziehungen mit Frauen in der Klinik ein – ohne sie zu schlagen. Er arbeitete sogar in der Malerwerkstatt der Anstalt. »Unter der Medikation entwickelte er sich so gut, dass wir die dissoziale Persönlichkeitsstörung als klinisch nicht relevant angesehen haben«, meint der Klinikchef. Dabei hatte der Patient schon einmal mit Angepasstheit geglänzt – als er sich nämlich in Haft befand und wegen seiner »Unauffälligkeit« Wochenendurlaube genehmigt bekam, in denen er die versuchten Vergewaltigungen beging, um anschließend wieder ruhig und gelassen in die Justizvollzugsanstalt zurückzukehren. Jedenfalls schlug man den vermeintlich Genesenden für Lockerungen vor. Bevor solche in Niedersachsen genehmigt werden, wird der Patient einem sogenannten Prognoseteam vorgestellt. Dieses besteht aus drei Forensikern, die nicht in der Anstalt beschäftigt sind, darunter mindestens ein Psychiater. Sie studieren die Krankenunterlagen, sprechen mit dem Lockerungskandidaten und seinen Therapeuten. Dann geben sie ein Votum ab. »Die Anstalt ist nicht daran gebunden, aber sie tut gut daran, sich an das Votum zu halten«, sagt der Leiter des Maßregelvollzugs. Im Fall von Sven-Oliver S. bestätigte das Prognoseteam den von der Klinik unterbreiteten Vorschlag, die Klinik setzte die Empfehlung dann um. So erhielt der Sexualstraftäter ein Jahr vor seinem Rückfall die ersten begleiteten Ausgänge, denen dann unbegleitete Ausgänge folgten, zunächst nur zum Einkaufen: »Halbe Stunde Hinweg, halbe Stunde Einkaufen, halbe Stunde Rückweg. Insgesamt anderthalb Stunden, damit man nicht wie Rotkäppchen vom Weg abkommt«, erklärt der Klinikchef. Alles lief gut. Bald durfte der Patient länger außerhalb der Anstalt bleiben, er sollte endlich seinen Führerschein machen. Zu diesem Zeitpunkt muss er sich zu dem Überfall entschlossen haben. Akribisch besorgte er sich alles, was er für seine Tat benötigte. Die Anstalt habe keine Chance gehabt, das zu bemerken, glaubt deren Leiter. »Ja, er hatte eine Wollmütze, aber ich prüfe nicht bei jedem Patienten, ob er sich vielleicht Schlitze für die Augen hineinschneidet. Kein Patient wird nackt kontrolliert, das würde den Therapieerfolg gefährden.« Das Terpentin stammte aus der Malerwerkstatt: »Wir wären gar nicht auf die Idee gekommen, dass er das auf irgendeine Weise missbrauchen könnte.« Die Spritze schwatzte er einem Pfleger ab, mit der Begründung, damit seinen Tintendrucker füllen zu wollen: »Wir haben darin kein Risiko gesehen.« Kondom, Kanüle, Kabelbinder und Messer kaufte er sich von seinem eigenen Geld: »Das ist wie bei der Drogenbeschaffung: Wer die kriminelle Energie hat, findet Mittel und Wege. Wenn man dann das Resultat sieht, steht man fassungslos da. Wir haben uns von der Psychose blenden lassen. Erst hinterher haben wir erkannt, dass die dissoziale Persönlichkeitsstörung mindestens gleichwertig ist.« Allerdings glaubt der Chefarzt nicht an die angeblich abgesetzten Medikamente: »Er hat sie stets unter Aufsicht eingenommen, er kann sie höchstens wieder herausgewürgt haben.« Doch selbst dann dauere es mindestens zwei bis vier Wochen, ehe die Wirkung der Psychopharmaka nachlassen würde. Die zehn Tage, die der Sexualstraftäter angegeben habe, reichten für relevante Änderungen nicht aus. Dennoch wirft sich der Klinikchef vor, dass er den Patienten nicht durchschaut hat, obwohl er ihn jahrelang kannte: »Es ist ja so, je mehr Erkenntnisse man hat, desto genauer kann eine Vorhersage erfolgen – das ist wie beim Wetter. Und wir wussten ziemlich viel über den Patienten. Trotzdem haben wir das nicht bemerkt. Das ist das Tragische an dem Fall. Der beschäftigt uns sehr.«

Vor Gericht gesteht Sven-Oliver S. seine Tat und folgt damit dem Rat seiner Anwältin, die in ihrem Plädoyer nur konstatieren kann: »Die arme Frau E. tut mir unendlich leid. Ich bitte sie für den Angeklagten um Verzeihung. Nicht, dass ich ihm diesen Text nicht beibringen könnte, aber er empfindet es nicht, ihm fehlt das Mitgefühl.« Dieses Phänomen bezeichnet der psychiatrische Sachverständige als Alexithymie. Diese könnte der Grund für die Brutalität gewesen sein, mit der Sven-Oliver S. vorging. »Er hat so wenig Empathie, dass er nicht nachempfinden kann, dass ein Kabelbinder um den Hals völlig ausreicht, damit eine Frau sagt: ›Mach was du willst, nur lass mich am Leben!‹ Er ist kein Sadist, er hat rein pragmatisch überlegt: Ich möchte eine Frau vergewaltigen, welche Methoden gibt es? Welche Methode am besten ist, weiß ich nicht. Wenn ich alle anwende, wird es schon klappen.« Der Sachverständige ist fest davon überzeugt, dass der Angeklagte die Idee mit den Terpentin-Injektionen von einem Mitpatienten »abgeschaut« hat, der in der Öffentlichkeit als »Diesel-Mörder« bekannt geworden war. Dieser hatte eine junge Frau vergewaltigt und ihr anschließend den öligen Treibstoff in den Körper gespritzt, der die Blutbahnen des Opfers verstopfte, sodass es innerlich erstickte. Angesichts dessen wird deutlich, wie viel Glück Elisabeth E. hatte. Das Terpentin wirkte nicht tödlich, hat aber in ihrem Körper starke Vereiterungen hervorgerufen. Um die Wunden zu säubern, mussten die Ärzte tiefe, bis zu zwanzig Zentimeter lange Schnitte setzen. Die Narben werden sie bis ans Lebensende begleiten. Schlimmer wiegen ihre seelischen Verletzungen. Elisabeth E. werde zurzeit in einer psychiatrischen Klinik behandelt, berichtet ihr Anwalt. Die Mutter einer vierzehnjährigen Tochter, die sie nach dem Krebstod ihres Mannes allein erziehe, leide unter Ängsten, die sich auch auf ihre Tochter übertragen hätten.

Acht Jahre Haft bekommt Sven-Oliver S. für sein Verbrechen, er bleibt weiterhin im Maßregelvollzug. In seiner Urteilsbegründung enthält sich der Vorsitzende Richter jeglicher Wertung, ob die Lockerungen damals gerechtfertigt waren oder nicht. »Das Gericht hat keine Aufklärung betrieben«, meint der Richter. »Es ist die Sache des Nebenklagevertreters, da nachzuhaken.« Der Anwalt von Elisabeth E. will die Klinik auf eine hohe Summe für Schadenersatz und Schmerzensgeld verklagen. »Da gehe ich durch alle Instanzen«, sagt er.

War am Rückfall von Sven-Oliver S. wirklich nur die unglückliche Interpretation einer Diagnose schuld? Brachte er nicht vielmehr die Schwächen eines Systems zum Vorschein, in dem ein sogenanntes Prognoseteam, das den Patienten kaum kennt und an einem Tag auch kaum näher kennenlernen kann, über dessen Lockerungen entscheidet? Ein System, in dem sich ein psychisch kranker Sexualstraftäter um einen Einzeltherapeuten bewerben muss und wenn sich keiner findet, eben ohne jede Therapie bleibt? Das sind Fragen, auf die man in Niedersachsen wohl noch Antworten finden muss.

Der psychiatrische Gutachter: »Ich habe keine Lust, als Entertainer instrumentalisiert zu werden«

Seit 1994 arbeitet Dr. Konstantin Karyofilis als psychiatrischer Gutachter. Vor einem Prozess redet er mit dem Angeklagten über dessen Leben und den Tatvorwurf, anschließend erstellt er ein vorläufiges schriftliches Gutachten. Während der Beweisaufnahme sitzt er im Gerichtssaal neben den Richtern und sammelt weitere Eindrücke, bis er sein endgültiges Gutachten vorträgt. So sprach er auch mit dem Mann, der am Ostersonntag 2008 einen Holzklotz von einer Autobahnbrücke geworfen hatte. Dieser prallte auf die Frontscheibe eines Autos und tötete die Beifahrerin, eine Mutter von zwei Kindern, die auf der Rückbank saßen. Karyofilis stellte damals die Schuldfähigkeit des heroinabhängigen Angeklagten fest. Anders verhielt es sich im Jahr 2012 bei dem Mörder der elfjährigen Lena aus Emden, der ebenfalls zu seinen Probanden gehörte. Auf gutachterliche Empfehlung hin wurde der persönlichkeitsgestörte Mann in den Maßregelvollzug eingewiesen.

Welche Fälle sind für Sie als psychiatrischer Gutachter am interessantesten?
Ich mag die Fälle, wo unklar ist, warum jemand etwas getan hat, wo ich aus der Lebensgeschichte heraus eine Persönlichkeitsentwicklung erkenne und am Ende das Delikt verstehe. Das hat nichts mit Entschuldigen zu tun – ich bin kein Mensch, der dazu

neigt, eine frühkindliche Erfahrung als Auslöser einer Entwicklung zu sehen, die zwangsläufig in die Tat mündet. Mich interessieren Fälle, die einem Entwicklungsroman ähneln – dort ist meine Arbeit am sinnvollsten. Natürlich müssen die Richter auch wissen, ob jemand eine Schizophrenie hat. Doch wenn es um interpersonelle Konflikte von psychisch Gesunden geht, wenn die verminderte Schuldfähigkeit nicht so nahe liegt, ist es für das Gericht ausgesprochen hilfreich, zu wissen, wen es vor sich hat. Die Persönlichkeit des Täters muss ja bei der Verurteilung berücksichtigt werden. Mit den Informationen aus meinem Gutachten können die Richter fundierter überlegen, was sie mit einer Strafe bewirken und welche Möglichkeiten der Bestrafte hat, sich weiterzuentwickeln.

Wie sind Sie zu Ihrem Beruf gekommen?
Während der Facharztausbildung musste man eine bestimmte Anzahl von Gutachten schreiben, darunter waren relativ viele forensisch-psychiatrische Fälle, zuerst natürlich die einfachen. Da habe ich gemerkt, dass ich das gerne mache und gut kann. Als ich meine Facharztprüfung abgelegt habe, wäre ich gerne an der Klinik geblieben. Damals gab es die Ärzteschwemme, von der wir heute nicht mehr so genau wissen, wo sie eigentlich geblieben ist. Das Land Niedersachsen verhängte einen Einstellungsstopp, und ich bekam nur eine halbe Stelle in einer Einrichtung für Drogenabhängige. Ich habe dann bei den mir bekannten Staatsanwälten und Richtern geworben: Ich erstelle Gutachten, und da ich nicht mehr gleichzeitig in einer Klinik arbeite, können Sie mit mir besonders gut Prozesstermine planen. Das hat dann so gut funktioniert, dass ich nach zwei Jahren die halbe Stelle aufgegeben habe und seitdem nur noch Gutachten verfasse.

Gibt es eine spezielle Ausbildung für forensische Psychiater?

Als ich anfing, gab es so etwas noch nicht. Damals hatten sich gerade erst Psychiatrie-Lehrstuhlinhaber, Rechtspsychologen und Richter zusammengetan und Fortbildungsangebote erarbeitet. Dann wurde die Fachgruppe »Forensische Psychiatrie« gegründet, die einem ein entsprechendes Zertifikat ausstellte. Für dieses habe ich siebzig Gutachten nachgewiesen. Fünf davon wurden von den Professoren geprüft. Außerdem musste ich über zweihundert Stunden Fortbildung auf dem Gebiet der Schuldfähigkeitsbeurteilung, der Prognose, der Behandlung, des Strafrechts und Jugendstrafrechts absolvieren. Inzwischen war auch auf europäischer Ebene beschlossen worden, bei den Ärztekammern die Zusatzbezeichnung »Forensische Psychiatrie« einzuführen. Darum habe ich dort noch eine Prüfung abgelegt.

Ich habe den Eindruck, dass an den Landgerichten nur noch selten Prozesse ohne psychiatrischen Gutachter stattfinden.

Das betrifft natürlich nur bestimmte Deliktgruppen, im Wesentlichen den Bereich der Gewaltstraftaten. Bei Wirtschaftsprozessen findet man so gut wie nie psychiatrische Gutachter. Solche Leute müssen geistig gesund sein, sonst würden sie ihre Taten gar nicht hinbekommen. Aber es stimmt, es gibt immer mehr Gutachten. Die Gründe dafür sind vielschichtig. Zum einen erhöht das Angebot die Nachfrage. Die Gerichte und Staatsanwaltschaften sind keine gewinnorientierten Wirtschaftsunternehmen und nicht verpflichtet, sich dafür zu rechtfertigen, warum sie Geld ausgeben. Wenn sie es für richtig halten, einen Gutachter hinzuzuziehen, machen die das. Und wenn es Gutachter gibt, die sich anbieten, sinkt die Hemmschwelle, solche Aufträge zu erteilen. Zweitens gibt es zunehmend Anwälte in Deutschland, denen es wirtschaftlich nicht so gut geht. Die kommen manchmal mitten im Prozess an und sagen, mein Mandant hat mir gestern erzählt, er habe im letzten Jahr Stimmen gehört. Deswegen beantrage ich ein Gutachten. Dadurch verzögert sich das Verfahren, es gibt mehrere Verhandlungstage, die Anwälte werden pro Tag bezahlt, das macht die Sache attraktiv. Womit ich allerdings nicht unterstellen will, dass Anwälte Gutachten grundsätzlich aus unredlichen Motiven beantragen. Gute Anwälte, von denen es erfreulicherweise immer mehr gibt, befassen sich sehr wohl mit ihren Mandanten, lassen sie ausführliche Lebensläufe schreiben und fragen, ob sie sich mal selbst umbringen wollten und ob sie mal beim Psychologen oder Psychiater waren. Gute Anwälte stellen andere Fragen als die Polizei. Es ist jedenfalls meist angemessen, wenn ein Gutachten in Auftrag gegeben wird. Der dritte Grund für die steigende Zahl der Gutachten liegt am Gesetzgeber, der in viel mehr Fällen Gutachten verlangt als früher.

Zum Beispiel?
Beispielsweise müssen seit 2007 die Maßregelvollzugspatienten alle fünf Jahre von einem externen Psychiater begutachtet werden. Es gab früher auch kaum Gutachten, wenn ein Häftling Lockerungen bekommen sollte. Es wurden viel zu wenig Gutachten eingefordert, man wusste gar nicht, wer die machen sollte. So habe ich noch vor einigen Jahren langjährige Häftlinge kennengelernt, über die man heutzutage bereits im Strafverfahren ein Gutachten anfertigen würde. Die haben derart ausgeprägte Persönlichkeitsstörungen, mit denen sie eigentlich in den Maßregelvollzug und nicht ins Gefängnis gehören. Insofern hat die Gutachtenflut durchaus einen positiven Aspekt. Ich denke, die Gerichtsentscheidungen sind dadurch tendenziell besser geworden.

Wo treffen Sie Ihre Probanden?

Die überwiegende Anzahl der Leute, mit denen ich spreche, befinden sich im Gefängnis. Die geraten in Untersuchungshaft oder wollen vorzeitig aus dem Strafvollzug entlassen werden. Selten treffe ich meine Probanden im Maßregelvollzug, nämlich nur, wenn deutlich ist, dass der Festgenommene psychisch krank sein könnte. Dann beantragt die Staatsanwaltschaft ein ärztliches Kurzgutachten, aufgrund dessen derjenige bereits vor der Gerichtsverhandlung im Maßregelvollzug untergebracht werden kann.

Ich stelle mir die Atmosphäre im Gefängnis eher bedrückend vor.

Wohnzimmercharakter gibt es nirgends, aber in den meisten Gefängnissen sind die Örtlichkeiten nicht zu beanstanden – man kann dort eine sachliche Gesprächsatmosphäre herstellen.

Untersuchen Sie Ihre Probanden auch körperlich?

Bei Untersuchungshäftlingen macht das meist der medizinische Dienst. Sofern der Betreffende seine Ärzte von der Schweigepflicht entbindet, kann ich mir die Gesundheitsakte holen. Da sind die Untersuchungen dokumentiert, inklusive Laborbefunden und Drogenscreenings. Nur bei besonderen Anlässen untersuche ich die Probanden selbst.

Was sind das für Anlässe?

Wenn es beispielsweise um chronischen Alkoholismus geht: Da gibt es typische Ausfallerscheinungen und spezifische Veränderungen der Nervenbahnen, die die Motorik koordinieren. Ich untersuche auch, wenn ich eine neurologische Erkrankung vermute, die sich aufs Gemüt auswirkt. Ebenso sehe ich mir die Narben von Selbstverletzern an oder solche, die für einen jahrelangen intravenösen Drogenkonsum sprechen. Erzählt mir jemand, er würde seit zehn Jahren immer in die rechte Ellenbeuge spritzen und ich kann keine typischen Veränderungen feststellen, bezweifle ich auch alles andere, was er mir über seine Drogensucht sagt.

Haben die Probanden überhaupt Lust, Ihnen etwas zu erzählen?
Grundsätzlich müssen die Beschuldigten nicht mit mir sprechen. Das sage ich denen gleich zu Anfang. Dennoch stoße ich selten auf Ablehnung: Bei den meisten Strafverfahren ist klar, wer der Täter ist. Es geht vielmehr um das Warum. Das ist wichtig, und das wissen die Betreffenden, obwohl sie sich häufig zum ersten Mal in Untersuchungshaft befinden – die Rückfälligkeit von Leuten, die Straftaten begangen haben, ist relativ niedrig. Die meisten Untersuchungshäftlinge wurden aus ihrem normalen Leben herausgerissen, haben gerade den Kontakt zu ihren Angehörigen und Freunden verloren, der Arbeitsplatz ist weg. Das ist eine ganz schwierige Situation – unabhängig davon, was die angestellt haben. Die meisten Anwälte haben weder Zeit, sich stundenlang mit ihren Mandanten hinzusetzen, noch die Ausbildung, um mit ihnen über ihre persönliche Entwicklung zu sprechen. Viele Häftlinge sind dann froh, dass sie jemanden haben, der ihnen in Ruhe zuhört.

Obwohl sie schon mit der Kriminalpolizei gesprochen haben?
Die Beamten haben einen anderen Ansatz, sie müssen herausfinden, wer welche Straftat begangen hat. Nur bei schwierigen Verfahren, wenn sie stundenlang jemandem vernehmen, fragen sie auch nach den persönlichen Verhältnissen. Die Kriminalisten haben in dieser Hinsicht nur begrenzte Möglichkeiten, die meisten haben das nicht gelernt.

Sind Sie in Gesprächsführung ausgebildet worden?

Nein, aber ich bin Psychiater von Beruf und habe mittlerweile mit ein paar Tausend Leuten gesprochen. Da lernt man, Stimmungen aufzunehmen, man merkt, was dem Gegenüber wichtig und weniger wichtig ist, man spürt, wann man eine Pause machen muss. Von vielen Taten besitzt man eine Vorstellung, warum sie begangen wurden. Nicht im Detail, aber angenommen, ein Mann geht zur Polizei und sagt, er möchte sich selbst anzeigen, es tue ihm leid, er habe das nicht gewollt, aber er habe vor einer halben Stunde seine Frau mit dem Hammer erschlagen. In solchen Fällen gibt es nicht viele Variablen. Davon ahnen die Betroffenen natürlich nichts. Die gehen zur Polizei und denken, sie sind einzigartig mit ihrem Delikt. Doch es gibt schon gewisse Baupläne von Menschen. Kennt man die, kann man die richtigen Fragen stellen. Gewinnen die Betreffenden den Eindruck, da ist jemand, der ihnen zuhört und Verständnis hat für das, was sie erzählen, sind sie meistens bereit, sich weiter zu öffnen. Die Täter leben für gewöhnlich in der Vorstellung, die Reaktion auf das, was sie getan haben, könne nur in Bestrafung und Verachtung bestehen. Das Bestrafen findet im Gerichtsverfahren statt, die Verachtung schlägt ihnen in der Regel vom Umfeld und aus den Boulevardmedien entgegen. Aber dass ihnen jemand begegnet, der das völlig ausklammert, der nur zuhört und fragt: »Wie ging es Ihnen in der Situation, was lief da ab?«, das entspricht nicht ihrer Erwartungshaltung.

Sie sind froh, nicht fürs Bestrafen zuständig zu sein?

Ich beneide unsere Richterschaft nicht darum, sich auf einen bestimmten Tatablauf festlegen zu müssen. Oft wissen das nicht einmal die Täter oder die Opfer einer Straftat. Die Richter können zwar sagen, dieses und jenes konnte nicht aufgeklärt werden, aber um jemanden zu verurteilen, müssen sie schlussfolgern, im

Großen und Ganzen hat nach unserer Überzeugung dieses und jenes so und nicht anders stattgefunden. Das ist der Anteil des Jobs, um den ich sie nicht beneide. Was ich als Gutachter nicht genau weiß, lasse ich offen. Es wäre ein Kunstfehler, etwas zu behaupten, was ich nicht wissen kann.

Tischt man Ihnen als Gutachter oft Lügen auf?
Nun, mit dem Näherrücken des Prozesses steigt die Menge der angeblich konsumuierten Drogen schon mal an, speziell was den Alkohol betrifft. Einer meiner Probanden zählte mir auf, was er alles getrunken hatte – damit wäre er auf zehn Promille gekommen. Natürlich können die Leute einem erzählen, was sie alles getrunken hätten. Nur muss es insgesamt plausibel bleiben, und die Probanden müssen einem die Folgen ihres ausufernden Alkohol- oder Drogenkonsums beschreiben können. In solchen Fällen schreibe ich ins Gutachten: »Es ergäbe sich eine Blutalkoholkonzentration von 4,5 Promille. In Anbetracht des Verhaltens vor und nach der Tat, der exakten Erinnerungsfähigkeit, des flexiblen Handelns in der Tatsituation ist nicht erkennbar, wie sich eine solche Alkoholvergiftung ausgewirkt haben soll.« Ein ehemaliger Vorsitzender der Oldenburger Schwurgerichtskammer pflegte solchen Angeklagten dann zu sagen: »Wir glauben Ihnen, dass Sie das alles getrunken haben, aber wir glauben Ihnen nicht, dass Sie das alles vertragen haben.« Ansonsten gab es immer mal Probanden, die mir wirre Geschichten erzählt haben. Es war relativ schnell klar, dass sie als schuldunfähig oder zumindest vermindert schuldfähig gelten wollten.

Ohne in den Maßregelvollzug zu kommen?
Soweit es um die unbefristete Unterbringung im Maßregelvollzug gemäß Paragraf 63 Strafgesetzbuch geht, wollen das die meisten nicht. Eine auf zwei Jahre befristete Drogentherapie im Maß-

regelvollzug nach Paragraf 64 Strafgesetzbuch ist dagegen sehr beliebt und meist auch sinnvoll.

Sie hatten noch nie das Gefühl, dass Ihnen jemand etwas vormacht, weil er denkt, der Maßregelvollzug ist die angenehmere Einrichtung?

Einer hatte sich mal geirrt. Der hatte den Maßregelvollzug nach Paragraf 63 mit der Entziehungsanstalt nach Paragraf 64 verwechselt. Der Mann hatte innerhalb von zwei Wochen drei Leute getötet. Ich habe mit ihm im Gefängnis gesprochen. Er erzählte mir ausgesprochen plastisch von Stimmen und Wahnerlebnissen, die er während des Tötens hatte. Er hat mich überzeugt – objektiv kann man das ja in keiner Weise überprüfen. Ich ging davon aus, dass er offenbar eine Schizophrenie hat, und empfahl ihn für die Forensik. Dort begriff er, dass er das, was ihm seine Kumpels im Knast erzählt hatten, nicht richtig verstanden hatte. Er dachte nämlich, Maßregelvollzug ist immer Entziehungsanstalt, also zwei Jahre Therapie und dann ab nach Hause. Irgendwann rief er mich an und sagte: »Herr Doktor, Herr Doktor, ich habe Sie belogen!« Ob ich noch mal kommen könne? Es stellte sich heraus, dass er früher mal Drogen und Halluzinogene genommen hatte, es gab sogar eine kurze drogeninduzierte Psychose. Er hatte die Symptome tatsächlich erlebt und konnte daher erzählen, wie das ist. Das schaffen andere Simulanten meist nicht. Es gab dann einen kurzen Prozess, am Ende hat er lebenslang und Sicherungsverwahrung bekommen.

Gerne behaupten Angeklagte, sich an das Vorgefallene nur in Ausschnitten zu erinnern.

Die Bedeutung von Erinnerungslücken wird oft überschätzt, es herrscht die Vorstellung, wenn man sich nicht erinnern kann, muss ein psychischer Ausnahmezustand geherrscht haben. Das stimmt nicht. Erinnerungslücken sind lediglich die Folge eines Einspeicherungsproblems in das Gedächtnis. Das sagt nichts darüber aus, wie es demjenigen psychisch zu dem Zeitpunkt ging, den er nicht erinnern kann.

Wenn Sie mit Mördern, Totschlägern und Vergewaltigern über deren Taten sprechen, gab es da mal einen Moment, an dem es Ihnen zu viel geworden ist?

Es gibt Leute, die sind erschreckend kaltherzig. Das nimmt man zur Kenntnis. Die sind einem nicht sonderlich sympathisch, die tun einem aber auch nicht sonderlich leid. Das erleichtert den sachlichen Umgang mit ihnen. Belastender ist es, mit Leuten über die traurigen Ereignisse in ihrem Leben zu sprechen, die es in der Biografie von Straftätern häufiger gibt als bei Durchschnittsbürgern. Ein guter Psychiater muss in der Lage sein, emotional mit seinen Probanden mitzuschwingen. Die erzählen einem nichts, wenn man da als fragender Zuhörer völlig neutral sitzt und keine Regung zeigt, während man mit ihnen durch ihre Vergangenheit wandert. Jedenfalls empfinde ich diese traurigen Lebensgeschichten belastender als die Schilderungen irgendwelcher abstrusen Gewalt- oder Vergewaltigungsfantasien.

Mit wem sprechen Sie über Ihre eigenen Gefühle?

Den Richtern erzähle ich in aller Regel nicht, wie ich mich in dem Gespräch gefühlt habe. Nur ausnahmsweise, wenn ich einen für das Gericht wichtigen Aspekt erwähnen möchte, der im schriftlichen Gutachten vielleicht nicht so deutlich wird. Ich sage dann nicht, als er das erwähnt hat, war ich wer weiß wie bestürzt, sondern sage beispielsweise, als ich mit ihm über die Delikte gesprochen habe, wirkte er so kaltherzig, dass die Temperatur im Raum um zehn Grad zu sinken schien. So bekommen die Richter einen Eindruck, wie das berichtet wird, vor allem, wenn die

Angeklagten versuchen, ein ganz anderes Bild von sich zu vermitteln. Ansonsten gilt für mich, dass ich das, was ich von Berufs wegen erfahre, nicht weitertrage. Das ist eher eine ethische als eine rechtliche Frage. Ich stehe ja nicht unter Schweigepflicht, ich bin ein ganz normaler Zeuge und könnte jedem alles bis ins letzte Detail erzählen, was ich jemals von meinen Probanden erfahren habe. Aber das wäre ein Vertrauensbruch.

Auch zu Hause am Abendbrottisch sprechen Sie nicht darüber?

Ich bin froh, wenn ich mich über andere Dinge unterhalten kann. Meine Kinder finden meinen Beruf toll, aber sie mussten erst ein gewisses Alter erreichen, bis ich ihnen davon erzählen konnte. Selbst bei Erwachsenen bedarf es einer gewissen Aufgeschlossenheit und Bildung. Der Unterhaltungswert der Forensischen Psychiatrie ist zugegeben recht groß. Mit einem Fall, den die Leute vielleicht aus der Presse kennen, ist man in geselligen Runden als Gesprächspartner sehr beliebt. Doch es gibt nur wenige, die sich ernsthaft mit der Sache beschäftigen wollen, insofern rede ich wenig über meinen Beruf. Ich habe keine Lust, als Entertainer instrumentalisiert zu werden.

Wie reagieren die Leute in Ihrem privaten Umfeld, wenn Sie hören, was Sie machen?

Der Ruf des Psychiaters hat sich seit der Jahrtausendwende deutlich verbessert. Es ist beinahe salonfähig geworden, seelische Probleme zuzugeben. Doch es gibt schon den Mythos, nach dem Motto: Mit dir unterhalte ich mich nicht, da brauche ich nur drei Sätze zu sagen, und schon durchschaust du mich. Die Leute wollen nicht, dass man in sie hineinguckt, Ihnen vielleicht noch sagt, dass ihr Selbstbild womöglich nicht realistisch ist. Das ist ein Angriff auf die Autonomie eines Menschen. Das erzeugt wesentlich mehr Angst, als wenn man zum Arzt geht und für eine Darmspiegelung die Hose runterlässt. Auch das macht man nicht gerne, auch da gibt man sich eine Blöße. Nur, da kann man sich sagen: Das ist jetzt nicht sehr angenehm, aber das macht der Arzt nicht, weil er Spaß daran hat. Das kann man abspalten und versachlichen.

Welchen Vorurteilen gegenüber dem Maßregelvollzug begegnen Sie?

Es hat sich in weiten Kreisen herumgesprochen, dass die Forensische Psychiatrie eine sehr sinnvolle Institution ist, und zwar nicht, damit die Leute dort zur Ergotherapie gehen und es deutlich besser haben als im Knast, sondern als ausgesprochen wirkungsvolle kriminalpräventive Maßnahme. Doch Vorurteilen begegnet man immer wieder. Vor ein paar Jahren rief mich eine Studienfreundin an, sie sei inzwischen Hautärztin und was ich so machen würde? Als ich es ihr sagte, meinte sie, oh, du bist also einer von denen, die die Leute freilassen, damit sie wieder Straftaten begehen können. Ich habe ihr gesagt, dass wir vor allem die Leute herauslassen, die keine Straftaten mehr begehen, und das sei die Mehrzahl. An der Reaktion habe ich erkannt, dass sie sich nicht weiter damit auseinandersetzen wollte. Wir haben uns dann über etwas anderes unterhalten.

Maßregelpatienten leiden oft an einer Psychose. Warum erfahren viele dieser Kranken oft erst ärztliche Behandlung, wenn sie bereits zum Täter geworden sind?

Die Eigenart dieser Erkrankung ist, dass man sie selbst nicht sieht. Skurrilerweise verfügen Schizophrene häufig über eine ausgesprochene Begabung festzustellen, dass andere psychotisch sind. Sie wissen sehr wohl, dass es diese Krankheit gibt. Gebildete Schizophrene leben in der Vorstellung: Wenn ich das, was ich erlebe, jemandem erzähle, muss der glauben, dass ich eine Schizophrenie habe. Doch das, was ich erlebe, existiert tatsächlich! Das wird mir der andere nur nicht abnehmen, also erzähle ich es lieber nicht. Ich will nicht zu Unrecht in der Klapse landen!

Warum gelingt es psychosekranken Maßregelpatienten nicht, ihre Krankheit zu verheimlichen? Die könnten ja ihren Wahn verleugnen und ihre Entlassung fordern?
Es ist auf Dauer ausgesprochen schwierig, immer zu sagen, draußen ist es hell, obwohl man selbst nur Dunkelheit sieht.

Das heißt, der Psychotiker müsste ständig alles umdeuten.
Genau. Das ist anstrengend. Das was sie erleben, ist für sie die Realität. Die Realität der psychisch Gesunden zu erkennen, fällt ihnen dagegen schwer. Stellen Sie sich vor, Sie haben eine Sonnenbrille mit blau gefärbten Gläsern auf und gehen durch den mit Blumen übersäten Kurpark. Sie wissen genau, es gibt gelbe, rote und weiße Blumen, das ist Ihnen vom Prinzip her bekannt. Wenn Sie diese Brille tragen und es fragt Sie jemand: »Beschreib mal die Farbe der Blume da!« Das werden Sie nicht können. Sie werden Wahrnehmungen schildern, die objektiv nicht richtig sind. Seinen Wahn kann man nur verheimlichen, indem man schweigt.

Beobachten Sie in Ihrem Berufsalltag eine Verlagerung schizophrener Patienten von der Allgemeinen Psychiatrie in die Forensik – weil die Allgemeine Psychiatrie nicht genügend Ressourcen hat, die Leute aufzuklären?
Das liegt am Krankenversorgungssystem. Die Behandlung von psychischen Erkrankungen dauert eine gewisse Zeit. Steht diese nicht zur Verfügung, lässt das Behandlungsergebnis entspre-

chend zu wünschen übrig. Das mag mal mehr, mal weniger gravierende Folgen haben. Nur wenn Patienten mit psychischen Krankheiten, aus denen heraus typischerweise Straftaten begangen werden, nicht angemessen behandelt werden, steigt die Wahrscheinlichkeit, dass sie wieder krank werden und dann Straftaten begehen.

Die Krankheit wird chronisch?
Richtig. Wenn die Krankenkassen sagen würden: Wir zahlen nur noch jeden zweiten Tag Ihre Medikamente, dann würde die Anzahl der Diabetiker im Land rasant zunehmen, und damit die durch Diabetes verursachten Folgeerkrankungen, also Gefäßerkrankungen und Herzinfarkte.

Wenn ich psychotisch werde und einen guten Psychiater erwische, der mich über meine Krankheit aufklärt, habe ich bessere Chancen, zu gesunden?
Ja. Doch es geht in den meisten Fällen weniger darum, die Patienten aufzuklären, sondern sie eine gewisse Zeit stationär zu behandeln. Und wenn eben jemand noch nicht gesund ist, aus Kostengründen aber schon aus der Klinik entlassen werden muss, besteht die Gefahr, dass er irgendwann einfach keine Medikamente mehr nimmt, weil seine Einsicht in die Krankheit nicht gefestigt ist.

Was muss passieren, damit ein Psychotiker wieder gesund wird?
Man geht heutzutage davon aus, dass für die Entstehung von Psychosen sogenannte Neurotransmitter-Verschiebungen zuständig sind. Bestimmte Botenstoffe werden nicht mehr in der Form ausgesandt oder von den Rezeptoren empfangen, wie das üblicherweise der Fall ist. Man versucht, dieses gestörte

Gleichgewicht medikamentös wiederherzustellen und zu halten. Manchmal muss man diese Mittel jahrelang nehmen.

Können sich die betroffenen Gehirnregionen wieder regenerieren?

Ja, bei einem Drittel der Betroffenen ist das so. Sie müssen nach der Akutbehandlung etwa zwei Jahre lang die Medikamente als Rückfallprophylaxe nehmen. Danach kann man sie ausschleichen und hoffen, dass das Gleichgewicht stabil bleibt. Ein Drittel hat dieses Glück und bekommt nie wieder einen Rückfall. Ein weiteres Drittel hat Konzentrationsschwierigkeiten, bekommt ab und zu einen Rückfall, der sich aber gut behandeln lässt. Das übrige Drittel bleibt krank. Die erholen sich nie wieder, wobei im Laufe der Jahre aber die Produktivsymptomatik – also der Verfolgungswahn oder das Stimmenhören – einer sogenannten Negativsymptomatik weicht. Die Gefühle verflachen zunehmend, man wird antriebsarm, desinteressiert und zieht sich immer mehr zurück. Wir sprechen dann vom Versanden. Die Leute sitzen einfach nur herum, beschäftigen sich sehr oberflächlich und sind schwer zu motivieren.

Für die Antriebsarmut zeichnet die Krankheit verantwortlich und nicht das Medikament?

Die Ära der massiven Nebenwirkungen ist vorbei, man wird in der Psychiatrie nicht mehr mit Medikamenten ruhiggestellt. Warum haben denn die psychiatrischen Kliniken seit Anfang der Neunzigerjahre etwa sechzig Prozent ihrer Betten verloren? Das liegt auch an den verbesserten Medikamenten. Früher sind die Patienten durch klassische Neuroleptika wie »Haldol« sehr beeinträchtigt gewesen. Die antipsychotischen Medikamente waren stark dämpfend. Mit den modernen Neuroleptika behandelt man selektiv das Symptom der Psychose, und die gesunden Bereiche funktionieren nach wie vor relativ gut.

Man hat dennoch in manchen Sicherungsverfahren das Gefühl, dass die Beschuldigten relativ starr dasitzen.

Am Anfang kann das so sein. Akute Psychosen gehen häufig mit erheblichen Affekten einher, also mit Wut, Reizbarkeit, Aggressivität und Angst. Da muss man das gesamte System herunterfahren. In der weiteren Behandlung kann man das austarieren. Das soll kein Dauerzustand sein.

Zwei Jahre nach Ausbruch der Krankheit weiß man, zu welchem Drittel man gehört?

Letztlich kann man erst am Ende des Lebens sicher sagen, wer zu welcher Gruppe gehört. Es gilt immer: Je schneller man behandelt, je schneller die Symptome rückläufig sind und je besser die Nachsorge ist sowie das Verständnis der sozialen Umgebung des Patienten für dessen Erkrankung, desto besser sind die langfristigen Aussichten auf ein gutes Leben. Schlechtere Chancen hat man bei erblicher Vorbelastung und bei schlechteren psychosozialen Lebenslagen wie Stress, Armut, Alkohol, Drogen – all diese Dinge begünstigen, dass die Krankheit wieder auftritt.

Sie haben als Gutachter eine große Macht über Ihre Probanden und tragen gegenüber Ihren Mitmenschen eine große Verantwortung. Beeinflusst das Ihre Arbeit?

Machtgefühle spielen für mich keine Rolle. Wenn ich ein Herz-Thorax-Chirurg wäre, hätte ich ebenfalls eine große Verantwortung, wenn ich Ihren Brustkorb öffne.

Nur mir gegenüber und vielleicht gegenüber meinen Angehörigen.

Wäre ich Brückenbauer, sind da schon eine Menge anderer Leute betroffen. Viele Leute haben Verantwortung für andere Leute, ich auch. Und ich weiß, dass ich dieser Verantwortung nur gerecht werde, wenn ich meine Arbeit sorgfältig mache. Das tue ich.

Vor unserem Interview sprachen Sie scherzhaft davon, Sie könnten eine Anthologie mit dem Titel »Meine miesesten Gutachten« zusammenstellen. Was meinten Sie damit?

Damit will ich nicht sagen, dass zehn Prozent meiner Gutachten schlecht und falsch sind. Jeder Anfänger macht Fehler. Ob Sie Gutachter werden, Tennis spielen oder Mutter sein wollen – einen fehlerfreien Lernprozess gibt es nicht. Deswegen bin ich mir sicher, dass es Gutachten aus meinen Anfangsjahren gibt, die ich heutzutage nicht mehr gerne unterschreiben würde. Das hat nichts damit zu tun, dass ich mir damals der Verantwortung nicht ausreichend bewusst war, eher nicht des Umfangs meiner Unkenntnis. Berufserfahrung ändert den Blick und die Bewertung. Insofern werden alle Kollegen zu der Anthologie »Meine miesesten Gutachten« etwas beitragen können – sicherlich keine aktuellen Gutachten.

Von welcher Art waren Ihre Irrtümer?

Das betraf vor allem die juristischen Schlussfolgerungen zur Betrachtung der Schuldfähigkeit. Da habe ich anfangs sicherlich nicht immer die richtigen Maßstäbe angelegt, ich hatte nicht genügend Vergleiche. Und es ist schwierig: Schuldfähigkeit ist kein mathematisch-physikalisches Konstrukt. Da kann man nichts ausrechnen, und hinterher kommt Paragraf 20 oder 21 heraus, also aufgehobene oder verminderte Schuldfähigkeit. Da habe ich sicherlich mal Überlegungen vor Gericht vorgetragen, die ich heutzutage nicht mehr vortragen würde. Mein Beruf spielt auch eine Rolle. Ich bin Psychiater, das heißt, ich habe eine Ausbildung durchlaufen, in der ich mich mit Menschen befasst habe, die aufgrund psychischer Erkrankungen in die Klinik kommen. Gerade Persönlichkeitsstörungen, Depressionen und Neurosen haben etwas mit der Frage zu tun, wie Menschen ihre inneren Konflikte verarbeiten. Begegnet man als Psychiater einem Straftäter, der etwas Unfassbares getan hat, unterhält man sich mit ihm zunächst genauso wie mit seinen Klinikpatienten. Dann stellt man fest, der wurde ebenfalls von seiner Mutter gehauen, vom Vater nicht geliebt, vom Bruder sexuell missbraucht – was alles passieren kann in einem Menschenleben. Und nun meint man als junger Psychiater: Aha, das ist offenbar eine Lebensgeschichte, die ähnelt der des Klinikpatienten, der diese schweren Depressionen oder Herzphobien hatte! Dann sieht man schnell irgendeinen biografischen Zusammenhang zur Tat und attestiert eine auffällige Persönlichkeit und schließt eine verminderte Schuldfähigkeit nicht aus. Es dauert eine Anzahl von Berufsjahren, bis man begriffen hat, dass die Biografien von Menschen erstens fast nie unbelastet sind und dass Belastungen in der Biografie über die Frage der Schuldfähigkeit überhaupt nichts aussagen – dass die Mutter, die den kleinen Jungen mit sechs verhauen hat, sicherlich nicht dadurch bestraft wird, dass dieser Junge, wenn er dreißig ist, eine Frau vergewaltigt und hinterher umbringt. Da gibt es zunächst keinen Zusammenhang, vor allem keinen, der die Verantwortlichkeit desjenigen beeinträchtigt. Es dauert, bis man verstanden hat, worin sich Gesetzesbrecher von Gesetzestreuen unterscheiden oder eben nicht und dass dies mit Krankheit überhaupt nichts zu tun haben muss. Aber der typische forensische Psychiater kommt eben nicht aus einem sozialen Problemviertel mit Alkoholiker-Eltern, sondern aus einem bildungsnahen Elternhaus, aus einer Gesellschaftsschicht, in der diese Dinge, mit denen wir uns hinterher beruflich befassen, fremd und theoretisch sind. Man muss lernen, dass jemand, der mehrere Vergewaltigungen begeht, mitunter trotzdem eine ganz normale Biografie hat. Nur gibt es eben Menschen, die sich dafür entscheiden, ihr Abitur zu machen und andere, die sagen: »Schlechte Laune, meine Frau will nicht, jetzt wird sie mal vergewaltigt.« Das geschieht innerhalb des normalpsychologischen Entscheidungsspektrums. Bevor ich das begriffen hatte, habe ich sicher auch Täterpersönlichkeiten psychopathologisiert, obwohl es einfach nur schlechte Menschen waren.

In der Forensischen Psychiatrie werden triebdämpfende Medikamente eingesetzt. Ist diese sogenannte chemische Kastration ein probates Mittel, um persönlichkeitsgestörte Sexualstraftäter zu therapieren?

Die chemische Kastration ist ein geeignetes Mittel, um den Mann von der Erektion zu befreien. Der Sexualtrieb wird gesenkt. Trotzdem haben impotente Männer sexuelle Fantasien und Bedürfnisse. Dazu muss man wissen: Beim Erleben von Sexualität, egal ob partnerschaftlich oder durch Selbstbefriedigung, gibt es einen Kreislauf, der sich selbst erhält. Wenn man Fantasien hat und befriedigt sich dabei, hat man hinterher einen Orgasmus. Die Fantasie wird mit etwas Positivem verknüpft. Im Gehirn wird das Belohnungssystem aktiviert, das Gehirn sagt wertneutral: »Aha, sexuelle Fantasien sind klasse. Wenn ich die auslebe, kommt für mich häufig ein schönes Gefühl dabei heraus!« Diese Verknüpfung hält den Kreislauf am Laufen. Wenn es nun unmöglich geworden ist, über das Onanieren das Belohnungssystem zu aktivieren, funktioniert das Ganze nicht mehr. Ständig nur an Sex zu denken und ihn nicht haben zu können, ist auf Dauer frustrierend. So wird Sexualität im Leben der chemisch Kastrierten weniger wichtig.

Wie geht es dann weiter?

Gelingt es, das Ausmaß ihrer sexuellen Fantasien so weit zu reduzieren, haben die Betreffenden wieder mehr Platz für andere

Gedanken. Mitunter ist es so, dass die Therapie ihrer sexuellen Devianz erst möglich ist, wenn sie nicht mehr ständig daran denken.

Die Patienten kommen zur Ruhe.
Genau. Stellen Sie sich vor, Sie hätten ständig irrsinnige Schmerzen im Kniegelenk, sind völlig verkrampft, können nicht mehr stehen und laufen. Dann kommt der Krankengymnast und sagt: »Wir üben jetzt mal, den Rücken zu entspannen!« Das funktioniert nicht. Gelingt es Ihnen, dieses Knie für ein paar Stunden zu betäuben, kann man an anderen Stellen sehr viel entspannter arbeiten.

Insofern sind diese triebdämpfenden Mittel sinnvoll.
Ja. Die haben natürlich starke Nebenwirkungen, das Ganze ist nicht unbedingt gesund. Das größere Dilemma ist: So lange sie chemisch kastriert sind, können sie nicht üben, was sie vermutlich schon vorher nicht konnten, nämlich normale, sexuelle Kontakte zu Frauen einzugehen. Es ist schwierig, sich in einer Partnerschaft zu erproben, wenn man keine Erektion bekommt. Dann der Frau zu sagen, »Ich bin impotent, weil ich chemisch kastriert bin, da ich vorher dies und das gemacht habe«, ist ein großes Problem. Da muss man schauen, wann man den Betroffenen ihre Erektionsfähigkeit wieder zurückgeben kann.

In welchen Momenten mögen Sie Ihre Arbeit besonders?
Es gibt bei allen Entscheidungen, die wir den Gerichten nahelegen, einen gewissen Ermessensspielraum. Als Gutachter hat man immer die Möglichkeit, sich dem Lager der Pessimisten anzuschließen oder dem der Optimisten. Die Pessimisten genießen oft das größere Ansehen. Düstere Prognosen befriedigen das Sicherheitsbedürfnis der Leute. Es heißt dann: Oha, ist der ge-

fährlich! Danke, dass Sie uns gewarnt haben! Die Betroffenen werden auf diese Weise natürlich niemals entlassen, wodurch sie niemals die Chance erhalten, zu zeigen, dass sie nicht mehr gefährlich sind. Schwarzmalen ist einfach, da ist man auf der sicheren Seite. Mir gefällt es besser, wenn ich mich fachlich gerechtfertigt für einen Entlassungskandidaten einsetzen kann – nicht weil ich den mag, sondern weil ich das Gefühl habe, der ist jetzt so weit. Oder ich sorge dafür, dass jemand nicht ins Gefängnis, sondern in den Maßregelvollzug kommt, weil er davon profitiert. Oder ich treffe Leute irgendwann wieder und die sagen: »Ich weiß noch, was Sie damals zu mir gesagt haben. Das war ein guter Tipp, das hat mir geholfen, dass ich im Leben weitergekommen bin.« Dann bin ich sehr zufrieden mit meinem Beruf.

Wann fühlen Sie sich weniger gut?
Wenn ich gegängelt werde, wenn ich unter Zeitdruck stehe, wenn das, was ich über Probanden erzähle, aus Voreingenommenheit heraus nicht verstanden werden möchte.

Wenn die Richter schlechte Entscheidungen treffen, obwohl sie die Möglichkeit hätten, bessere zu treffen. Ich hatte den Fall eines Mannes, der im Chat eine junge Frau kennengelernt hatte und sie zu sich nach Hause einlud. Es kam von seiner Seite zu Annäherungsversuchen. Als sie sich wehrte, nahm er ein Messer, vergewaltigte sie und stach ihr mehrmals in den Hals. Da lebte sie noch. Dann hat er sie ins Badezimmer geschleift, ihr die Kehle durchgeschnitten und sie in die Dusche gelegt, damit sie dort ausblutet und nicht alles schmutzig wird. Anschließend hat er sie ins Wohnzimmer gezerrt, den Geschlechtsverkehr mit ihr durchgeführt und sie schlußendlich in einem Wald verbuddelt. Der Mann war schon vorher mehrfach straffällig geworden. Einmal war er im Tarnanzug durch die Büsche geschlichen, um zu gucken, was die Ex treibt, er hatte Goldfische im Klo runtergespült,

dem Hund die Rippen gebrochen. Ein Mensch mit einer ausge-
prägten Persönlichkeitsstörung. Ich habe dem Richter gesagt,
das Einzige, was hier hilft, ist der Maßregelvollzug – der Mann ist
krank. Da hat der Richter meine Argumentation Stück für Stück
auseinandergenommen. Dazu muss man wissen, dass die Diagnosen bezüglich der Schuldfähigkeit auf Informationsbaustei-
nen beruhen, aus der Akte, doch im Wesentlichen aus der Aussage des Betroffenen. Bezüglich dieser Bausteine hat er gesagt:
»Nehmen wir mal aus dem Fundament Ihrer Schlussfolgerungen
den blauen Stein weg. Hält der Turm noch? Hält. Nun nehmen
Sie mal den nächsten weg!« Das hat er so lange gemacht, bis
das Gedankengebäude zusammengebrochen ist. Statt der Unterbringung im Maßregelvollzug hat der Täter jetzt lebenslang
mit besonderer Schwere der Schuld bekommen. Das ist für ihn
nicht gut, für die Gesellschaft nicht gut, das ist für niemandem
gut. Das ist einfach die falsche Entscheidung. Sie ist rechtlich ar-
gumentierbar, der Bundesgerichtshof hat das Urteil gehalten, es
war ein kluger Richter, der hat das stimmig abgefasst. Nur hätte
das Gericht alle Möglichkeiten gehabt, das anders zu entscheiden. Das sind Sachen, die mich ärgern.

**Das heißt, dass der Mann nach etwa zwanzig Jahren völlig
untherapiert wieder herauskommt?**
Er hat ja lebenslänglich bekommen, und so lange er eine
schlechte Prognose hat, kommt er überhaupt nicht mehr heraus. Die Frage ist, ob er im Gefängnis die Möglichkeit hat, seine
Persönlichkeitsstörung loszuwerden. Das könnte er im Maßregelvollzug deutlich besser.

Die Entscheidung ist also inhuman.
Ja. Bei dem Delikt könnte der ewig im Maßregelvollzug bleiben.
Der würde dann vielleicht kein »Lebenslänglich«, sondern we-

gen der verminderten Schuldfähigkeit dreizehn Jahre bekommen. Ehe da der Verhältnismäßigkeitsgrundsatz gebrochen wäre, sind vierzig, fünfzig Jahre vergangen. Die Gesellschaft wäre dadurch keinem Risiko ausgesetzt.

Als psychiatrischer Gutachter sind Sie an den verschiedensten deutschen Gerichten tätig. Mit welchen Richtern arbeiten Sie am liebsten?

Ich habe am liebsten mit der neuen Generation der Richter zu tun, die sind aufgeschlossener. Die gucken, wen sie als Angeklagten vor sich haben. Da hat unsere Branche sicherlich einiges dazu beigetragen. Diese Richter suchen nach einer angemessenen Lösung – für die Gesellschaft, für die Wahrung der Rechtsordnung, zur Förderung des Gefangenen, zum Opferausgleich und zur Verhinderung eines Rückfalls. Das sind Aspekte, die heute sehr ausgewogen nebeneinanderstehen. Die Verhandlungen sind in vielerlei Hinsicht lösungsorientierter geworden – nicht im Sinne eines schnellen Verfahrens, sondern mit dem Ziel, ein gutes Ergebnis für alle Beteiligten zu finden. Bei dieser neuen Richtergeneration herrscht jedenfalls nicht mehr dieser alttestamentarische Gedanke von Rache und Vergeltung.

Meine Frau,
der Teufel und ich

Der Weltuntergang sei nahe, raunten ihm die Stimmen zu. Sie sagten, er sei Jesus und auserwählt, den Teufel zu vernichten. Zaman Z. vernahm den Befehl, ergriff den Teufel bei seinen langen schwarzen Haaren, zerrte ihn in die Küche und holte aus einer Schublade zwei große Messer. Von dort ging es zur Dachterrasse. Mit einem Grill schlug er den Teufel nieder und trat nach seinem Kopf. Unbeirrt von seinen schreienden Nachbarn, die ihm zuriefen, aufzuhören, erhob Zaman Z. die Messer und wetzte sie aneinander. Er stellte sich in Siegerpose hin und rief dreimal: »Allahu akbar – Gott ist groß!« Dann rammte er dem Teufel eines der Messer in den Hals, so wuchtig, dass die Klinge in der Wirbelsäule stecken blieb und brach. Er sauste in die Küche und holte weitere Messer. Eines rammte er dem Teufel ins Herz, woran er schließlich starb. Doch Zaman Z. war sich nicht sicher. Auch die Stimmen glaubten: »Er ist noch nicht tot!« Also schnitt Zaman Z. dem Teufel den Kopf ab, hielt ihn triumphierend in die Höhe, um ihn dann aus dem fünften Stock in den Innenhof der Wohnanlage zu werfen. Mit der rechten Brust verfuhr er genauso. Als er dem Leichnam gerade den rechten Arm abtrennen wollte, bemerkte er die Polizisten vor der Terrassentür. Er ließ die Messer fallen, lief in den Treppenflur und sprang in Richtung der sechs Beamten. Der schreiende Mann mit den weit aufgerissenen, starren Augen hatte Angst vor ihnen. Er wollte nur weg. Wild entschlossen ließ er sich über das Treppengeländer fallen und landete mit der Schulter auf dem nächsten Treppenabsatz. Weder der Sturz noch die Schlagstocktreffer bremsten seine Fluchtbereitschaft, auch nicht das reichlich versprühte Pfefferspray. Es bedurfte mehrerer Beamter, die sich gleichzeitig auf ihn warfen, um seinen Widerstand zu brechen. Die Polizisten trugen den Gefesselten auf einer Trage hinaus und brachten ihn in ein Krankenhaus. Dort erkundigte er sich bei einem seiner Bewacher: »Was ist passiert?« Als er keine Antwort erhielt, konstatierte er erstaunlich klar: »Ich weiß, was passiert ist. Ich habe meine Frau umgebracht.«

Was auf den ersten Blick aussah wie ein besonders grausames Beispiel häuslicher Gewalt und nicht nur die Nachbarn schockierte, die Zeuge dieser brutalen Tat wurden, ist in Wahrheit ein Fall wie aus einem Lehrbuch für Psychiatrie, Kapitel Schizophrenie. Anschaulich schildert eine Gutachterin dem Gericht, wie sich die Lebensgeschichte des Zweiunddreißigjährigen und dessen psychische Erkrankung zu einem Wahngebilde verwob. Schizophrenie, so die Psychiaterin, sei eine Erkrankung des Gehirns, das schleichend versage. Die Betroffenen würden anders hören, sehen und fühlen. »Sie erleben sich im falschen Film.« Wie jeder Mensch würden sie nach einer Ursache suchen. »Dann kommt der Wahneinfall: ›Aha, das ist so, weil ich verstrahlt werde!‹ Oder: ›Das ist so, weil meine Nachbarn mir nach dem Leben trachten!‹« Über diese Erkenntnis seien die Kranken erleichtert und würden in der Folge emsig nach Beweisen für ihre Theorie suchen. Der am 24. Dezember geborene Zaman Z. entwickelte ein religiös geprägtes Wahnsystem, in das der in Deutschland aufgewachsene Kurde den Konflikt seines Volkes mit der Türkei einfließen ließ. Er wuchs als sechstes von vierzehn Kindern bei seinem Vater, seiner Mutter und seiner Stiefmutter auf, die gemeinsam in einer Wohnung lebten. Als er zwölf war, besuchte er mit seinem nur mäßig religiösen Vater eine Moschee. Seitdem hatte er den Glauben für sich entdeckt. »Als ich klein war, habe ich fünfmal am Tag gebetet«, erzählt der kräftige, untersetzte Mann vor Gericht. Man merkt ihm deutlich die Medikamente an, unter deren Einfluss er steht – sein Gesicht ist reglos, seine Stimme klingt ruhig, fast schleppend. Nach seiner Hochzeit habe er mit dem Beten aufgehört. »Ich habe mir mein Leben anders vorgestellt, als so früh zu heiraten«, sagt Zaman Z.

Als Siebzehnjähriger wollte er sich von seiner Familie abnabeln, gemeinsam mit einer gleichaltrigen Freundin, einer Deutschen. »Sie war seine große Liebe, der Inbegriff seiner Unabhängigkeit von der großen kurdischen Familie, in der einer den anderen versorgt, aber auch kontrolliert«, erklärt die Gutachterin. Natürlich waren seine Eltern gegen die Verbindung zu Sabine. Trotzig heiratete Zaman Z. seine schwangere Freundin, heimlich und nach muslimischen Recht, dann floh er mit ihr aus der Großstadt. Unterwegs erlitt sie eine Fehlgeburt. »Seine Angehörigen verfolgten das Paar und redeten mit Sabine. Nachdem diese einen drohenden Brief von einem Imam bekommen hatte, trennte sie sich von ihm«, erfuhr die Psychiaterin. Zamans Familie beschloss damals, den Neunzehnjährigen zu zähmen – durch die Hochzeit mit einer kurdischen Frau. Der Vater machte ihm noch zusätzlich Druck, indem er einen zuvor erlittenen Herzinfarkt zum Anlass nahm, seinen »letzten Willen« zu verkünden: Der Sohn solle noch vor seinem Tod heiraten. Zaman folgte – er war zum Gehorsam erzogen worden. Kurz darauf fuhr er mit seinem Vater auf Brautschau in die Türkei. Die Wahl fiel auf diejenige, die sich am wenigsten anbiederte. »Man hat ihn mit einer Frau verheiratet, die ganz anders aufgewachsen war als er«, so die Gutachterin. Zoya, die zwei Jahre jüngere Kurdin, sprach kein Deutsch. Kein Wunder, dass sie sich fern ihrer Heimat isoliert und von ihrem Ehemann abhängig fühlte. Ihr ganzes Dasein konzentrierte sich auf ihn und ihre wachsende Kinderschar. Ihr Mann verdiente den Lebensunterhalt, indem er Fassaden abklopfte und Öfen abriss. Schon bald gab es Spannungen in der arrangierten Ehe. Zoya Z. bat ihre Nachbarin, Diyana D., mit ihrem Mann zu reden, ihm ihre Lage zu erklären. Sie konnte nicht ahnen, dass Zaman Z. sich mit der Nachbarin besser verstehen würde, als ihr lieb war.

Mit Diyana D., einer ebenfalls in Deutschland aufgewachsenen Kurdin, konnte er im Gegensatz zu seiner Frau herumalbern, und so kamen sie sich bald näher. Drei Jahre lang schafften es die beiden, ihre Beziehung geheim zu halten. »Mit der Geburt unseres Sohnes ist es dann herausgekommen«, berichtet Diyana D., deren hennarot gefärbte Haare nicht von einem Kopftuch verborgen sind. Ein Jahr später bekam sie noch eine Tochter, und Zaman Z. unternahm einen zweiten Versuch, sich aus dem von seiner Familie vorgegebenen Korsett zu befreien, indem er eine gemeinsame Wohnung für sich, seine Freundin und die zwei außerehelichen Kinder mietete. Obwohl sein Vater selbst mit zwei Frauen zusammenlebte, forderte er den Sohn auf, zu Zoya zurückzukehren. Zaman Z. weigerte sich und brach den Kontakt zu seinen Eltern ab, pendelte aber aus Liebe zu seinen Kindern zwischen beiden Frauen hin und her, bis Diyana D. ihm nach mittlerweile neun gemeinsamen Jahren den Laufpass gab und sich eine andere Wohnung suchte. »Ich konnte nicht mehr«, sagt die Zeugin. »Dieses Hin und Her, diese Streitereien mit Zoya.«

Zudem hatte die Schizophrenie zunehmend von ihrem Liebsten Besitz ergriffen. Er bekam nichts mehr auf die Reihe, glich nicht mehr dem fröhlichen, unternehmungslustigen Typen, in den sie sich einst verliebt hatte. Nachdem seine über alles geliebte Stiefmutter gestorben war, wurde Diyana D. endgültig klar, dass mit Zaman etwas nicht stimmte. »Er hat über sich in der dritten Person geredet, sagte: ›Er ist Jesus!‹«, erinnert sie sich. »Über seine Frau Zoya sagte er: ›Siehst du es nicht in ihren Augen? Sie ist der Teufel!‹ Aber er hat niemandem etwas getan, er war total ängstlich und meinte, irgendwelche Leute wollten ihn umbringen.«

Damals – fünf Jahre vor Zoyas Tod – begab er sich freiwillig in die geschlossene Psychiatrie. Nach einigen Wochen ging es ihm bereits wieder so gut, dass er zwar noch mit Tabletten und Spritzen behandelt werden musste, aber wieder bei seiner Frau leben konnte. Sie achtete darauf, dass er regelmäßig zum Psychiater ging und seine Medikamente nahm. Die halfen gegen die Halluzinationen und Ängste, doch sie machten auch müde und schlapp. »Ich habe mehr geschlafen, als ich wach war«, sagt Zaman Z. Er litt unter seiner Antriebsarmut, die ihn zunehmend an die Wohnung fesselte. Arbeiten konnte er nicht mehr. Zwei Jahre nach seinem ersten Psychiatrieaufenthalt hielt er sich nicht mehr an den Rat seines Arztes, der ihm gesagt hatte, wenn er wieder gesund werden wolle, dürfe er nicht kiffen. »Ich habe mich schnell aufgeregt, wenn etwas nicht klappte«, meint Zaman Z. Wenn er Haschisch rauchte, ließen die Nebenwirkungen der Medikamente nach, er wurde wacher und ruhiger, was auch seine Frau zu schätzen wusste, nicht ahnend, dass die Droge die Wirkung der Medikamente schwächt und einen erneuten Ausbruch der Schizophrenie fördert. Obendrein missachtete sie die Ermahnung seines behandelnden Psychiaters, ihrem Mann möglichst wenig Stress zu machen. Sie glaubte nicht an die endgültige Trennung von Diyana D. und entfachte mit ihrer Eifersucht fast täglich einen Streit. So saß Zaman Z. nur noch kiffend auf der Couch, ließ sein Leben Revue passieren und wartete auf sein Ende, verriet er der Gutachterin.

In einer solchen Stimmung muss er beschlossen haben, seine Medikamente abzusetzen – das war fünf Monate vor Zoyas Tod. Bis dahin war er über vier Jahre lang regelmäßig zum Arzt gegangen, eine lange Zeit, wie die Gutachterin findet – die meisten Schizophrenen würden nicht so lange durchhalten, weil die niedergelassenen Ärzte nicht die Zeit hätten, ihren Patienten nachhaltig zu vermitteln, dass zwei Drittel aller Erkrankten lebenslang Medikamente nehmen müssen, trotz der Nebenwirkungen. Zaman Z. war zunächst einfach froh, sich wieder wacher zu fühlen, subjektiv ging es ihm gut. Objektiv aber brach der nächste psychotische Schub aus.

Wenige Tage vor Zoyas Tod telefonierte er mit Diyana D. Er wollte mit ihr reden und schlug vor, die gemeinsamen Kinder in die Schule zu bringen. Anschließend saß das einstige Liebespaar Börek essend im Auto. Zaman Z. beschäftigte sich mit sonderbaren Fragen, er grübelte etwa, warum sein Vater eine Narbe auf der Brust gehabt hatte und wann genau seine geliebte Stiefmutter gestorben sei. »Hätte ich gewusst, dass er seine Medikamente nicht nimmt, hätte ich mir gedacht, dass etwas mit ihm nicht stimmt«, sagt die Zeugin. So aber freute sie sich und glaubte, ihr Exfreund würde sich wieder mehr für seine Familie interessieren, mit der er zwar wieder versöhnt war, die er aber aufgrund seiner Antriebslosigkeit nur selten besuchte. Unterdessen hatte Zoya Z. die Verfolgung der beiden aufgenommen und das Auto ihres Mannes entdeckt. Sie riss die Tür auf, beschimpfte das Paar mit wüsten Ausdrücken und zog wieder ab. Zaman Z. wollte nicht mehr nach Hause zurückkehren. Er fuhr zu einer seiner Schwestern, wo er die nächsten Tage verbrachte, bis ihn sein zwölfjähriger Sohn aufspürte und bat, zurückzukommen. Zaman Z. tat, was er immer tat – er folgte. Zu Hause war alles beim Alten. Seine Kinder schliefen schon, als er Haschisch rauchend im Wohnzimmer

neben seiner vorwurfsvoll schweigenden Frau saß und plötzlich den Befehl vernahm, sie zu töten. »Ich dachte, ich tue etwas
Gutes«, sagt Zaman Z. seinen Richtern. »Seine Einsichtsfähig-
keit war komplett aufgehoben, er hatte das Gefühl, richtig zu
handeln«, meint die Gutachterin. Als er ihr das erste Mal im
Maßregelvollzug begegnete, war er noch immer davon überzeugt. Er erklärte ihr, warum seine Frau ein Dämon gewesen
sein muss: Als er ihr die Brust abschnitt, floss kein Blut. Die
Psychiaterin wusste, warum: Das Herz von Zoya Z. hatte nicht
mehr geschlagen. Die Psychiaterin wusste aber auch, dass es
zwecklos ist, mit einem Schizophrenen über seinen Wahn zu
diskutieren.

Nun könnte man meinen, dass nach dem Tod seiner Frau
keine Gefahr mehr von Zaman Z. ausgehe. Das ist ein Irrtum.
»Der Wahn basiert nicht auf dem Eheproblem, sondern auf
der Erkrankung«, erklärt die Gutachterin. Nach der Tat habe
sie dies an ihrem Probanden beobachten können, als er sich
noch mehrere Wochen lang einer medikamentösen Behandlung verweigerte und daraufhin auch zwei türkische Pfleger
in seinen Wahn miteinbezog, die ihm vermeintlich nach dem
Leben trachten würden. Zaman Z. versuchte, seine Mitpatienten zu missionieren und erklärte ihnen, ein Gotteskrieger zu
sein. Die Gutachterin ist sicher: »Wenn Herr Z. wieder psychotisch wird, wird er wieder gefährlich.« Glücklicherweise gebe es
Medikamente, die ihm helfen würden. Die Psychiaterin kennt
Fälle, »wo sich seit über zehn Jahren nichts bewegt«. Zaman
Z. habe jedoch eine gute Chance, den Maßregelvollzug in vier
bis fünf Jahren wieder zu verlassen – unter drei Voraussetzungen: Erstens müsse der Patient lebenslang seine Medikamente einschließlich ihrer Nebenwirkungen akzeptieren. Diese jemals wieder abzusetzen, »wird sich kein Arzt trauen«, meint
die Gutachterin. Zweitens müsse er seine Krankheit verstehen

und sich dafür verantwortlich fühlen, alles zu tun, damit sie nicht wieder ausbricht. Drittens benötige er ein geschütztes Umfeld, in dem er ohne Stress leben kann.

Bislang ist unklar, wie Zaman Z. seine Tat verarbeiten wird: »Die Erkenntnis, die Mutter seiner Kinder getötet zu haben, stellt eine psychische Belastung für einen ohnehin kranken Menschen dar«, meint die Gutachterin. Kurz vor dem Prozess habe der Proband zu ihr gesagt: »Frau Doktor, ich vermisse meine Frau.« Wieso empfindet er das für einen Menschen, mit dem er sich nicht aus Liebe zusammentat und der ihn täglich mit seiner Eifersucht terrorisierte? Auch auf diese Frage weiß die Gutachterin eine Antwort: »Ein Teil von Liebe besteht aus Gewöhnung und Vertrautheit.«

Der oberste Richter, der über die Beschwerden entscheidet: »Uns kann man nicht beleidigen«

Wolfgang Weißbrodt liebt das Tüfteln über juristischem Regelwerk – »ein Steinbock eben«, wie er sagt. Zwanzig Jahre arbeitete der Jurist an Berlins höchstem ordentlichen Gericht, dem Kammergericht. Bis 2012 war er dort Vorsitzender Richter zweier Strafsenate. In dieser Eigenschaft entschied er auch über Strafvollstreckung und Strafvollzug. Wann immer sich Häftlinge, Sicherungsverwahrte oder Maßregelpatienten gegen eine Entscheidung der Berliner Haftanstalten, der forensischen Klinik oder der Strafvollstreckungskammer des Landgerichts wehren wollten, landete ihr Anliegen auf seinem Schreibtisch. Etwa achtzig Prozent der Beschwerden haben Wolfgang Weißbrodt und seine beisitzenden Richter abschlägig beschieden, darum kann sich der Pensionär besser an die erfolgreich eingelegten Rechtsmittel erinnern.

Worüber haben sich die Maßregelpatienten bei Ihnen beschwert?
Man muss immer zwischen Strafvollstreckung und Strafvollzug unterscheiden. Vollstreckung betrifft die Frage, ob jemand sitzen muss oder nicht, im Vollzug geht es darum, wie sich »das Sitzen« gestaltet. Beschwerden über den Vollzug berühren häufig Dinge, die dem Außenstehenden profan erscheinen mögen, etwa wenn das Zimmer durchsucht wurde und der Patient das

nicht mochte. Oder die Frage, ob sich ein Untergebrachter Pizza bestellen kann. Die Antwort lautet: Nur von einem zugelassenen Lieferanten – in der Pizza könnte schließlich Rauschgift versteckt sein. Nun hat der Berliner Maßregelvollzug sehr wenige Lieferanten. Ein dort Untergebrachter wollte unbedingt muslimische Kost haben, also »Halal«-Kost. Da hat die Klinik gesagt, unser Lieferant hat so etwas nicht. Sie können Gemüse essen, das ist ja »halal« – erlaubt –, Fleisch gibt es nicht. Darüber hat sich der Patient beschwert und wir sind ihm gefolgt: Zwar müssen die Untergebrachten ihre zusätzliche Nahrung selbst bei einem zugelassenen Anbieter bestellen und bezahlen, aber die Anstalt muss dafür sorgen, dass die Patienten ihre religiösen Speiseregeln einhalten können.

Betrifft so etwas viele Patienten?
Es gibt in der Unterbringung eine ganze Reihe von ausländischen Bürgern. Ein Afghane schrieb mir zu Festtagen immer sehr höfliche Briefe – zu unseren Festtagen wohlbemerkt. Auch ein Türke ist mir im Gedächtnis geblieben. Er meinte, er habe den Film »Matrix« geschrieben und bekäme dafür keine Tantiemen. Es ist traurig, wenn die Leute in ihren Wahnvorstellungen leben und mit sachlichen Worten totalen Unsinn schreiben. Nicht selten waren diese Briefe ärgerlich abgefasst und mit Beleidigungen gespickt.

Sind Sie darauf eingegangen?
Ich war mir mit meinen Senatskolleginnen und -kollegen immer einig: Uns kann man nicht beleidigen. Wir haben nie jemanden angezeigt.

Welche Beschwerden gab es am häufigsten?
Meist ging es um Lockerungen, ob man sie bekommt und vor allem, ob sie zurückgenommen werden dürfen. Ein Untergebrach-

ter war bei der Anstaltsleitung nicht beliebt. Die Ärzte mögen ja vor allem Patienten, mit denen sie gut reden können. Bei den schwer zugänglichen, weniger intelligenten Patienten werden Lockerungen sofort zurückgenommen, wenn nur eine Kleinigkeit vorfällt, während den anderen manchmal solch ausufernde Lockerungen gewährt werden, dass man sich fragt, ob derjenige überhaupt noch untergebracht ist. Dieser Patient war also schwer zu führen, er neigte zu leichten Regelverletzungen. Einmal war er zu spät von einem Ausgang zurückgekommen. Er hatte angerufen und gesagt, irgendeine S-Bahn würde nicht fahren, konnte aber nicht erklären, um welche Störung es sich gehandelt haben soll. Danach dauerte es jedenfalls eine Weile, bis er wieder raus durfte. Eines Tages besuchte er eine Familienfeier – in Begleitung eines Anstaltsmitarbeiters, der sich an die Kuchentafel setzte und nicht auf seinen Schützling achtete. Der lief im Haus herum und schaute sich alles an, was ihn interessierte, auch einen kleinen Hängeboden. Der Begleiter hatte ihn aus den Augen verloren und sah das als Übertretung an. Die Lockerungen wurden gestrichen. Dagegen hat sich der Untergebrachte beschwert, und wir gaben ihm Recht: Er war nicht geflohen, hatte sich nicht versteckt, er war nur im Haus herumgelaufen. Wenn der Anstaltsmitarbeiter nicht aufpasst, ist das dessen Schuld.

Gab es einen Unterschied zwischen den Beschwerden der Strafgefangenen und denen der Maßregelpatienten?
Strafgefangene streiten häufiger um Kleinigkeiten als Untergebrachte. Letztere haben wahrscheinlich mehr Möglichkeiten, mit ihren Therapeuten zu reden und kommen mit dem Schreiben schwerer aus dem Knick, vielleicht liegt das an der Medikation. Darüber wiederum beklagen sie sich recht häufig, vor allem über die Nebenwirkungen.

Kann man einem Patienten gegen dessen Willen Medikamente verabreichen?

Das ist nur in Ausnahmen erlaubt, also nur, wenn ein Patient innerhalb der Anstalt gefährlich ist, wenn er Bedienstete angreift oder Feuer legt. Üblicherweise muss der Medikamenteneinnahme zugestimmt werden. Unser Strafsenat hat solchen Beschwerden zuweilen stattgegeben und den Betreffenden geschrieben: »Sie müssen sich das nicht gefallen lassen, können dann aber ziemlich sicher sein, dass Sie niemals herauskommen.« Gerade Sexualstraftäter sind ohne Medikation ihren Trieben ausgeliefert. Genauso wirkt es sich gegen den Untergebrachten aus, wenn er sich nicht begutachten lässt. Dann heißt es nämlich: »Im Zweifel zuungunsten des Verurteilten.« In solchen Fällen konnten wir immer nur antworten: »Es tut uns leid, das ist Ihr gutes Recht. Nur ohne Gutachten lassen sich die Zweifel an Ihrer Gefährlichkeit nicht ausräumen.«

Haben Sie die Maßregelpatienten zu Gesicht bekommen, bevor Sie über deren Beschwerden entschieden?

Nein, wir hatten immer ein ausreichendes Bild aus der Patientenakte, durch die Gutachten und die Schriftsätze, die die Beteiligten eingereicht haben. Denen konnte man auch entnehmen, auf welch ungewöhnliche Weise manche Leute in den Maßregelvollzug gekommen waren. Ein damals Neunzehnjähriger, der hatte schon als Jugendlicher kleine Jungs angesprochen, war mit denen irgendwohin gegangen und hatte sie angefasst. Er war zu einer Jugendstrafe auf Bewährung verurteilt worden, als er sich dann als Polizist ausgab und wieder einen Jungen ansprach. Er war unglaublich freundlich zu dem, sagte, er müsse ihn bei sich zu Hause befragen. Dort hat er den Jungen fernsehen lassen, ihm Videos gezeigt und an ihm herumgefummelt. Fast vierundzwanzig Stunden war der Junge bei ihm, bis er ihn wieder zurückbrachte.

Der Junge hatte anscheinend keinerlei Angst verspürt – im Gegensatz zu dessen Eltern. Das Jugendgericht hat den Täter zu anderthalb Jahren Haft verurteilt. Dagegen hat er Berufung eingelegt, weil er nicht in die Jugendstrafanstalt wollte, dort befände er sich ganz unten in der Rangordnung der Gefangenen. Ihm müsse geholfen werden, er brauche eine Therapie. Im nächsten Prozess bekam er dann ein Jahr Haft plus Unterbringung in der forensischen Klinik – letzteres fällt ja nicht unter das Verbot der Schlechterstellung, wonach ein Berufungsurteil nicht härter ausfallen darf als das der ersten Instanz. Er ist mittlerweile über dreißig Jahre alt und befindet sich noch immer im Maßregelvollzug. Zunächst ist er wohl falsch behandelt worden. Die Therapeuten wollten erreichen, dass er sich zunehmend ältere Partner sucht und bemühten sich, ihn von kleinen Jungs auf über Achtzehnjährige zu konditionieren. Später wollten sie ihn mit einer Frau verkuppeln. Diesen Unsinn haben sie sechs Jahre lang versucht, bis der Anstaltsleiter das nach einem kritischen sexualwissenschaftlichen Gutachten unterband.

Eine Paraphilie bleibt eine Paraphilie.
Ja. Jetzt versuchen sie es anders. Aber er ist nun einer, der gerne mal wider den Stachel löckt und sich wie ein Schüler benimmt, der dem Lehrer Streiche spielt. Die Therapeuten haben einen erzieherischen Impetus und meinten, ihn deswegen nicht lockern zu können. Er hatte dagegen Beschwerde eingelegt. Wir gaben ihm zwar nicht recht, schrieben aber in die Entscheidung, dass Unangepasstheit als alleinige Begründung nicht zählt. Der Maßregelvollzug ist keine Erziehungsanstalt.

Therapie ist doch nichts anderes als eine Nacherziehung?
Erzogen werden Jugendliche, dazu hat man ein Recht und einen staatlichen Auftrag. Der geht bis zum achtzehnten Lebensjahr, nach dem Jugendstrafrecht noch bis zum einundzwanzigsten

Lebensjahr. Da Jugendliche bis vierundzwanzig Jahre noch im Jugendstrafvollzug behalten werden können, kann man sagen, so lange gilt der Auftrag auch noch. Bei Erwachsenen hat das Wort »Erziehung« von Rechts wegen nichts zu suchen.

Welche Beschwerden sind Ihnen in Erinnerung geblieben?
Vor allem die Anträge, über die man länger beraten hat oder die Besonderheiten aufwiesen, wie der eines Pädophilen, der aus der Unterbringung nach Südostasien geflohen war. Er hatte dort geheiratet und nichts Strafbares getan. Irgendjemand blies ihm dann den Flitz ein, er müsse nach Deutschland zurückkehren, um hier seine Sachen zu ordnen – vielleicht gab es auch Pass-schwierigkeiten in dem Land, in dem er sich aufhielt. Kaum war er in Deutschland angekommen, steckte man ihn wieder in den Maßregelvollzug, schließlich war er hier weiterhin gefährlich, nur eben im Ausland nicht. Warum? Er hatte da eine Kindfrau. Die war fünfundzwanzig und wirkte wie fünfzehn. Das war eine merk-würdige Konstellation, es kommt aber nicht darauf an, ob jemand nur in Deutschland gefährlich ist.

Hätte man von ihm nicht verlangen können, nur in Südost-asien zu leben?
Nein, das geht nicht. Der blieb dann noch ewig in der forensi-schen Klinik, bis ein Gutachter keine psychische Störung mehr feststellen konnte. Er soll gestorben sein, kurz nachdem er wie-der in Südostasien angekommen war.

Wie verfahren die Richter, wenn ein Patient eine »beglei-tende Freiheitsstrafe« oder sogenannte »Parallelstrafe« bekommen hat?
Psychisch Kranke, die eingeschränkt schuldfähig sind, werden neben der Unterbringung noch zu einer Freiheitsstrafe verurteilt.

Allerdings werden sie zuerst in die forensische Klinik eingewiesen. Die Zeit, die sie dort verbringen, wird bis zu zwei Dritteln auf die Parallelstrafe angerechnet.

Wenn man also zu einer Parallelstrafe von neun Jahren verurteilt wurde und sitzt genau diese Zeit im Maßregelvollzug ab, würden sechs Jahre Haft als verbüßt betrachtet werden. Wenn man dann nicht mehr als krank oder nicht mehr gefährlich gilt ...

... könnte man nach zwei Dritteln entlassen werden und Bewährung bekommen. Das galt allerdings nicht für einen Simulanten, mit dem wir mal zu tun hatten. Der hatte auf stark gestört gemacht und wurde zu einer niedrigeren Strafe plus Unterbringung verurteilt. Dort schaffte er es, sehr viele Lockerungen zu bekommen, so viele, dass er fast den ganzen Tag draußen war und ein Geschäft führen konnte. Er hatte ältere Kinder und Jugendliche sexuell missbraucht. Jetzt verlieh er Videos und Spiele an genau solche Kunden. Niemand von der Anstalt hatte darauf geachtet. Als es herauskam, wurden die Lockerungen sofort zurückgenommen. Daraufhin argumentierte der Betreffende, er habe seine psychischen Störungen nur vorgespielt, was tatsächlich zutraf. Die Unterbringung wurde aufgehoben und er musste noch das letzte Drittel seiner Strafe in einer Haftanstalt absitzen.

Diesen Mann hat man nicht nach zwei Dritteln verbüßter Haftzeit entlassen?

Nein, er war schließlich noch gefährlich. Das passiert natürlich, dass die Leute ihre psychische Störung verlieren oder von Anfang an keine hatten, und deshalb entlassen werden müssen. So war es bei einem, der es nicht auf die Unterbringung angelegt hatte. Das war ein etwas querulatorischer Skandinavier, den es nach Berlin verschlagen hatte. Er mochte sich nicht an fremde Regeln halten. Er ignorierte Hausverbote und neigte zu Beleidigungen. Regelmäßig besuchte er ein Restaurant mit Internetzugang. Nun betrachtete er es als Körperverletzung, wenn in seiner Gegenwart geraucht wurde. Er versetzte daher einem rauchenden Gast ein paar Ohrfeigen, nichts Schlimmes. Am nächsten Tag brachte dieser Gast, ein junger Mann, seinen Vater mit ins Restaurant. Die beiden pafften nun absichtlich den Skandinavier an. Der griff sich den Vater und nahm ihn in den Schwitzkasten. Als sein Gegner bewusstlos war, ließ der Skandinavier von ihm ab und rief die Polizei, weil die anderen schließlich geraucht hatten. Außerdem sprach er noch Drohungen aus. Als zwei Tage später das Restaurant brannte, kam der Skandinavier in Untersuchungshaft. Eine Sachverständige stellte bei ihm zunächst eine paranoide Schizophrenie fest. Diese Einschätzung nahm sie zurück, nachdem sie den Angeklagten ein paar Tage in der Verhandlung erlebt hatte. Sie sagte, er sei nur gefährlich, wenn der Vorwurf der Brandstiftung zuträfe. Sonst könne er sich ausreichend steuern, das merke man daran, dass er den Schwitzkasten rechtzeitig gelockert hatte. Dieses Gutachten passte der Staatsanwaltschaft nicht, sie verlangte ein neues. Die erste Psychiaterin habe ihre fehlende Sachkunde bewiesen, indem sie einmal »Hüh« und einmal »Hott« gesagt hätte. Das ist natürlich nicht richtig, ein Gutachter wird sich wohl korrigieren dürfen. Mit der zweiten Psychiaterin wollte der Angeklagte nicht sprechen. Nach zwei Verhandlungstagen diagnostizierte sie eine paranoide Schizophrenie. Das Verfahren wegen der Brandstiftung wurde eingestellt, der Skandinavier freigesprochen und untergebracht – wegen des Schwitzkastens und der Beleidigungen. Das wurde rechtskräftig, denn der Mann wollte sich, wie gesagt, an keine Regeln halten und auch keine Revision einlegen. Es kam dann zur jährlichen Anhörung bei der Strafvollstreckungskammer. Dort erklärten die Vertreter der Anstalt: Der hat nichts.

Die Stellungnahme der Klinik war für ihn positiv?

Ja, er neige zum Querulieren, habe aber sogar einen Kompromiss mit den dortigen Rauchern geschlossen. Die Therapeuten meinten zwar, aus medizinischen Gründen wäre es gut, wenn der Patient erst einmal gelockert und dann entlassen würde. Das geht natürlich rechtlich nicht: Wenn keine psychische Störung besteht, können Sie niemanden in der Unterbringung behalten. Der Skandinavier wurde nach zweieinhalb Jahren entlassen, ich habe nie wieder etwas von ihm gehört.

Warum lief dieser Fall über Ihren Schreibtisch?

Die Strafvollstreckungskammer des Landgerichts wollte ihn nicht sofort entlassen. Wir dagegen meinten, die weitere Unterbringung sei mindestens unverhältnismäßig. Für diese Einschätzung setzt man die noch zu erwartenden Straftaten in Bezug zu der Zeit, die derjenige schon abgesessen hat. Eine Brandstiftung war nicht zu erwarten – da gab es keinerlei Feststellungen –, sondern nur Beleidigungen und Körperverletzungen, die obendrein vom Opfer provoziert worden waren. Das rechtfertigt nicht, den ewig drinzubehalten.

Ein interessanter Fall.

Er zeigt, dass man bei der Unterbringung aufpassen muss, sie kann schließlich lebenslänglich sein. So wie bei der Frau, die aus Versehen in ihrer Wohnung Feuer gelegt hatte. Die hantierte ständig mit Hunderten Teelichtern, um den Raum esoterisch zu reinigen. Eines Tages kam, was kommen musste – die Wohnung brannte. Die Frau hatte diverse psychische Störungen, sie war deswegen recht unleidlich, etwas querulatorisch und angriffslustig. So wurde sie einmal auf der Straße von zwei türkischen Jungs beleidigt, die sie daraufhin tätlich attackierte. Das traut sich nicht jeder. Einmal war sie mit einer Axt an der Haustür erschienen – sie hatte jemanden für einen Angreifer gehalten, ihm aber nichts getan. Nach dem Wohnungsbrand kam sie jedenfalls in den Maßregelvollzug. Dort gab sie sich widersetzlich, sie wollte vegan leben und äußerte ständig irgendwelche kaum verständlichen politischen Vorstellungen. Man überlegte, sie auf einem ökologischen Bauernhof unterzubringen. Dorthin wollte sie nicht, die Hühner würden ausgebeutet. Wir meinten dann, die Frau mag psychisch gestört sein und vielleicht sollte sie einen Betreuer bekommen. Strafrechtlich ist sie aber nicht gefährlich, wenn sie nur aus Versehen etwas anstellt. Für eine Unterbringung müssen immer beide Säulen vorhanden sein, die Gefährlichkeit und die psychische Störung.

Und sie müssen kausal zusammenhängen.

Ja. Keines von beiden darf irgendwann einmal weggefallen sein, dann muss derjenige entlassen werden. Bei denjenigen, die auf Bewährung rauskommen, hat sich entweder die psychische Störung oder die Gefährlichkeit abgeschwächt.

Die Maßregelpatienten werden nicht nur unter strafrechtlichen Aspekten, sondern auch unter medizinischen Aspekten betrachtet. Haben Sie das bei Ihrer Arbeit gespürt?

Natürlich spielte bei unseren Entscheidungen der ärztliche Gesichtspunkt immer eine Rolle. Wenn man im Falle von Untergebrachten mit den Rechtsgedanken des Strafvollzugsgesetzes argumentierte, sagten die Ärzte schon mal: »Wir sind ein Krankenhaus!« Ärztliche Entscheidungen mussten wir mehr respektieren als die einer Sozialarbeiterin einer Haftanstalt. Ein Arzt darf einem Untergebrachten aus medizinischen Gründen die Lockerung versagen, ohne dass ein Fehlverhalten vorgelegen haben muss. Es reicht, wenn derjenige suizidgefährdet oder dement ist und sich draußen nicht zurechtfinden würde oder wenn eine

Lockerung nicht ins therapeutische Konzept passt. Solche Einwände zählen bei Häftlingen weniger. Deshalb können wir in die Entscheidungsgewalt der Klinik nicht so tief eingreifen wie in der Haftanstalt.

Erinnern Sie sich an ein Beispiel, wo Ihnen gegenüber so argumentiert wurde?

In einem konkreten Fall hatte die Klinik eine Frau in einer Abteilung untergebracht, in der es sonst nur Männer gab. Im Strafvollzugsgesetz gibt es ein Trennungsgebot zwischen den Geschlechtern. Das habe ich den Ärzten vorgehalten. Die sagten nun, wir sind keine Haftanstalt, wir sind ein Krankenhaus! Dort kann man Männer und Frauen gemeinsam unterbringen. Wir haben andere Kriterien, nämlich die der entsprechenden Krankheiten. Also entschieden wir tatsächlich, dass das Trennungsgebot in der Anstalt nicht gilt.

Hatten Sie den Eindruck, dass die Beschwerden der Maßregelpatienten öfter berechtigt waren als die der Strafgefangenen?

In der Regel treffen die Verwaltungsbehörden, und dazu zählen die forensischen Kliniken, ihre Entscheidungen gesetzeskonform. Ebenso die Landgerichte, sodass man den Beschwerden ohnehin nur selten entspricht. Darunter sind Fälle, die von vornherein aussichtslos sind, etwa wenn einer geflohen war und ein Jahr später Lockerungen begehrte. Das Gegenteil, also eine extreme Lockerung von Untergebrachten, kommt mittlerweile nicht mehr vor.

Was verstehen Sie unter einer »extremen Lockerung«?

Der Pädophile mit dem Videoverleih war schon extrem gelockert. Es ging noch extremer: Ein Patient hatte eine eigene Wohnung im

Berliner Umland. Lediglich einen Tag in der Woche verbrachte er in der Anstalt. Dort wusste man nicht einmal, wo er wohnt. Man kannte nur seine Handynummer. Er hatte Frau und Kind, das war bestimmt ein gutes Umfeld, vor allem deshalb, weil keiner ahnte, wer er war und was er vor langer Zeit getan hatte. Er meinte, das will er seiner Gattin nicht sagen, er wisse nicht, wie sie sich verhalten würde, wenn sie davon erfährt. Der war jungen Frauen und Mädchen nachgestiegen, hatte sie bis an die Haustür verfolgt, bei ihnen geklingelt und sie in ihrer eigenen Wohnung überfallen. Dem kam es bei seinen Taten darauf an, einer Fremden Gewalt anzutun. Man konnte darum sicher sein, dass er das mit seiner Familie nicht machen würde.

Wogegen hat dieser Mann bei Ihnen Beschwerde eingelegt?

Er wollte entlassen werden, weil er meinte: »Ich bin schon so weit, da passiert nichts mehr.« Er hatte keinen Grund, Frauen zu quälen, weil er sich in einer für ihn sehr angenehmen Lebenssituation befand. In dieser hatte er sich zum Zeitpunkt seiner Straftaten nicht befunden. Kein Mensch konnte nun sagen, was passiert, wenn seine Familie von seinem Vorleben erfahren würde. Das ist uns anlässlich seiner Beschwerde aufgefallen. Wir argumentierten damit, dass wir seine Situation nicht so positiv einschätzen wie er, weil sie auf einer Lüge basiere. In diesem Zusammenhang gingen wir auf die extreme Lockerung ein. Es kann nicht sein, dass ein Gelockerter fast keine Anbindung mehr an die Anstalt hat und diese seine Lebensverhältnisse nicht kennt. Die wussten noch nicht einmal, in welcher Stadt er sich aufhielt. Sie wussten nur, dass er im Umland wohnt. Das Umland ist groß. Unsere kritische Würdigung landete auch auf dem Tisch der Anstaltsleitung. Man erklärte diesem Patienten nun, er könne nicht mehr die ganze Woche gelockert sein, und wollte beobachten, wie sich die Sache entwickelt. Das Ergebnis habe ich aufgrund meiner Pensionierung nicht mehr erfahren.

Es scheint sehr riskant zu sein, sich zu beschweren.

Vor unseren Entscheidungen haben wir uns immer gründlich mit den Angelegenheiten befasst, einschließlich der Geheimnisse des Antragstellers. Man merkte es schon beim Lesen, wenn die Patienten etwas nicht Aufgearbeitetes mit sich herumtrugen. In unseren Antworten schmierten wir ihnen das aufs Butterbrot. Schließlich mussten wir bedenken, wir hatten zwar kein ordentliches Gericht mehr über uns, aber zumindest das Bundesverfassungsgericht. Das verlangt eine vollständige Aufklärung des Sachverhaltes.

Sie haben die Leute nicht gesehen. Wie konnten Sie die dunklen Flecken beleuchten?

Man konnte einiges herausfinden und dann schreiben, es gebe Teile der Persönlichkeit, an die er niemanden heranlasse. Das sei der springende Punkt. Man wies die Leute auch auf ihre falsche Eigensicht hin, wenn sie sich zu positiv darstellten und dabei so taten, als ob das, was in ihrem Urteil steht, überhaupt nicht zuträfe.

Tat es Ihnen leid, den Beschwerden oft nicht entsprechen zu können?

Mir taten die Leute selten aus menschlichen Gründen leid, eher aus prozessualen Gründen. Es tat mir leid, wenn sich einer durch seine eigene Berufung in den Maßregelvollzug gebracht hatte. Auch der seit über zehn Jahren Sicherungsverwahrte, der von der 1998 in Kraft getretenen Gesetzesänderung rückwirkend betroffen war, tat mir leid, da kann er ein Schweinehund sein, so viel er will. Das ist prozessuales Unrecht, das kann man nicht verbrämen. Das sehen andere Kollegen anders, die stellen gefühlsmäßig eher auf die Gefährlichkeit dieser Menschen ab, die zweifelsohne besteht. Ich finde, der Gesetzgeber hat den betrogen. Mit meinen Gefühlen hatte die Entscheidung darüber, ob ich diesen Menschen wieder auf die Allgemeinheit loslassen kann, nichts zu tun. Wenn das Gesetz mir gebot, dass er rauskommt, hat er gefälligst rauszukommen, das ist sein Freiheitsrecht. Und jemand, der auf ein eigenes Rechtsmittel eine Verschlechterung hinnehmen muss, weil die Maßregel eben nicht dem Verschlechterungsverbot unterliegt, ist in die Irre geführt worden. Da muss dessen Anwalt sagen, das ist zu gefährlich, dieses Rechtsmittel legen wir nicht ein.

Zwanzig Jahre lang sind die Beschwerden an Sie gerichtet worden. Hat sich deren Inhalt im Laufe der Zeit verändert?

Es gab immer mal wieder eine Konjunktur von bestimmten Themen – oftmals weil sich ein bestimmter Anwalt der Dinge annahm und meinte, hier geschieht Unrecht, jetzt suche ich mir entsprechende Mandanten. So sind die Sicherungsverwahrten irgendwann zum Thema geworden. Auch gegen Lockerungsverweigerungen kam immer mal so ein Schwung an Beschwerden.

Seit Anfang der Neunzigerjahre ist die Zahl der Untergebrachten stetig gestiegen. Warum ist man so zurückhaltend mit den Entlassungen geworden?

Man ist vor allem nicht mehr zurückhaltend mit der Unterbringung, es geht also weniger um den mangelnden Abfluss als um den stärkeren Zufluss. Es hat ein Umdenken in diesem Bereich stattgefunden. Durch die ständige Ausweitung der Sicherungsverwahrung ist die Prävention viel stärker in das Blickfeld der Gerichte gerückt als früher. In erster Linie muss sich ein Jurist im Strafprozess mit dem beschäftigen, was passiert ist und nicht mit dem, was passieren kann. Mittlerweile befasst sich ein großer Teil der Beschwerde- und Vollstreckungssachen mit vorbeugendem Recht.

Die Juristen müssen nun mehr in die Zukunft schauen.

Ja, damit geht eine Ausweitung der Gutachtertätigkeit einher. Früher hat man sowohl in den Erkenntnisverfahren als in den Vollstreckungsverfahren viel weniger Gutachter gebraucht. Heute müssen die Untergebrachten alle fünf Jahre begutachtet werden. Es gibt von denen übrigens eine ganze Menge, die gar nicht mehr aus der Klinik rauswollen, die das als ihr Zuhause ansehen.

Dagegen muss die Klinik angehen, oder?

Machen Sie das mal, wenn sich die Leute dort ausgesprochen wohlfühlen. Ich kann mich an einen Mann erinnern, der hatte einen IQ von 60. In seiner Akte stand, dass er damit seiner Partnerin weit überlegen sei. Der war dort sehr zufrieden. Manche der Untergebrachten, die sich bei uns beschwerten, waren mit dem Tenor unserer Entscheidungen sogar einverstanden, wenn wir schrieben, dass sie noch im Maßregelvollzug bleiben müssen. Nur die Art der zuvor vom Landgericht ergangenen Begründung empfanden sie als beleidigend.

Und wehrten sich dagegen?

Ja, diese Entscheidung wird nämlich immer mit der Feststellung verknüpft, dass derjenige noch gefährlich sei. Auch die fünfjährige Führungsaufsicht wird so begründet. Das ist der Satz, der die Leute dazu bringt, sich zu beschweren, auch wenn sie gar nichts gegen die Maßnahme an sich haben. Sie meinen aber: »Ich bin doch nicht gefährlich!«

Haben Sie alle Beschwerdebriefe beantwortet?

Wenn jemand einfach nur seine Wut abreagieren wollte, bekam er keine Antwort. Wenn ein sachlicher Antrag vorlag oder irgendetwas, was eine Antwort erheischte, gab es eine. Die durfte kurz sein, manchmal habe ich längere Ausführungen geschrieben. In einem Fall war nicht ganz klar, was der Beschwerdeführer wollte, ob er möglicherweise ein unzulässiges Rechtsmittel eingelegt hatte. Da habe ich ihm die Rechtslage erläutert. Er hat sich freundlich bedankt: »Toll, dass Sie mir das erklärt haben!« Das war ein Schwerverbrecher, der bekam eine vernünftige Antwort – wie jeder andere auch.

Danke

In der Regel berichtet ein Gerichtsreporter über einen Kriminalfall so lange, bis das Urteil gefallen ist. Neben der Verurteilung zu Arbeitsstunden, Geldbußen, Geld- oder Freiheitsstrafen lautet der Richterspruch zuweilen »Unterbringung in der Forensischen Psychiatrie«. Lange Zeit habe ich mich nicht sonderlich für diese Institution interessiert, erst nachdem ich im Gerichtssaal von diversen Schicksalen erfuhr, die mit dieser Einrichtung verknüpft sind, begann ich mich zu fragen, was die Verurteilten dort erwartet.

Zwei Jahre verstrichen nun von der ersten Idee, ein Buch über die mir unbekannte Welt des Maßregelvollzuges zu schreiben, bis zum Erscheinen von *Jenseits von Böse*, ein Jahr verbrachte ich mit Recherchen. In dieser Zeit sprach ich mit vielen Menschen, spürte echtes Interesse an meinem Vorhaben und bekam etliche gute Tipps. Nun ist es an der Zeit, mich dafür zu bedanken.

Ich danke Marion Anthoff, der Leitenden Psychologin im Krankenhaus des Maßregelvollzugs Berlin, die mir geduldig das Einmaleins des Maßregelvollzugs erklärte und mich an kompetente Interviewpartner verwies.

Ich danke Martin Steltner, dem Sprecher der Pressestelle der Generalstaatsanwaltschaft Berlin, für seine geduldigen und humorvollen Auskünfte zu den Gepflogenheiten der Strafvollstreckung. In gleicher Weise wurden meine Anliegen auch von seinem Mitarbeiter Stefan Stöhr betreut.

Ich danke der 93. Strafvollstreckungskammer des Berliner Landgerichts unter dem Vorsitz von Richter Ralph Ehestädt dafür, dass ich mit dem Einverständnis des Betreffenden die Atmosphäre der nicht öffentlichen Anhörung eines Maßregelpatienten kennenlernen durfte.

Ich danke Dr. Dr. Joachim Nitschke, dem Leiter der Klinik für Forensische Psychiatrie am Bezirksklinikum Ansbach und seiner Oberärztin, die ich auf ihren Wunsch als Dr. Gabriele Grupp anonymisiert habe, für die herzliche Betreuung während meines Besuches an ihrem Arbeitsplatz.

Ich danke Anya Fritsch für ihre Gastfreundschaft auf dem langen Weg von Berlin nach Ansbach.

Ich danke den Rechtsanwälten Uwe Hoffmann, Jens Mader, Dr. Toralf Nöding, Anne Prestrich, Gesine Reisert, Mirko Röder, Thomas Röth und Lutz Scheerer für viele Antworten auf noch mehr Fragen.

Ich danke Robert Engelhardt, Juliane Felsmann und Christian Weise für ihr freundschaftliches Interesse und ihre inhaltlichen Tipps.

Ich danke meiner Kollegin und Freundin Nadine Ahr für die Unterstützung und für ihre stets gute Laune, selbst unter schwierigen Arbeitsbedingungen.

Ich danke der psychiatrischen Gutachterin Dr. Dagny Luther für ein aufschlussreiches Gespräch in der Mittagspause.

Ich danke Kerstin Ritz, der Vorsitzenden Richterin am Landgericht Berlin, für einen Hinweis auf dem Gerichtsflur.

Ich danke der Psychotherapeutin Alexandra Koch, der Rechtsanwältin Claudia Lind, dem pflegerischen Stationsleiter Thomas Haynes, dem Vorsitzenden Richter im Berliner Kammergericht a. D. Wolfgang Weißbrodt und all den anderen, anonym bleiben wollenden Gesprächspartnern für ihr Vertrauen in mich und mein Vorhaben.

Bei dem psychiatrischen Gutachter Dr. Konstantin Karyofilis bedanke ich mich gleich zweimal: Er hat mir nicht nur ein Interview gegeben, sondern sich auch die Mühe gemacht, meine Texte auf »forensisch-psychiatrische Korrektheit« zu prüfen.

Bei Sophie Boysen, Lektorin im Heyne Verlag, bedanke ich mich für ihre Freundlichkeit und den Optimismus, mit dem sie mein Buchprojekt begleitet hat. Bei dem Lektor Heiko Arntz bedanke ich mich für seine guten Tipps und seine Geduld.

Zum Schluss bedanke ich mich bei meiner Familie, die mich immer mal wieder vom Computer wegzieht und dafür sorgt, dass ich mich in all den Dramen nicht verliere.